대한민국을 바꾼 정책가
정치성인가 전문성인가?

도서출판 윤성사 268
대한민국을 바꾼 정책가
정치성인가 전문성인가?

제1판 제1쇄 2025년 1월 31일

지 은 이 임도빈
펴 낸 이 정재훈
꾸 민 이 (주)디자인뜰

펴 낸 곳 도서출판 윤성사
주   소 우) 04317 서울특별시 용산구 효창원로 64길 10 백오빌딩 지하 1층
전   화 대표번호_02)313-3814 / 영업부_02)313-3813 / 팩스_02)313-3812
전 자 우 편 yspublish@daum.net
등   록 2017. 1. 23

ISBN 979-11-93058-72-5 (93350)
값 20,000원

ⓒ 임도빈, 2025

지은이와의 협의에 따라 인지를 생략합니다.

이 책의 전부 또는 일부 내용을 재사용하려면 반드시 사전에 저작권자와 도서출판 윤성사의 동의를 받아야 합니다.

잘못 만들어진 책은 구입하신 서점에서 교환 가능합니다.

이 저서는 2024년도 서울대학교 한국행정연구소 연구총서로 발간되었음.

대한민국을 바꾼 정책가

정치성인가 전문성인가?

임도빈

머리말

대한민국을 바꾼 정책가 정치성인가 전문성인가?

지금도 개발도상국의 농촌을 방문하면 보이는 소박하고 단순한 주민들의 삶이 1960년대 한국 사회를 떠올리게 한다. 그 시절 한국은 빠른 변화를 맞이하던 시기로, 개발과 성장의 필요성이 절실했던 때였다. 이후 한국 사회의 가장 큰 논쟁은 국가 주도의 산업화를 통한 근대화가 과연 바람직한 것이냐였다. 프랑스 인류학자 레비스트로스(Claud Lévi-Strauss)는 1930년대 브라질의 토속인 삶을 관찰하며, 서구 문명과 비서구 미개의 이분법적 관점을 넘어서려 했다. 그는 부족 사회의 혼인 관계 유형을 통해 사람들이 하나의 체제 속에서 관계를 맺고 있음을 발견하며, 문명과 미개라는 개념이 서구인의 상상 속에서 발명된 것임을 주장했다.

오늘날 한국은 개도국에서 선진국으로 도약했다. 그러나 물질적 풍요가 삶의 질 향상과 행복 증진으로 이어졌는가에 대한 질문은 여전히 유효하다. 하지만, 많은 개발도상국은 여전히 가난의 다리를 건너지 못해 고군분투하고 있다. 가난은 단순히 경제적 결핍에서 그치지 않고 빈부 격차, 권력 집중, 환경오염, 서구 문화의 침투 등 다양한 사회적 모순과 연결돼 있다는 점에서 더욱 복합적이다.

2024년 노벨 경제학상을 수상한 아세모글루(Daron Acemoglu) 등의 학자들은 한국과 같은 나라의 성공이 특정 집단에 과실이 집중되지 않고 사회 전체에 고르게 확산되는 포용적 제도(inclusive institution) 덕분이었다고 강조한다. 포용적 제도는 혁신의 결과물이 특정 계층이나 소수 집단에 갇히지 않고, 모든 시민에게 열린 기회를 제공해 사회의 전반적인 발전을 이끌어 낸다는 점에서 매우 중요한 역할을 한다. 이 책에 언급된 인물들을 포함한 수많은 행정가는 한국이 착취적 제도로 빠지지 않도록 견제하며, 포용적 제도를 지키는 데 일익을 담당했다.

이 책에서는 우리나라가 가난의 다리, 산림 황폐화의 다리, 금융 제도 후진의 다리, 과학기술 부족의 다리, 문화적 결핍의 다리를 건너는 데 기여한 인물들을 조명하고자 한다. 한 사회는 수많은 사람으로 구성돼 있으며, 그중 몇몇은 보통 사람들에게 불가능해 보이는 다리를 건너는 데 비전을 품고 실제로 그것을 이뤄 낸 이들이다. 이들은 단순히 말로만 외치는 지도자가 아니라, 현실을 상전벽해와 같이 변화시킨 행정적 재능을 가진 인물들이다.

물론 이들만이 한국의 변화를 이끈 유일한 주역은 아니다. 수많은 사람이 수십 년간 혁신과 개선을 더해 왔기에 오늘날의 모습이 가능했다. 이 책에 포함되지 못한 분들에 대해 마음에 부담을 느끼며, 향후 그들의 공로를 다룰 기회를 기약하고자 한다. 더불어, 이 책에 언급된 인물들 역시 내용의 일부에 동의하지 않을 수도 있다. 이는 접근 가능한 자료의 제약과 필자의 주관이 결합된 결과이므로 널리 이해해 주기를 바란다.

시간적으로 볼 때, 한국 사회는 발전 전후로 구조적 공통점과 차이점을 공유한다. 그 차이는 제도 발전이라는 변수를 통해 설명될 수 있다. 이 책은 빛나는 행정가들이 현실적 문제를 해결하는 과정에서 고민했던 흔적과 그것이 정책과 제도로 드러난 사례를 담고 있다. 이 과정에서 정치와 행정이 만나 소용돌이치고 충돌하며 섞이는 모습을 목격할 수 있을 것이다. 그리고 레비스트로스가 관찰했던 사회적 구조의 특성은 오늘날에도 다양한 형태로 남아 있으며, 이는 앞으로 어떤 모습으로 변화하고 발전할지 상상해 보는 기회를 제공할 것이다.

마지막으로, 이 책의 내용은 국가리더십센터의 『한국행정을 빛낸 인물들』이란 보고서에서 발전시킨 것이다. 이 과정에서 한국행정연구소의 시원을 받았다. 학기 말 바쁜 일정 속에서도 이 책의 출판을 기꺼이 맡아 준 윤성사의 정재훈 대표께 깊은 감사를 드린다. 이 책이 우리 사회의 발전 과정과 미래를 고민하는 데 작은 기여가 되기를 바란다.

2025년 1월

임도빈

목차

대한민국을 바꾼 정책가 정치성인가 전문성인가?

| 머리말 | 6

| **제1장** |
시작하기: 한국의 기적을 이룬 행정인들 ·················· 15

Ⅰ. 발전행정 속에서 인물 보기_ 15
Ⅱ. 관련 선행 연구들_ 18
Ⅲ. 궁금한 질문_ 21

| **제2장** |
정치와 타협한 폴리페서인가?: 남덕우 ·················· 25

Ⅰ. 들어가며: 경제 발전의 사령탑_ 25
Ⅱ. 개천에서 용 나다: 남덕우의 일생_ 27
Ⅲ. 경제 전환 시기의 정책과 행정_ 41
Ⅳ. 행정가로서의 남덕우_ 52
Ⅴ. 나오며: 리더의 조건_ 59

| **제3장** |
일반행정가인가 전문행정가인가?: 손수익 ·················· 61

Ⅰ. 들어가며: 산림 강국을 만든 행정가_ 61

Ⅱ. 개발행정 시대의 행정_ 64
Ⅲ. 산림녹화 정책의 추진 과정_ 74
Ⅳ. 나오며: 일반행정가의 성공 요인_ 96

| 제4장 |
국내파 혁신행정가: 이어령 · **101**

Ⅰ. 들어가며: 선진국 따라잡기_ 101
Ⅱ. 국내파 문학인_ 103
Ⅲ. 문화예술 분야의 창의성_ 110
Ⅳ. 문화행정의 틀 짜기_ 118
Ⅴ. 나오며: 국내파 전문가의 성공 요인_ 128

| 제5장 |
과학기술이 선진국으로 가는 열쇠다: 정근모 · · · · · · · · · · · **132**

Ⅰ. 들어가며: 과학이 한국의 미래다_ 132
Ⅱ. 과학도의 행정 입문하기_ 134
Ⅲ. 원자력에 주목하다_ 141
Ⅳ. 한국형 원전 개발 과정: 성공과 실패_ 148
Ⅴ. 한국 과학기술 정책과 행정 체제의 형성_ 154
Ⅵ. 나오며: 폴리페서의 선구자인가?_ 162

목차

대한민국을 바꾼 정책가 정치성인가 전문성인가?

| 제6장 |
IMF 금융위기 개혁의 두 얼굴: 이헌재 ························ 166

Ⅰ. 들어가며: 외환 위기 극복의 주역_ 166
Ⅱ. 독립운동가 가문: 정통관료_ 168
Ⅲ. 관치경제가 초래한 IMF 금융 위기_ 173
Ⅳ. IMF 구제금융 체제의 극복 과정_ 184
Ⅴ. 이헌재식 외환 위기 극복에 대한 평가_ 190
Ⅵ. 나오며: 행정가에서 정치가로 변신_ 198

| 제7장 |
한류와 문화예술행정의 관계는?: 정병국 ···················· 201

Ⅰ. 들어가며: 한눈 팔지 않고 문화에 정진한 행정가_ 201
Ⅱ. 인물 자료 분석방법론_ 203
Ⅲ. 정치 입문과 문화 충격: 성장 과정_ 205
Ⅳ. 문화행정에 손을 대다: 베니스 비엔날레_ 209
Ⅴ. 정치개혁과 문화예술_ 214
Ⅵ. 언론 인터뷰 내용을 통한 활동 분석_ 218
Ⅶ. 혁신형 문화부 장관_ 224
Ⅷ. 문화행정가의 활동은 계속된다: 한국문화예술위원회_ 233
Ⅸ. 나오며: 그는 전문행정가였는가?_ 236

| 제8장 |
지루한 줄다리기, 한미 FTA 협상: 김종훈과 김현종 ········· 240

I. 들어가며: 끈질긴 협상 끝에 얻은 행정의 승리_ 240
II. 경제 대국과의 협상 시작_ 242
III. 기나긴 협상 여정을 지나다_ 254
IV. FTA 협상의 결과, 그 이후_ 269
V. 나오며: 행정인으로서의 협상가_ 274

| 제9장 |
마무리하기: 정치성인가 전문성인가? ························ 277

I. 대통령 리더십과 발전행정_ 277
II. '행정적 전문성'이다_ 280

| 참고 문헌 | 287

대한민국을 바꾼 정책가

정치성인가 전문성인가?

대한민국을 바꾼 정책가

정치성인가
전문성인가?

1

시작하기: 한국의 기적을 이룬 행정인들

I. 발전행정 속에서 인물 보기

불과 반세기 전만 해도 대한민국은 가난과 전쟁의 상흔 속에서 회복을 꿈꾸던 작은 나라에 불과했다. 하지만 오늘날 대한민국은 세계 무대에서 경제, 기술, 문화의 각 분야를 선도하는 국가로 우뚝 서 있다. 2023년 1인당 국민소득이 약 3만 4천 달러에 이르렀고, 총 수출액이 약 6,800억 달러에 달하며 세계 7위의 수출 대국으로 자리매김했다. 우리나라는 반도체와 자동차, 조선업 등 주요 산업에서 압도적인 경쟁력을 보여 주며 세계 경제의 중심에서 맹위를 떨치고 있다.

대한민국의 성장 신화는 단지 경제 지표에 머무르지 않는다. 5G와 인공지능(AI) 등의 첨단 기술을 선도하며, 세계지식재산기구(WIPO)에서 발표한 글로벌 혁신지수에서 6위라는 성과를 이뤄 냈다. 그뿐만 아니라, 한국의 문화적 영향력은 방탄소년단(BTS)과 같은 K-POP 아티스트들, 그리고 아카데미 시상식에서 4관왕을 차지한 영화 '기생충'을 통해 볼 수 있는 바와 같이 아시아를 넘어 세계로 확장됐다. 2022년에는 콘텐츠 수출액이 약 130억 달러에 이르며, 전 세계 문화 수출 시장에서 7위를 기록했다.

이러한 경제와 문화의 놀라운 성장 이면에는 굶주림을 해결하고, 산림을 보호해 풍수해를 막는 농업도 있었다. 대한민국은 농업에서부터 첨단 산업에 이르기까지 모든 분야에서 도전을 두려워하지 않는 자세로 새로운 미래를 개척해 왔다.

이 책은 대한민국이 이룩한 놀라운 성과를 이뤄 낸 정책인들에 관한 이야기를 담고자 한다. 특히, 이러한 성과를 끌어 낸 숨은 행정인들의 이야기와 그들이 행정의 각 영역에서 이뤄 낸 개혁과 성취에 주목하고자 한다. 행정인과 정책인의 개념적 차이는 행정과 정책의 개념 차이와 관련된다. 학계에는 합의된 정의가 없기 때문에 모두 사용하기로 한다. 국가 정책이 대통령을 비롯한 고위급 정책가에 의해 결정된다면, 이 모든 것을 가능하게 한 것은 바로 묵묵히 국민을 위해 일해 온 행정인들의 헌신이었다. 정책인이든 행정인이든 여러 사람이 참여해 현장에서 정책을 실현하고, 관련 제도를 혁신하는 공직자가 중요하다.

한국 행정은 변화무쌍한 역사적·사회적 변화 속에서 중심적 역할을 해 왔다. 즉, 근대화 과정에서 급격한 사회적 전환을 한국 행정이 이끄는 발전국가(developmental state)의 중심축으로 기능했다. 한국 행정은 마치 서구 국가와는 달리 단순히 법과 제도를 실행하는 기능을 넘어, 사회의 안정을 유지하고, 공공서비스를 제공하며, 국가의 장기적 비전을 실현하기 위해 열심히 돌아간다(임도빈, 2025a). 경제 성장뿐만 아니라, 정치민주화 과정에서도 행정은 사회적 조화와 발전을 견인하는 필수 요소로 자리해 왔다.

행정은 정치의 맥락 속에서 이해해야 한다. 이 책에서 다루는 인물들이 활동한 것은 박정희, 전두환, 노태우, 김영삼, 김대중, 노무현, 이명박 대통령 시기다. 대통령의 권력이 강력한 우리나라 문화에서는 이 책의 내용이 크게 보면 당시 대통령의 얘기라고 해도 과언이 아니다. 그러나 대통령이 혼자 할 수 있는 일은 거의 없기 때문에 좀 더 자세히 이들 장관, 청장의 개인적 역할에 더욱 관심을 가져야 한다.

오늘날 대한민국은 여기에 포함된 몇 사람에 의해 이뤄진 것은 절대 아니다. 수많은 사람, 즉 과거부터 한반도에 살아온 온 국민이 이뤄 낸 것이다. 이들 중 이 저서에 포함될 사람을 고르는 것은 매우 자의적이라는 비판을 받을 수밖에 없는, 피하고 싶은 과정이다. 만약 어떤 기준과 절차를 설정하고 골랐더라도 반론의 여지가 많을 것이기 때문이다. 좋게 해석해서, 우연히 필자의 관심을 끌게 돼 선택됐다고 보면 될 것이다. 다른 분들은 차후에 다룰 수 있기를 바란다.

각 장의 순서는 각 인물이 활동했던 시대 순이다. 역대 정부 순이기도 하고, 대통령 순이기도 하다. 예외도 있지만 대체적으로는 다루는 인물들의 연령 순이다. 작고하신 분도 있고, 생존하신 분들도 있다. 사실 생존한 분들을 다루는 것은 조심스러운 일이다. 앞으로 더 국가적 활동을 할 수 있기 때문에, 본질적으로 잠정적인 기술이라는 한계가 있다.

시간 순서로 장을 배치한 것은 독자들이 역사적 맥락에서 이해하기 편하게 하기 위한 것도 있다. 대표적 인물들을 통해 대한민국의 전환점의 추세를 재조명함으로써, 앞으로 우리가 나아갈 길을 암묵적으로나마 그려볼 수 있기를 바란다. 대한민국이 이뤄 낸 기적과 그 기적을 이룩한 행정인들의 이야기를 통해 독자들이 미래를 향한 비전을 함께 품기를 바란다.

II. 관련 선행 연구들

리더십은 이론적인 측면과 리더의 양성과 같은 실천적인 측면의 두 가지 방향에서 연구할 수 있다(Dugan, 2024; Lussier & Achua, 2022). 한국 행정학계에서 리더십에 대한 학술적 연구는 그리 심층적이고 체계적으로 발달하지는 못한 것 같다. 김순양(2022)은 2000년부터 2022년까지 국내 주요 학술지에 게재된 61편의 리더십 관련 논문을 분석했다. 연구 결과, 연구방법론의 편향성, 조직 내부 관리에 치중, 이론 연구 부족 등의 한계를 지적했다. 문인규와 박수경(2009)은 2000년부터 2008년까지 국내 행정학 분야의 리더십 연구물 22편을 분석했다. 연구 결과, 연구 대상의 다양성에도 불구하고 수준과 방법의 다양성이 부족하다는 점이 드러났다. 또한, 상황 변수에 대한 고려가 소홀하다는 점을 언급하며 리더십의 발현에 대한 연구가 부족함을 지적했다.

미시적 차원에서 관료들의 역량 개발을 위한 실천적 리더십은 연구보고서라는 형태로 진행돼 왔다. 김기현(2020)은 지방자치단체 공무원을 대상으로 창의적 리더십이 적극행정 구현에 미치는 영향을 연구했다. 연구 결과, 창의적 리더십의 개인 차원 요인과 리더 차원 요인이 적극행정 구현에 긍정적인 영향을 미치는 것으로 나타났다. 이를 통해 공공 부문에서 창의적 리더십의 중요성이 강조됐다.

은재호·최병윤(2023)의 연구는 좀 더 체계적으로 공공 리더십의 개념을 정립하고, 한국적 맥락에 맞는 공공 리더십 역량 모델 및 진단 도구를 개발해 공공 부문의 리더십 역량 강화와 공공 가치 실현을 목표로 했다. 공공 리더십은 공공성을 지향하며 공공의 이익과 가치를 창출하는 리더십으로 정의되며, 개인적·조직적·내적·외적 차원에서의 통합적 접근이 요구된다. 연구는 체계적 문헌 분석, 포토 보이스, 델파이 기법 등을 활용해 8개 역량과 4차원 모델(ROLE 모델)을 도출했으며, 이를 기반으로 공공 리더십의 실천과 진단에 필요한 도구를 개발했다. ROLE 모델은 공공 리더십의 복합성과 보편성을 강조하며, 민간 부문과 공공 부문 간의 협력 가능성을 열어 두고, 부문별 맥락성을 고려한 차별적 적용의 필요성을 제시한다. 이 모델을 적용해 네 명의 장관에 대한 적용도 했다(은재호 외, 2024).

이런 실용적 리더십 연구는 바람직한 리더의 성과란 무엇인가에 대한 질문에 답을 주지는 않는다. 흔히 말하는 조직 성과, 직무 만족, 조직 몰입 등도 추상적인 개념에 불과하다. 특히 국가 차원으로 분석 단위를 높이면, 이들 연구의 성과 기준도, 리더십 유형도 적용하기 어렵다.

한 나라의 성과는 경제 성장, 국제적 영향력, 민주주의 지수 등 각종 지표로 얘기할 수 있다. 그중에서 전 세계에는 아직도 배고픔으로 죽는 사람이 많은 나라가 적지 않은 상황에서 빈곤 타파를 포함한 경제 성장이 가장 큰 이슈다. 그런데 빈곤을 벗어난 나라로서 전 세계적으로 놀라움을 주는 한국의 경제 성장의 요인에 대한 학술적 이론은 많지 않다. 이근(2013)과 이근 외(2013)는 과학기술의 중요성에 주목하면서, 기업들이 선진국의 기술을 좇아가는 추격을 가장 효율적으로 했다고 주장한다. 동아시아 등 여러 개발도상국들에서는 찾아보기 힘든 사례라는 것이다. 한국개발연구원 등에서는 경제개발 5개년계획의 중요성을 강조하고(행정개발연구원, 2022), 한국교육개발원에서는 교육의 중요성, 한국학 중앙연구원(2020) 등에서는 새마을운동의 의미를 부각시키는 등 각 국책연구원의 보고서 형식으로 연구가 수행된다.

그러나 이런 연구들은 우리의 궁금증을 풀어 주지 못한다. 특히 오늘날의 한국 모습이 이뤄지도록 만든 체제(또는 제도)와 사람이 누구인가에 대한 의문에 대한 답을 주지 못한다. 예컨대 박정희 대통령에 대한 호불호가 나뉘듯이 정치인들에 대한 평가는 각자의 정치적 성향에 따라 의견이 완전히 나뉜다. 그렇다면, 각 정부에서 일한 행정인들에 대한 연구로 좀 더 현실적 변화 주역에 초점을 맞출 필요가 있다.

행정학 분야에서 인물 연구는 흔한 편은 아니다. 양적 데이터로써 인과관계를 보는 통계분석법을 사용해서 추세를 파악하기보다는 인물 사례연구를 중심으로 살펴볼 필요가 있다. 바람직한 인물을 연구하는 접근법은 리더의 눈에 띄는 인물을 보는 방법, 눈에 띄지는 않지만 꼭 필요한 인물을 보는 방법, 혹은 그 인물이 한 훌륭한 정책을 보는 세 가지가 있을 수 있다.

국내 행정학 분야에서의 인물 연구는 이종범 외 저자들의 『전환시대의 행정가』(나남출판사, 2006)라는 책이 최초가 아닌가 한다. 이들은 주로 행정사에서 혁명적 전환을 이끈 인물(관료)들에게 주목했다. 그러나 이 책은 그와는 다른 관점을 취하고 있다. 한국 사회처럼 다원화되고 복잡화된 현대의 행정 환경에서는, 한 사람의 특성이나 리더십으로 전체적인 변화를 설명하는 것이 점점 더 어려워지고 있다. 이에 따라 이 책에서는 현대의 복잡한 행정 환경에서 중요한 역할을 한 비교적 최근의 인물들을 선정했다.

『공직사회의 낭중지추를 찾아서』(법문사, 2013)라는 편저는 양지에서 활개를 치기보다는 이름을 내세우지 않고 묵묵히 자신의 역할을 다한 공직자들을 조명한 것이다. 언론과 국민의 주목을 받으며, 전면에 나선 스타급들과는 다른 환경에서 소신을 굽히지 않고 공직의 사명을 다한 사람들이다. 일상생활에서 다가오는 행정적 도전을 해결한 인물들을 다룬다는 점이 다르다. 정책을 다룬 것으로는 『실패한 정책들』(법문사, 2015)이 있다. 자화자찬 격이 되기 쉬운 '성공한 정책'보다는 '실패한 정책들'을 골라서 그 과정을 들여다본 것이다. 실패의 기준이 모호하기는 하지만 정책 자체에 중점을 두고 그 결과와 한계를 분석함으로써 향후 배워야 할 교훈을 얻자는 것이다.

III. 궁금한 질문

이 책에서는 인물 중심으로 그들이 정책과 행정을 어떻게 이끌어 왔는지를 중점적으로 다루고자 한다. 그 인물들이 어떤 사람인가를 조명하고, 그들의 리더십이 어떻게 발현됐는가를 그들이 추진한 정책과 관련시켜 분석함으로써 현대 한국 행정에 미친 영향을 찾아보고자 한다. 이들의 헌신과 리더십은 단순한 역사적 기록을 넘어, 오늘날 우리가 마주한 행정적 도전 과제에 대한 통찰을 제공하며, 한국 사회가 지속 가능한 발전을 이루기 위해 나아갈 방향에 교훈을 얻게 하기 위함이다. 시대가 바뀌는 것 같지만, 역사는 반복되는 측면이 있으므로 교훈을 얻을 수 있기 때문이다. 이 책에서 다루는 인물을 개괄적으로 살펴보기로 한다.

제2장은 남덕우 부총리에 대해 서술한다. 남덕우는 단순한 경제관료를 넘어 한국 경제의 중요한 전환점에서 핵심적인 역할을 했다. 그의 사회경제적 출신 배경은 엘리트 그룹으로 진입하게 되는 데 어떠한 영향을 미쳤는가? 다수의 장관 중에 왜 남덕우가 최장수 경제 장관이 됐는지, 그리고

당시 정치적 맥락이 그가 취한 개혁 정책과 어떤 관계가 있는지, 교수인지 정치인인지 등이 흥미를 끄는 의문점이다. 오늘날 폴리페서 문제와 어떤 차별성이 있는가도 생각해 볼 질문이다.

제3장에서는 정통 행정관료 손수익에 대해 서술한다. 손수익 청장이 일반행정가(generalist)로서 기회의 창을 어떻게 만난 것일까? 과연 전문가(specialist)를 요구하는 오늘날 손수익 청장과 같은 일반행정가는 필요한가? 그렇다면 일반행정가의 강점은 무엇이겠느냐는 질문을 해 볼 수 있다. 정책 목표는 명확하나 집행이 어려운 분야에서 정책 분야별 전문가가 필요하다면, 그가 갖춰야 할 자질 내지 역량은 무엇일까? 이러한 질문에 대한 답은 손수익의 사례에서 답을 찾아보기로 한다.

제4장에서는 이어령 장관의 문화행정에서의 역할에 대해 살펴본다. 서구 유학파가 득세하는 시대에 국내파 문학가인 그를 행정가로서 주목해야 하는 이유는 무엇일까? 그의 문화예술 분야의 특수성에 대한 이해와 견해는 과연 다른 사람들과 다를까? 1988년 서울올림픽 개·폐회식을 성공적으로 기획한 것과 문화부 초대 장관으로서 발탁된 것은 어떤 관계가 있을까? 그가 정책을 수립하고 집행하는 과정에서 무엇이 성공의 요인이 됐을까? 즉, 그의 리더십은 무엇이며, 그 성공 요인은 무엇인가를 질문해 볼 수 있다.

제5장은 정근모 박사와 과학기술 분야의 발전, 그리고 그의 행정적 역할에 관해 서술한다. 경제적 빈곤으로 어려운 시기, 특히 원자력 기술이 발달하지 않은 때에 어떻게 원자력에 관심을 두게 됐는가? 일본 원폭 사례를 고려할 때 그가 그토록 위험한 원전 개발에 집착한 것은 그가 비윤리적 사고를 하는 인물이었기 때문인가 아니면 다른 철학이 있었기 때문인가? 그는 연구소, 대학, 정부 기관을 오가며 다양한 행정적 역할을 수

행했다. 특히 한국형 표준 원전 개발의 성공을 통해 체계적 협력과 행정 시스템을 강조한 그는 학문과 권력을 아우른 소신 없는 정치적 교수, 즉 '폴리페서(polifessor)'로 볼 수 있을까? 이러한 질문을 통해, 그의 행보를 단순히 폴리페서로 볼지, 아니면 과학기술과 행정의 접점을 개척한 선구자로 볼지 다시금 생각해 볼 필요가 있다.

제6장은 1990년대 말 외환 위기 상황에서 활동한 이헌재에 관해 다룬다. 한민족 역사상 가장 큰 위기 중의 하나인 인재(人災)에서 누가 선택되고, 선택된 자는 어떤 과정을 통해 이를 극복했는지를 살펴본다. 즉, 위기관리의 리더십에 관한 질문이다. 정치와 행정의 경계는 어디에서 구분될 수 있을까? 한 인물이 행정가로서의 경력을 쌓다가 정치적 역할을 맡게 되는 경우, 그 변화는 어떻게 평가해야 할까? 1998년 외환 위기 극복 과정에서 이헌재의 역할을 정치적 감각을 지닌 행정가로 볼 것인지, 정치인으로 볼 것인지에 대한 논쟁은 여전히 존재한다. 이러한 논란 속에서 우리는 이헌재의 경로가 행정가에서 정치가로 변신한 과정임을 알 수 있으며, 그의 공직관과 윤리적 논란 역시 평가의 중요한 요소가 된다.

제7장은 정치인 정병국의 문화행정가로서의 역할을 다룬다. 한류의 세계적 성공은 정부의 지원 없이 자생적으로 이뤄진 것일까, 아니면 정책적 뒷받침이 있었기에 가능했던 걸까? BTS를 비롯한 K-Culture의 성공은 정부 개입이 불필요하다는 의문을 제기하게 한다. 문화예술 발전에는 뛰어난 예술가가 핵심이지만, 특정 행정인의 기여를 살펴봄으로써 정부의 역할도 재조명할 수 있을 것이다. 이에 정치인에서 전문행정가로 변신한 정병국이 문화 정책에 기여한 바를 분석할 필요가 있다.

제8장은 한미자유무역협정(FTA) 체결을 중심으로 김현종과 김종훈 두 인물을 다룬다. 민주화 이후 국론이 분열된 정치적 대립 상황에서 한미자

유무역협정은 어떻게 성공적으로 추진할 수 있었을까? FTA는 단순한 정치적 결정이 아닌, 대한민국 국민 경제에 직접적인 영향을 미치는 중대한 사안이었다는 점에서 주목할 만한 주제다. 정치 구도와 맞물려 그 과정이 복잡하게 진행됐음에도 불구하고, 김현종과 김종훈 같은 인물들은 각각 어떤 특기를 발휘해 협상 과정을 성공적으로 이끌었으며, 정권 교체에도 불구하고 지속적인 행정적 관리를 통해 FTA를 추진할 수 있었는가가 질문이다. 이를 통해 행정인의 협상가로서의 역할을 위해 무엇이 가장 중요한 자질인가를 고민한다.

제9장에서는 이들 여덟 명의 인물에 대해서 종합적으로 정리한다. 이들이 "왜, 어떻게, 그 중요한 일을 해낼 수 있었을까?" 하는 의문에 대한 답이다. 아울러 향후 나라를 바꾸는 중요한 공직을 꿈꾸는 사람들을 위한 교훈이 무엇인가를 고민한다.

2

정치와 타협한 폴리페서인가?: 남덕우

I. 들어가며: 경제 발전의 사령탑

오늘날 대한민국이 제10대 경제 대국으로 성장하는 데 첫 발걸음을 내딛는 과정에서 결정적 역할을 한 사람은 누구겠느냐는 질문은 학술적으로나 실무적으로나 의미 있는 일이다. 물론 총사령관은 박정희 대통령이라고 하겠지만, 개발연대에 구체적인 아이디어를 내고 개발 정책을 추진한 인물은 누구인가라는 질문이 이어진다.

이 장은 이러한 맥락에서 1960~80년대를 중심으로 한 경제 발전의 과정을 탐구하고, 이 중에서도 남덕우의 역할과 기여를 중점적으로 살펴보며 경제행정가로서의 업적을 분석하고자 한다.

대한민국이 당시 가난한 나라에서 원조를 주는 공여국으로 전환하기 위해 중화학공업 육성, 새마을운동, 외자 유치 등을 중심으로 한 한국형 경제개발계획과 국가 행정이 활발히 진행된 시기는 대한민국 경제의 중요한 전환점으로 평가된다.

박정희 대통령은 모든 국민을 배고픔에서 벗어나게 하고자 하는 공리주의 철학을 가지고 있었다(임도빈, 2008). 그러나 이를 현장에서 실현한 행정가는 누구였는가에 대해 의문을 제기해 봐야 한다. 시장 원리를 맹신하는 서구 경제학의 좁은 시야에 갇혀 있는 학계에서는 우리 경제의 문제점을 지적하는 비판들이 지배적이었다. 학계의 비판적 눈초리를 모르는 체하며, 조국이 처해 있는 경제 환경의 제약을 감안해 나름의 경제 정책 방향을 제시할 인물이 필요했던 것이다.

특히 단기적 성과와 평가에 매몰될 수밖에 없는 정치가와 관료 사이에 끼어서 정치 환경의 소용돌이에 휘둘리면서도 경제를 보는 장기적 시야와 조국의 경제 발전에 대한 신념을 끝까지 잃지 않은 지식인이 있어야 할 것이다. 대한민국이 처한 당시의 어려운 상황을 감안해 빠르게 경제적으로 성장하고 발전할 수 있었던 전략적 사고를 하며, 현장에서 지휘한 인물이 있었을 것이다. 이에 박정희 대통령이 중화학공업의 육성을 통해 산업 부문을 강화하고, 새마을운동을 통해 지방 경제의 활성화를 이끌었으며, 외자 유치를 통해 국가 경제를 견고하게 발전시키려고 목표를 정하고 실천하는 데에 크게 이바지한 인물을 주목해야 한다.

이러한 맥락에서 남덕우를 대상으로 한 인물 연구를 통해 해당 시기의 대한민국 경제 발전 과정에 대한 이해를 돕고자 한다. 그의 정책 수립 과정, 경제행정에서의 업적, 그로 인해 이뤄진 경제 발전의 성과들을 체계적으로 분석함으로써, 특히 개발도상국들에 유용한 교훈을 찾아내고자 한다. 또한, 그의 경제행정 업적을 현대와 미래의 경제 발전 전략에 어떻게 적용할 수 있는지에 대한 심층적인 고찰을 통해 새로운 시각을 제시하고자 한다.

남덕우의 업적을 재평가하고, 그가 이끈 대한민국 경제 발전 전략의 의미와 영향을 오늘날의 시각에서 보고자 한다. 교수 출신인 남덕우는 개발 연대에 국가 주도의 개발행정을 주도하는 정부에 직접 영향을 미치는 소위 '서강학파'를 세우는 데 큰 역할을 한 인물이다. 서강학파는 서강대와 인연이 있는 교수들이 정치 및 관계 분야에 진출해 1970~80년대의 경제정책에 적극적으로 참여한 사람들을 말한다. 현재 서강대에는 남덕우를 기리는 지암 남덕우경제원이 있으며, 서강학파의 창립자로서 예우받고 있다. 그는 폴리페서의 선구자인 셈인데, 과연 오늘날 비난받고 있는 폴리페서의 전형이었는지도 생각해 볼 문제다.

II. 개천에서 용 나다: 남덕우의 일생

1 정치학도에서 경제학도로

남덕우는 1924년 경기도 광주군 경안면에서 태어났다. 가난한 가정에서 자란 그는 4년제 보통학교를 졸업한 뒤, 경안면장을 지낸 부친의 영향으로 (개발이 덜 된) 지금의 서울특별시 강남구 세곡동에서 살았다. 상급학교 진학이 어려워 단신으로 서울로 올라와 일본 상점에 취직했다. 가난한 환경에서도 열심히 노력해 아르바이트를 하며 자신의 꿈을 키웠다. 어렸을 때부터 의지가 매우 강한 인물이었음을 알 수 있다.

서울에서 사환(심부름꾼)으로 살면서 전문학교 입학을 꿈꾸던 그는 전문학교 입학 검정시험에서 다섯 과목에 합격했지만, 징병당해 일본 아오모

리현(靑森縣)의 부대로 배속돼 병참병으로 근무하게 됐다.[1] 제2차 세계대전 종전 후 해방돼 귀국 후 1946년 국민대학 정경학과에 입학하고, 그해에 정치학과로 전과해 학업에 몰두했다. 1948년 야간이던 국민대학이 주간 정규대학으로 승격되고, 정경학부는 정치학과와 경제학과로 분리된다. 이에 따라, 남덕우는 1950년 국민대학 정치학과 제1회 졸업생이 됐다.

남덕우는 일제 식민지 시기를 거쳐 해방이라는 한국 역사의 격변기에 젊은 시절을 보낸다. 국민대학 재학 중 미군정이 약속했던 건물을 적산 건물로 내주지 않아 학교가 위기에 처한 때, 남덕우는 학생 대표로 미군정의 하지(John Reed Hodge) 중장과 담판하고 다른 건물을 받아 낸다. 가난한 시골 출신 대학생으로서 패기를 보여 주는 대목이다.

국민대학 학부를 졸업한 후, 1950년에는 서울대학교 대학원 경제학과에 진학했다. 그러나, 6·25 전쟁으로 인해 교육은 제대로 이뤄지지 않는 가운데 거의 책으로 독학했다. 그는 1952년 한국은행에 수석으로 입사했고, 1954년 한국은행 퇴사 결심을 하기까지 경제 분야에서의 실무 경험을 쌓았다. 1956년에는 서울대학교 대학원 경제학과 석사과정을 졸업한다.

남덕우의 일생에서 큰 변화는 미국 유학이다. 1957년 미국의 스미스-먼트 프로그램(Smith Mundt Program)에[2] 선발돼, 미국 오클라호마 주립

---

1) 일제강점기 우리 학제는 소학교(보통학교) 6년, 고등보통학교는 5년이었다. 아주 제한적으로 전문학교(대학)에 들어갈 수 있었다. 한국인은 소학교 교육을 마치기도 어려웠다.

2) 스미스-먼트 프로그램(Smith-Mundt Program)은 1948년에 제정된 「스미스-먼트 법」의 일부로, 미국과 다른 나라 간의 상호 이해를 증진하기 위해 만들어진 교육 및 정보 교류 프로그램이다. 1952년 9월에는 유기천 교수가 스미스-먼트 프로그램으로 예일대학에 유학했고, 1953년에는 김증한 교수가 툴레인대학에, 1954년에는 이한기 교수가 컬럼비아대학에 수학한 바 있다. 풀브라이트 프로그램(Fulbright Program) 장학금 제도는 「스미스-먼트 법」의 초기에 기반을 두고 있으며, 교육 및 문화 교류를 통해 국제 관계를 강화하는 것을 목표로 한다.

대학교에서 공부한다. 미국 오클라호마 주립대학에서 석사학위를 취득했고, 1961년에는 박사학위를 받게 된다. 이러한 학문적 업적은 나중에 경제학자로서의 길을 걷게 하는 중요한 계기가 됐다.

한국으로 돌아온 그는 국내 대학에서 경제학을 가르치며 학문적 업적을 쌓아 갔다. 1954년부터 1964년까지 국민대학교 교수로서 재직한 후, 서강대학교 이승윤 교수의 주선으로 1964년부터 서강대학교 경제학과 교수로 재직하게 되며, 이때부터 소위 '서강학파 1세대'로 활동을 시작하게 된다.[3] 또한, 이 시기에 국무총리 소속 제2차 경제개발 5개년계획 평가교수단에 소속돼 당시 정부 경제 정책에 대한 평가를 수행했다.

2 45세 장관, 최장수 장관

남덕우는 1969년 45세의 젊은 나이에 재무부 장관으로 임명됐다. 당시에는 30대 장관도 간혹 있었던 시절이기 때문에 가장 젊은 나이라고 보기는 어렵다. 1970년대에는 대기업 CEO를 시작할 적정 나이가 40대 중후반이라는 통념을 고려하면 오히려 적절한 정도의 세상 경험도 있으면서 힘든 국정을 수행할 집중력은 충분한 나이라고도 할 수 있다.

그가 정부에 발을 들여 놓은 계기는 비교적 간단했고, 우연이라고 할 수밖에 없다. 서강대에서 경제학 교수로 재직하면서 '경제개발 5개년계획 편성 평가단의 위원'으로 참여한 덕분이었다. 유학파 젊은 교수로서 정부 정책 관련 회의에 참석해 비판적인 발언을 많이 했는데, 이것이 박정희

---

[3] 총 15년간 교수로 재직한 것으로 보이는데, 국민대 재직 기간에는 미국 유학 기간도 포함돼 있다.

대통령의 주목을 받은 것으로 보인다. 대통령이 이런 교수들의 회의에 직접 참여했고, 서슴없이 토론과 비판을 했다는 점에서 오늘날과 시대적 맥락이 달랐음을 주목해야 한다. 군사혁명 후 경제 발전에 깊이 관심을 가졌던 박정희 대통령과의 만남이 '해외파 경제학 교수'라는 타이틀에서 비롯된 것인지 생각해 볼 필요가 있다. 즉, 당시 해외 박사가 귀한 시기였기도 하나, 일부 자존심 강한 대학교수들은 5·16 군사 쿠데타에 동의하지 않아 정부에 발을 들여놓는 것을 부정적으로 생각했음을 참작해야 한다.

그는 1969년 재무부 장관으로 지명돼 임명장을 받는 자리에서 박 대통령이 "남 교수, 그동안 정부가 하는 일에 비판을 많이 하던데 이제 맛 좀 봐!"라고 했다고 회고한다. 남덕우 자신은 정부의 정책에 온건하고 건설적인 비판을 했다고 생각했는데, 이러한 대통령의 반응은 의외였다고 느꼈던 것 같다.

그 후 1974년 9월 개각에서 경제기획원 장관 겸 부총리로 임명돼 이후 4년간 재직하면서 총 9년 넘게 경제사령탑 역할을 했다. 따라서 1969년 이후 지금까지 대통령의 경제수장으로 최장수 장관직을 수행한 인물이다. 이 당시에 부총리는 한 명뿐이었다. 경제기획원(EPB)을 만들어 마치 오늘날 회사의 기획실 내지 전략실과 같이 국정을 이끌고 가던 때다. 박정희 대통령이 1973년 소위 유신헌법이라고 불리는 개헌을 통해 대통령 3연임을 금지하던 조항을 개정해 장기 집권을 할 수 있도록 제도화한 이후, 남덕우를 이 자리에 맡긴 것이다.

장기 집권을 하면서 국가 경제 발전을 추진하고자 한 이 시기에 경제 정책의 수장직을 맡게 됐다는 점에서 박정희 대통령의 남덕우에 대한 신임이 매우 컸던 것으로 생각된다. 그렇기 때문에 박정희 대통령의 임기에 이뤄진 1960~70년대 한국 경제 발전 과정은 남덕우와 분리해서 생각하기 어렵다. 요즘 같으면, 회전문 인사라고 비판을 받았겠지만, 이 점에서 남덕우는 박정희 대통령의 분신과 같았다고 봐야 한다. 우리나라 경제 발전의 실질적인 사령탑 또는 대통령의 브레인이었던 셈이다.

남덕우의 공직 생활은 여기서 끝나지 않는다. 박정희 대통령이 1979년 10월 26일 시해당한 이후 민주화에 대한 과도기적 논란이 있는 시기까지 연장된다. 같은 해 12·12 군사쿠데타를 거치고, 5·18 광주민주화운동을 거친 이후 정권을 다시 장악한 전두환 군부정권은 남덕우를 국무총리로 임명한다. 경제 지식에 취약한 군부정권이 학력과 경제 정책 경험을 축적한 남덕우를 국무총리로 기용함으로써 경제 중심 정책에 대한 명분과 실리를 얻고자 한 것이 아닌가 생각된다.

〈표 1〉 남덕우의 공직 재임 기간

제25대 재무부 장관	1969년 10월 21일 ~ 1974년 9월 18일
제12대 부총리 겸 경제기획원 장관	1974년 9월 18일 ~ 1978년 12월 22일
제14대 국무총리	1980년 9월 22일 ~ 1982년 1월 3일

여기서 주목해야 할 것은 당시 행정조직 문화다. 교수 출신인 남덕우는 1970년대 고도성장기에 경제기획원이라는 새로운 조직을 통해 경제 정책의 중심에 서서 국가의 경제적 안정과 성장을 위해 헌신적으로 노력했다. 당시에는 부저조직도 크지 않았고, 공무원 수도 지금보다 현저히 적었다. 특히 엘리트 관료로 충원된 경제기획원은 초과 시간 근무는 다반사였고, 권위주의적인 행정조직 문화도 강했다.[4]

---

4) 경제기획원의 변천 과정은 조석준·임도빈(2019). 「한국행정조직론」, 법문사. pp. 164-168 참조.

더욱이 정책결정자들이 활용할 수 있는 정보와 지식, 데이터가 현재와 비교하면 턱없이 부족한 때였다. 이러한 불확실성 속에서 그는 과감하게 1969년 11월에는 환율을 대폭 인상하고, 현금 차관 동결, 수입 억제 등의 물가 및 국제수지 방어 대책을 시행했다. 이에 더해, 세수 증대를 목적으로 8개 세법의 개정안을 발표하며 국가 재정 건전화에 힘썼다. 또한, 그는 부정부패 감소와 국익 증진을 위해 상업은행의 민영화를 추진했으나, 이는 성공하지 못하고 실패로 끝났다.

한편, 1972년은 박정희 대통령이 3연임을 가능케 하는 개헌인 소위 10월 유신이 있었고, 국내 경기가 좋지 않은 해였다. 박정희 대통령은 "인심은 쌀독에서 난다"는 정치-경제 관계를 알고 있었던 것 같고, 남덕우가 필요한 정책을 구상하고 추진한 것이다. 경기가 심각하게 악화되는 것을 막기 위해 획기적인 조치가 필요한 때였다. 이런 맥락에서 기업의 부담 경감을 위한 사채 동결 방안을 주요 내용으로 하는 8·3 긴급금융조치를 시행했다. 중화학공업 육성을 선언하면서는 자금 조달을 위해 '국민투자기금'을 창설하고, 이를 통해 총 23조 원의 재원을 조달해 중화학공업 투자와 설비재의 확대에 투입했다. 그러나 국민투자기금은 2003년에 폐지됐다.

1969년 시작된 그의 관료 생활은 1978년 이후 잠시 휴지기를 거친다. 그것은 제10대 국회의원 선거에서 공화당이 신민당에 참패하면서 남덕우 총리도 경제 부문 담당이었던 관계로 경질 대상이 됐기 때문이다. 1979년 1월에는 다시 대통령 경제 담당 특별보좌관으로 발령받았지만, 1979년 10월 26일 박정희 대통령 서거 후, 1980년 하와이 동서문화센터의 객원 연구원으로 떠나게 된다.

❸ 경제 위기 시 '돈' 마련하기

　박정희 대통령은 1973년 연두 기자회견에서 중화학공업을 육성하겠다는 의지를 전격적으로 발표한다. 국민들에게 희망을 불어넣는 커다란 비전 제시와 함께 경공업 중심의 한국 경제를 중화학공업으로 획기적 전환을 천명한 것이다. 물론 이런 생각은 소위 10월 유신이라는 3선 개헌을 통해 장기 집권을 그때부터 가졌는지는 모르지만, 연초에 청사진을 제시했다는 점이 중요하다. 어떻든 주목해야 할 것은 이런 대통령의 약속을 실현하기 위한 재원은 당시 남덕우 재무부 장관의 몫이었다라는 점이다.

　정치가 정책 방향을 제시하는 것이라면, 행정은 이를 실제로 실현해야 한다. 나라 살림을 하려면 돈 마련이 가장 중요한 과제다. 당시 우리나라는 돈도, 기술도, 지식도, 능력 있는 인적 자원도 부족한 빈국이었다는 점을 감안해야 한다. 오늘날에는 상상도 할 수 없을 정도로 어려웠다는 점을 고려해야 그의 역할을 제대로 이해할 수 있다.

　남덕우는 금융시장을 왜곡하지 않고 거액의 정책자금을 만드는 방안에 대해 고심한 끝에 소위 '국민투자기금'을 만든다. 이 기금을 통해 23조 원의 자금이 중화학공업에 투입됐다. 국민투자기금은 민간 금융기관 등이 조성한 자금을 중화학공업 육성 등 정부의 경제 정책 지원에 사용되도록 물꼬를 트는 지극히 비시장적인 금융 정책 수단으로 평가받는 측면이 있다. 다만 당시의 제한된 규모의 금융자원을 시장 원리에 따라 배분되게 하는 방식으로는 경제 성장을 통해 짧은 시간에 경제적 빈곤을 해소하는 목표는 달성할 가능성이 높지 않은 것이 현실이었음을 감안해야 한다.

　이보다 더 주목할 만한 남덕우 장관의 기여는 위기 극복 능력에서 찾을 수 있다. 평상시에는 잘 드러나지 않는 역량일지라도, 위기 상황에서는 남다른 역량이 필요하기 때문이다. 박정희 정부의 경제개발계획이 여러 가지 변수에도 불구하고 순항하고 있었지만, 그가 경제기획원 장관 및 부총리로 재임하던 1974년에 뜻밖의 큰 파도를 만나게 된다. 바로 중동발 석유파동이다.

제1차 석유파동은 1973년 10월 사우디아라비아의 파이살 국왕이 이끄는 아랍석유수출국기구(OAPEC) 회원국들이 석유를 수출하지 않는 조치를 선언하면서 시작됐다(임도빈, 2025b: 445ff). 이 조치는 욤키푸르 전쟁 시 이스라엘을 지원했던 국가들을 대상으로 했는데, 중동은 당시 거의 유일한 석유 생산지였기 때문에 세계 경제에 큰 타격을 줬다. 특히 수출 주도적이고 석유 의존적인 한국 경제에 최악의 위협이 된 상황이었다.

1974년 경제기획원 장관으로 임명된 남덕우는 공장 설비나 원료 수입을 위해 외자 유치가 절실하게 필요했다. 미국, 프랑스, 영국, 오스트리아, 스위스 등에 경제사절단으로 파견돼 외자 유치에 힘썼고, 제4차 경제개발계획을 위한 자금을 확보했다. 그의 임기 동안 112억 달러의 차관을 도입해 박정희 정권의 외자 도입 총액 151억 달러의 74%에 해당하는 외자 도입에 성공했다. 정부가 차관을 도입해 경제 개발에 사용해 외자 간접 투자(Foreign Indirect Investment: FII) 방식을 택하게 된 것이다. 외국 기업이 직접 공장을 짓고 투자하는 외자 직접 투자(Foreign Direct Investment: FDI) 방식을 택한 중국 경제와 한국 경제는 서로 큰 차이를 보인다. 외자 도입을 통해 단기간에 중화학공업 육성 등에 성공함으로써 세계적으로 유례를 찾아보기 힘든 경제 성장에 성공했으며, 이는 한국을 나중에 순 채무국에서 순 채권국으로 변화시키는 계기가 됐다.

남덕우 팀은 대규모 건설업을 중동으로 진출시켜 국제수지 악화에 대응하는 노력을 했다. 1973년부터 본격화된 중동 인력 진출은 그 후 급격히 확대돼 1975년에는 총 해외 진출 인력의 30%가 중동 파견 인력이었다. 중동 국가들은 석유를 판매한 돈으로 사회간접자본(SOC)의 확충 등 개발을 해야 할 필요성이 있었는데, 외화가 필요한 우리나라는 싼 노동력을 공급할 수 있다는 장점이 있었다. 즉, 중동과 한국의 이해관계가 일치한 것이다. 한국인의 근면과 성실함으로 이러한 인력 파견은 점점 늘어나 1980년대에 이르러서는 그 수치가 80% 선을 넘기도 했다.

국가 주도 경제 성장을 위해 필수적인 것은 외화벌이였다. 자원이 없는 나라에서 수출 주도형 경제 발전을 해야 했기 때문이다. 따라서 이런 인력 파견은 시장 원리에 의해 저절로 이뤄진 것이 아니다. 정부는 건설 관련 인력 파견을 원활하게 하려고 1976년에 국무총리를 위원장으로 하는 '중동경제협력위원회'를 신설했다.[5] 부처 간 칸막이를 벗어나 전 정부적 지원을 하기 위한 추진 체계를 도입한 것이다. 이에 더해 1978년에 노동청(현행 노동부)에 해외 근로국을 설치해, 해외 인력 수급의 합리적 조절, 해외 현장 노사 협조의 정착화, 해외 취업 근로자 모집 및 출국 업무 개선, 해외 근로자 사기 진작, 해외 취업 근로자의 가족 지원 등의 정책을 마련했다.

경제 개발을 위해 엄청나게 필요한 재원을 획기적으로 마련하는 또 다른 또 다른 방법은 새로운 세원의 개발이다. 경제적으로 어려운 상황에서, 남덕우는 유럽의 부가가치세(VAT)에 주목했다. 유럽의 사례를 조사하고 국내에 도입하고자 실무자들을 유럽 공동체(Europe Community: EC) 지역에 파견해 벤치마킹하고자 한 것이다. 이 과정에서 부가가치세 도입에 대한 실무자들의 의견이 일치하지 않았지만, 1974년에 법안을 만들고

---

5) 더 자세한 정보는 https://www.archives.go.kr 참조.

1976년에 부가가치세 제도를 시행하도록 결정했다. 간접세의 도입은 우리나라 조세행정사(租稅行政史)에 중요한 이정표를 찍었다고 볼 수 있다. 부가세가 없었다면 오늘날 국가재정이 어떻게 됐을지 상상하기 어려울 정도로 중요한 세원으로 자리매김했다.

남덕우 장관의 또 다른 기여는 오늘날 정보통신(IT) 강국이 된 우리나라의 위상에 관한 것이다. 남덕우는 제4차 경제개발계획 시기에 김재익 경제기획국장에게 기계식 전화 교환 방식을 전자식으로 전환해야 한다고 제안을 받는다. 남덕우 총리는 박정희 대통령에게 5개년계획 사업으로 추진할 것을 제안했고, 이 사업의 일환으로 1977년 한국통신기술연구소가 개설됐다. 현재의 한국전자통신연구원(ETRI)이다. 자동 전화교환기가 개발되지 않았고 전화 보급이 수요에 훨씬 못 미쳐 원격 통신이 어려웠던 당시에는 가정에 전화기 설치가 거의 오늘날 사치품(명품)에 가까울 정도로 보통 사람들에게는 그림의 떡과 같았다. 개인이 전화 신설을 신청할 때 시장 원리에 따라 개인 간에 매매가 가능한 번호인 백색전화와 매매가 불가능한 흑색전화라는 두 가지가 있었다. 전화기 색깔이 이렇게 구별되는 것이 아니고, 거래할 때 쓰는 용어였다. 정부에 비교적 싼 가격에 신청하는 흑색전화는 신설 신청을 해도 대기자가 많아 수개월에서 수년이 걸렸고, 백색전화는 당시 가격으로 100만 원이 훨씬 넘기도 해서 서민들에게는 그림의 떡이었다. 통계청의 소비자물가지수(CPI)를 활용하면, 대략적으로 1970년부터 2020년까지의 물가 상승 배수가 약 21.391배이므로, 당시 백색전화 가격인 100만 원의 현재 가치는 2,100만 원 정도다.

경제 성장으로 폭증하는 전화기 수요를 충족시키지 못하는 이유는 24시간 교대로 근무하는 전화교환원에 의한 수동식 전화 연결 방식 때문이었다. 이 문제를 해결하려고 한국통신기술연구소가 밤낮으로 연구를 수행했다. 외국의 기술 보호로 인해 우리나라 자체 모델을 개발하고자 하는 피나는 연구 결과, 1978년에는 전자교환기가 도입돼 전화 설치의 어려움을 획기적으로 해결했다. 전화교환원이라는 직업이 사라지기는 했지만, 누구나 집에 전화 설치를 신청하면 즉시 설치해 주는 시대가 된 것이다. 집에 전화가 있는 것이 부의 상징이었던 시대가 끝난 것이다.

자동 전자교환기의 개발은 또 다른 의미가 있다. 이를 계기로 오늘날의 정보화 시대로 나아가는 길에 시동이 걸렸다. 삼성이 1974년 반도체 개발 사업에 뛰어들게 된 계기가 됐다. 1983년 64KB램의 반도체 개발과 더불어, 그 후 우리 정부가 추진한 정보화 정책이 정보화 사회를 앞당기고, 오늘날 세계적으로 IT 강국이 되게 하는 동인이 됐기 때문이다.

남덕우의 행정가로서의 역할 중 강조해야 할 것은 여기서 그치지 않는다. 국무총리 재임 시에도 나라를 바꿀 주요 경제 정책을 만드는 데 이바지했다는 점에 주목할 만하다. 그는 1981년 「독점규제 및 공정거래에 관한 법률」을 제정하고 공정거래위원회[6]를 설립했다. 시장주의 경제가 발달한 오늘날 이 조직은 매우 중요한 경제 부문의 경찰이다. 그러나 대기업과 시장이 발달하지 않은 당시에는 일반인들 사이에 문제 인식도 크지 않았던 독과점 문제를 다뤘다는 점에서 행정의 역할을 시대를 앞서 정립한 선견지명이 있는 개혁이었다.

또한 미국식 예산 개혁인 '영기준 예산 시스템(ZBB)'이라는 예산 개혁 작업을 시도했다. 관료주의적 예산 팽창이 이뤄지는 가운데, 기존 예산 지출 내용의 필요성을 원점(zero)에서 검토해 증감하는 예산 편성 방식이

---

[6] 1981년 출범한 공정거래위원회는 초기에는 경제기획 차관이 위원장직을 겸임하다가 분리되고 1996년 장관급으로 격상한다.

다. 예산 규모가 작았기 때문에, 컴퓨터가 없었던 당시에도 시도해 볼 수 있는 개혁이었다.

4 민주화 과정의 역주행에 일조

어느 만큼 경제 성장을 이룬 박정희 대통령은 나름 여론의 지지를 받는다는 자신감이 커지고 있었던 것 같다. 그러나 남덕우가 주도해 도입한 부가가치세는 박정희 정권에 큰 부담으로 되돌아온 것으로 보인다. 1978년 치러진 제10대 국회의원 선거에서 박정희 대통령이 속한 민주공화당이 부가세 철폐를 내세운 신민당에 비해 득표율이 1.1% 낮게 나온 것이다. KBS 등 국영 언론이 여론 형성에 거의 절대적인 역할을 담당하고, 국정 홍보가 잘 돼 있는 그 시대의 상황에서, 그동안의 경제 성장의 과실(果實)을 향유하는 국민으로부터 지지받을 것으로 기대했던 공화당은 큰 충격을 받게 된다. 이런 여론을 참작해 부가세 도입을 주도한 경제관료들의 책임을 묻는 차원에서 김정렴 비서실장과 함께 남덕우 부총리가 12월 개각에서 물러난다. 후임 경제부총리 자리에는 신현확이 임명된다.[7]

이후, 남덕우는 하와이 동서문화센터에서 객원 연구원으로 미국에 체

---

7) 1920년 생인 신현확은 일제강점기 고등문관시험에 합격한 후 일본제국 상무성에서 관료로 시작했으나, 해방 이후 대한민국 정부 수립 이후에도 고위공직자로 경력을 키워 간다. 그 후 정치인과 기업인으로도 왕성하게 활동해 정계와 재계(주로 삼성과 관계를 맺어 이병철로부터 이건희 승계에 간여)를 아우르는 'TK 인맥의 대부'로 자리매김한다. 1961년 「정치정화법」으로 연금돼 1963년 해금됐고, 장택상의 추천으로 정계에 들어선다. 민주공화당의 당원으로서 공화당 공천으로 9대, 10대 국회의원을 연임했다. 12·12 이후 등장한 최규하 정부에서 국무총리로 임명된다.

류하며 잠시 휴식을 가졌다. 그러나 1979년 12월 12일 쿠데타로 등장해, 1980년 5월 18일 광주민주화운동을 진압한 전두환 대통령의 부름을 받아 1980년 9월에 제14대 국무총리로 임명됐다.

국무총리로서 그가 한 중요한 작업은 제8차 헌법 개정 과정의 주도였다. 당시 권위주의적인 정치 체제에서는 정당과 국회의 역할이 지금보다 현저히 제한됐다. 따라서 헌법 개정의 실무 작업도 국회보다는 정부에서 주도하는 상황이었다. 개헌의 당위적인 방향은 군사독재 장기 집권을 위해 이뤄졌다고 믿어지는 소위 '유신헌법'의 잘못된 부분을 없애고, 국민의 기본권을 강화하면서도 삼권 분립을 명확히 하는 것이었다.

그러나 남덕우가 주도한 이 헌법 개정 작업은 이러한 시대적 책무에서 더 멀어지는 것이었다. 대통령 선거 방식을 직선이 아닌 간접선거 방식을 채택했고, 대통령 임기를 당시 6년에서 7년으로 늘리는 대신 중임할 수 없게 했다. 이는 박정희 장기 집권에 반대하는 여론이 크다는 것을 참작한 것 같다. 이로써 전국에서 임명된 3천여 명의 통일주체국민회의 위원들이 장충체육관에 모여서 전두환을 12대 대통령으로 선출되는 것이 가능하게 하는 헌법을 만드는 개헌 작업을 총괄한 것이다.[8] 남덕우가 총리 자리에서 총괄한 개헌 작업이 진정한 의미에서 민주주의 정신에 부합되는가라는 의문을 품게 된다. 결과론적으로 쿠데타로 집권한 전두환의 또 다른 7년의 임기를 만들어 주는 역할을 하지 않았나라는 해석이 가능하다.

권위주의적 전두환 군부정권에서 아무리 국무총리라고 해도 전문가로서 실질적으로 정권에 맞서는 방식이 되기 어려운 상황이었을 것이다. 미국 유학파로서 미국 민주정치에 대한 이해가 어느 정도 있었다고 본다면,

---

[8] 당시 전두환은 제4공화국 헌법에 의해 이미 체육관 선거에서 11대 대통령으로 재임 중이었다.

남덕우는 이러한 자신의 역할에 대해 회의했을 가능성이 있다. 이미 군부정권의 정통성 부족 문제를 의식해서인지 몰라도 남덕우는 국무총리로 임명되면서 "과도기를 넘기면 사임하겠다"라고 선언한 바 있기 때문이다.

여기서 주목할 만한 것은 경제관료의 관점에서 확실한 이득을 추구했던 남덕우는 모든 사안에서 경제 논리에 의거해 판단을 했다는 점이다. 성공적 대회로 평가되는 88서울올림픽 유치의 경우가 단적인 예다. 당시 군부정권은 민심을 얻기 위한 정치적 이유에서 당시 올림픽 개최를 추진했던 것으로 보인다. 그런데 남덕우는 올림픽 개최에 최소 10억 달러가 필요함을 고려할 때 이를 경제 발전에 투자하는 것이 나을 것이라는 주장을 내세우면서 반대했다. 그리고 1982년 석유 및 수입 원자재의 가격이 안정화되고 정부의 경기 활성화 정책이 효과를 보이자, 그는 전두환 대통령에게 사의를 표한다. 1982년 12월 개각 시 국무총리에서 물러나 국정자문회의 위원으로 임명됐다.

요컨대 국무총리로서 남덕우의 역할은 군부 집권의 합리화를 위한 길을 터 준 것 정도라고 봐야 할 것이다. 국무총리가 일종의 정치인 자리라고 한다면, 남덕우는 한국 정치사에 긍정적으로 남을 역할을 했다기보다는 비난받을 역할을 했다고 봐야 한다.

퇴임 이후에도 영향력이 있는 자리를 두루 거친다. 1983년에 한국무역협회 회장으로 취임해 한국종합무역센터 건립을 추진했고, 1991년에는 한국무역협회 산하 단체인 산학협동재단 이사장으로 재임했다. 이후 2013년까지 한미경제협의회 회장, 태평양경제협력위원회 상임위원, 한국태평양경제협력위원회 회장, 동아시아경제연구원 회장, 동북아 경제포럼 한국위원회 위원장, 동서문화센터 이사, 한국선진화 포럼 이사장 등 다양한 활동을 수행했다. 한번 고위공직자가 되면, 영원히 권력을 유지하는 인적 구성 면에서 한국의 행정 중심 문화를 앞장서서 만든 셈이다. 정부와 완전히 독립적인 민간단체가 생기지 않기 때문에, 서구의 민관협치 모델인 거버넌스이론이 적용되기 어려운 이유가 여기에 있다(임도빈, 2025a). 1978년에는 청조근정훈장을 받았으며, 2013년에는 국민훈장 무궁화장이 추서됐다.

III. 경제 전환 시기의 정책과 행정

남덕우는 우리나라 경제 발전사에 전환점이 되는 시기에 경제사령탑의 수장으로 재직하면서 국가적으로 중요한 정책을 수립하고 집행했다. 재임 시기에 여러 정책이 있었지만, 8·3 조치와 같은 사채 동결 조치(1972년), 부가가치세 도입(1976년) 사례를 살펴보기로 한다.

1 산업화로의 시대 전환

남덕우가 활동했던 주요 기간인 1960년대 후반부터 1980년대는 한국이 면방직, 가발 등 경공업 제품 수출 중심에서 중화학공업 제품 수출 주도형 경제로 전환하는 중요한 시기였다. 일반적으로 경공업 제품에 대한 수입 대체 및 수출 경제 이후 단계로는 (본격적으로 중화학공업 제품 수출 단계로 넘어가기 이전에) 중화학공업에 필요한 중간재 산업 발전 단계를 거치는 것이 정상적인 순서인 것으로 알려져 있다. 그러나 한국은 자본과 기술, 경험이 축적되지 않은 상태에서 중간재 산업 단계를 거치지 않고 자동차, 전자, 조선, 석유화학 등 중화학공업의 최종재를 생산해 수출하는 단계로 넘어가고자 했다.

이러한 경제 정책 방향은 1960년대의 경제개발계획의 초기와 달리 이후 20~30년 정도의 장기간에 걸쳐 저성장과 기업 부실화의 곤경을 겪게 되는 원인이 됐으나, 2000년대 들어서 자동차, 전자, 조선, 석유화학 등 핵심 중공업 분야의 대기업들이 글로벌 기업으로 성장해 세계 경제의 핵심 플레이어로 자리 잡는 배경이 됐다. 다만, 이러한 경제 정책 방향의 선택은 많은 어려움을 겪으면서도 결국은 성공했기 때문에 오늘날 자랑스럽게 얘기할 수 있을 뿐이다. 하지만, 극히 이례적이고 무모한 선택이었기 때문에 사전적 관점에서 볼 때 성공 가능성은 매우 낮았고, 또한 좀 더 장기적으로 볼 때 잘한 선택이었는지 판단하기는 쉽지 않다.

예를 들어, 오늘날 기업 부가가치의 핵심 요소가 되는 소재, 부품, 장비 부문의 경쟁력 확보 단계를 뛰어넘어 중화학공업 최종재 생산에 치중한 전략이 적절한 선택이었는지에 대해서는 향후 논란거리가 된다. 이 변화의 과정에서 남덕우는 중화학공업의 육성, 건설업의 중동 진출, 외자 도입을 통한 경제개발계획을 추진했으며, 이러한 정책들이 대한민국 경제 발전의 주요 동력이 됐다.

❷ 암시장의 빅뱅: 8·3 조치

경제 개발 시기 대한민국은 금융시장이 발달하지 못해 경제의 피라고 할 수 있는 돈의 흐름에 많은 왜곡과 장애물이 있었다. 오늘날의 은행 제도는 그 후에 발달한 것이어서 당시 사람들에게 은행은 거리가 먼 존재였다. 은행에서 대출받는다는 것은 하늘의 별 따기와 같이 어려웠고, 많은 사람이 개인 간에 돈을 빌리는 것이 만연해 있었다(이성호·안승택, 2016).[9] 즉, 제도적 보호를 받지 못하는 사금융에 의존해 개인 간의 돈 거래가 이뤄졌다.

은행의 금리를 조절하는 화폐 정책도 일반인에게 유리돼 있는 그림의 떡이었다. 고리대금업자들이 높은 이자율로 개인에게 돈을 빌려 주는 것이 일반화됐고, 경우에 따라서는 이자가 눈덩이같이 쌓여서 상환을 위해 폭력도 행사되고 결국은 도산에 이르는 경우도 많았다. 부동산을 담보로 하거나 친인척 간 보증을 서는 경우가 일반적이었고, 잘못되는 경우 친인척까지 자산을 날리는 경우도 드물지 않았다. 빚을 받아 내는 데 조폭이 동원되는 등 고리대금업은 사회를 어둡게 하는 암과 같은 존재였다.

지금으로서는 상상하기 어려운 암시장이 어느 정도인지 규모조차 파악하기 어려운 시대의 얘기다. 특히, 돈이 급하게 필요한 경제적 어려움이 있는 약자일수록 높은 이자로 사채를 빌려야 했고, 이는 순식간에 거액의 빚으로 불어나는 상황이었다. 은행 제도가 발달하지 않아서 이러한 고리대금업과 사채시장은 성실하게 일하는 많은 상공인이 직면한 상황이었다.

경제가 급속히 발전하면서, 투자의 기회는 그만큼 커져 갔다. 즉, 돈만 있으면 이를 투자해 쉽게 돈을 버는 시대에 접어든다. 빚을 얻는 것이 곧 능력인 시대가 온 것이다. 빚 없이 사는 것이 곧 정직한 것이 아니고, 바보로 여겨지던 사회적 분위기였다. 이런 돈에 대한 수요가 커짐에 따라

---

9) 산업화 과정에서 소외된 농촌의 상황도 마찬가지였다.

암시장인 사채시장이 더욱 성장하고, 투자자금이 필요한 기업의 사채 의존도는 갈수록 심각해졌다. 당시 기업들이 쓰는 돈의 30%가 사채였고 그 금리는 연간 30%를 넘었다. 일반인이 은행에서 대출받는 것은 그림의 떡이었고, 높은 이자로 배를 불리는 '고리대금업자'를 통한 대출 이자는 은행 이자보다 10~20%가 높은 상황이었다.

암시장(black market)은 행정의 힘이 미치지 못하는 곳이고, 경제 정책이 제대로 작동하지 않는 원인이었다. 드디어 1972년 8월 2일 오후 11시 40분, 정부는 긴급명령권을 통해 이른바 '8·3 사채 동결 조치'를 전격 발표한다. 이 조치는 20분 뒤인 8월 3일 0시부터 발효됨으로써 고리대금업자들이 회피할 수 없게 했다. 시간적으로 전광석화와 같은 작전이었다.

이와 같이 심각한 문제를 해결하기 위해 취해진 조치는 행정가로서 남덕우가 주도했다. '경제의 안정과 성장에 관한 긴급명령'(이하 '8·3조치')은 "기업의 경영을 안정하게 하고 금융 질서의 정상화에 기여하기 위해 사채의 조정"을 통한 "기업의 재무 구조와 경영 안정"을 목적으로 발표됐다. 이 조치는 주로 기업의 채무 부담을 경감하고 경영 안정을 촉진하기 위한 정책으로 시행됐다.

사채 동결 조치의 주요 내용은 다음과 같다.
- 이자 지급 유예: 기업들이 보유한 사채의 이자 지급을 일정 동안 유예했다. 이에 앞서, 현황 파악을 위해 사채를 행정 기관에 신고하도록 했다. 기업들이 이자 부담을 경감하고 경영 안정을 도모하려는 조치였다. 이로써 기업은 금융적 압박에서 일정 기간 벗어날 수 있었다.
- 부실기업 지원: 특히, 경제적 어려움을 겪고 있는 부실기업들을 대상

으로 지원책을 마련하고, 기업 구조 조정을 촉진하기 위한 금융적 지원을 시행했다. 이는 산업 부문에서의 안정을 도모하고 기업들의 경영 환경을 개선하기 위한 것이었다.
- 경제 안정화: 이 조치는 기업 부실을 방지하고 경제를 안정시키는 데 목적이 있었다. 금융 위기에 대응해 기업들이 경제적 어려움에 효과적으로 대응할 수 있도록 도왔다.

마치 경찰의 범인 검거 작전과 같이 전격적으로 취해진 이 조치의 핵심은 일주일 내에 사채를 신고하도록 하는 것이다. 많은 채무자는 해를 입을까 봐 두려워 처음에는 신고를 주춤하는 분위기였다. 하지만 "신고된 사채에 대해서는 자금 출처 조사를 하지 않겠다"라고 행정이 적극적으로 홍보하자 신고가 줄을 이었다.

8월 3일부터 8월 7일까지 신고된 사채의 총규모는 40,677건에, 3,456억 원에 달했다(김진혁, 2024). 이는 당시 우리나라 전체 통화량의 약 80%이자, 우리나라 총여신 잔액의 34%에 달하는 수치였다. 당초 신고액이 1,800억 원 정도일 것이라고 예상했지만, 남덕우 장관이 이끄는 개혁팀 예측치의 2배 가까운 것이었다.

암시장이 지배적인 당시 시장에 던져진 빅뱅과 같은 조치는 엇갈린 평가를 받는다.

첫째, 긍정적 평가다. 8·3 사채 동결 조치는 당시의 특별한 경제 상황에 대응하기 위한 긴급한 조치였다. 이는 기업들의 재무 건전성을 회복하고 경제의 안정을 촉진하는 데 일부 도움이 됐으며, 부실기업에 대한 적극적인 지원으로 산업의 구조 조정을 가져왔다.

〈표 2〉 8·3 조치의 효과

(단위: %)

구분	1971년 추정*	조치 후**	개선폭	개선율
자기자본 비율(자기자본/총자본)	20.5	21.6	0.9	43.9
유동 비율(유동자산/유동부채)	111.3	148	36.7	33
유동부채 비율(유동부채/총자본)	190.1	138.1	−42	22.1
고정장기적합률(고정자산/(자기자본+고정부채))	92.8	79.5	−13.3	14.3
총자본 이익률	10.9	25.1	1.39	127.5
자기자본 이익률	5.32	11.6	6.29	118.2

*Money Flow Data 중에서 자본금 1억 이상 기업의 추정치.
**금리 인하 효과 포함.
출처: 재무부, 「경제의 안정과 성장에 관한 긴급명령의 주요 내용」(DA1042489), 1972, p. 30.

   그러나 부정적 평가도 많다. 그리고, 장기적인 시각에서의 효과에 대한 평가는 여전히 엇갈린다. 가장 큰 비판은 과도한 규모의 부채자금 조달을 통해 자산 규모 확대에 치중하는 기업들의 비윤리적 풍토를 조장했다는 시각이다. 기업가 정신에 기반한 수익성 확보와 같은 건전한 방식을 통해 국민경제 성장에 기여하지 못한 대기업들에도 무차별적인 구제금융을 지원한 결과, 한국 경제에 대마불사의 잘못된 관행이 자리 잡게 됐다(고영선, 2008).

   8·3 조치에 대한 또 다른 비판은 고질적인 사채시장의 문제를 근절시키지 못했다는 점이다. 이 조치가 사채시장을 일시적으로 잠재우거나, 오히려 문제를 더 악화시키는 결과를 초래했다는 시각이다. 이러한 상황을 단적으로 보여 주는 사례가 남덕우 총리가 총리 자리에서 물러난 직후인 1982년 5월에 발생한 이철희·장영자 사기 사건이다.

   이철희는 자신의 투자 회사를 통해 고수익을 약속하면서 일반인들로부터 대규모의 자금을 유치하는 데 성공했다. 그의 모집 비결은 고수익, 안전성, 단기간 내에 높은 이윤 등에 있었다. 사채시장에 익숙한 수많은 투자자는 크게 의심하지 않고 피 같은 종잣돈을 이철희에게 맡겼다. 그러나 1982년 6월, 이철희가 홀연히 종적을 감추면서 투자자들은 자신의 투자금을 되찾을 수 없게 됐다. 이에 따라 수많은 피해자가 생겼고, 이 사기 행각은 사회적으로 큰 충격을 안겼다. 큰손으로 알려진 이들 부부는 6,400억 원 규모의 어음을 불법 유통하고 1,400억 원을 사취한 대규모 금융 사기를 저질렀다. 이 사건으로 금융시장은 크게 동요했고, 연쇄 부도와 제2금융권의 붕괴 우려까지 제기됐다. 이 사건은 사채시장이 제도권 내에서 제대로 관리되지 못하고 있음을 여실히 드러냈고, 이후 결과적으로 사채시장이 제도권 내에서 제대로 관리되지 못하고 있음이 증명됐다. 이후 금융실명제 도입의 결정적 근거가 됐다.

  이 사건으로 당시 대한민국 금융 시스템의 낙후성과 무정부적 상황과 같은 감독 체계의 취약성이 드러났다. 이를 계기로 국내 금융 시스템에 대한 감독 강화 및 법률 개정 등이 이뤄진다. 개혁의 성과를 평가하는 데, 개혁의 내용이 시간이 흐른 뒤 새로운 문제를 야기했는지 여부도 면밀히 검토할 필요성이 제기됐다. 개혁 이후에 발생한 이철희·장영자 사기 사건은 한국 금융 역사에서 매우 큰 충격을 줬던 사건 중 하나이기에, 이러한 측면에서는 부정적 평가를 피하기 어렵다고 하겠다.

❸ 돈을 마련하자: 부가가치세 도입

사람도 기술도 없는 우리나라에서 경제를 개발하기 위해 필요한 엄청난 액수의 돈을 마련하는 것은 행정가가 풀어야 할 어려운 숙제였다. 외자에 의존하는 우리나라였지만, 새로운 세원의 발굴도 하나의 해결 방안이었다. 여러 아이디어가 시간의 흐름 선상에서 부침하는데, 이를 적기에 선택하는 정책결정과 집행이 행정가로서 능력을 보여 주는 것이다(임도빈, 2025a: 166ff).

부가가치세가 지구상에 처음 등장하게 된 것은 1954년 프랑스에서다. 프랑스의 재무부 공무원인 로레(Maurice Lauré)가 고안한 간접세의 한 형태로, 재화와 서비스 거래에서 발생하는 부가가치에 주목해 과세하는 세금이다. 이러한 소비세는 주로 VAT(Value-Added Tax, 부가가치세) 또는 GST(Goods and Services Tax, 소비세)로 불린다. 초기의 부가가치세 도입은 이전의 소비세를 대체하는 것이었는데, 불완전한 거래세와 판매세를 조합한 부분적인 과세 제도였다. 처음에는 공업 부문에만 적용됐으나, 1968년에는 부가가치세의 과세 범위가 도매까지 확장되는 동시에 용역도 부가가치세의 과세 대상에 포함돼 실질적인 의미의 부가가치세가 됐다. 이로써 소비세는 더 넓은 범위의 거래에 적용되면서 부가가치의 창출과 소비에 대한 세제가 효과적으로 이뤄지게 됐다. 이러한 프랑스를 중심으로 한 부가가치세의 성공적인 도입은 세계적으로 많은 국가에서 채택하고 발전하며 중요한 세제(稅制)로 세계에 전파됐다.

오일쇼크와 같은 환경적 위협에서 더욱 재원이 필요했던 남덕우는 직접세 위주의 세금 구조에서 간접세라는 아이디어에 주목하게 된다. 프랑스에 출장을 가서 사례 연구를 하며 준비한 결과, 한국에는 1977년 부가가치세(VAT)가 공식 도입됐다.

한국은 그 이전에도 간접세로서 소비세가 있었지만, 1977년에 부가가치세라는 현대적이고 효율적인 간접세제를 도입하면서 세제 체계를 혁신했다. 이전의 간접적인 영업세·물품세·직물류세·유흥음식세 등 복잡한 세목을 통합해 1977년 7월부터 특별소비세와 일반소비세인 부가가치세 제도를 시행했다.

1962년부터 1970년까지의 경제 개발 시기 우리나라 정부가 해결해야 하는 문제는 절대적인 자본의 부족이었다. 정부가 국민에게 소비를 줄이고 근검절약해서 저축을 하자는 캠페인을 할 정도였다. 조세 정책은 부의 재분배 등 여러 가지 목적이 있다. 그러나 당시에는 경제 개발을 위해 필요한 재정 세입의 확충이 가장 최고의 목적일 수밖에 없었다.

급속한 경제개발기에 재원이 필요할 때마다 계속 추가되는 세금 때문에 세제가 복잡해지고, 조세의 중립성이 왜곡됐으며, 물가에 영향을 미치는 문제가 발생했다. 이에 따라 우리나라의 상품의 국제 경쟁력 약화 등 여러 가지 문제점이 부각되기 시작했다. 이러한 문제점을 인식해 정부 내부에서 1971년 경제 환경의 변화와 세제 문제점 등을 종합적으로 검토해 장기적인 세제 방향을 고민하게 된다.

간접세로서는 매상세와 유사한 제도로서 영업세, 물품세가 있었으나 영업세는 본래 수익세의 일종으로 간접세적 특징을 살리지 못했고, 물품세는 일부의 물품만을 대상으로 하므로 소비세적 성격을 지니고 있었다. 이는 보편세로서 부가가치세가 가지는 장점을 갖추지 못하고 있었다는 것을 의미한다. 이러한 맥락에서 부가가치세의 특성을 연구하면서 도입의 필요성에 대해 논의하기 시작했고, 정부 내에서는 장기적인 세제 개편 방향을 설정한다. 구체적으로, 세제심의회의 심의 결과를 토대로 적어도 1976년까지는 완전 종합소득세로의 전환과 간접세 부문의 부가세 전환을 달성하는 것이 바람직하다는 내용의 전망이 있었다.

개발도상국인 우리나라의 정책결정은 우리 정부만이 고립돼 이뤄지는 내부동원형 정책 과정이 아니었다. 외국의 의견도 구하게 된다. 따라서 이 결정에도 1972년 국제통화기금(IMF)의 더그넌(James Dugnan)의 부가가치세 도입 가능성에 대한 보고서가 제출됐고, 1973년에는 국제연합(UN) 쇼우프(Carl Shoup)의 자문 보고서 등 외국 전문가의 의견이 전달됐다.

이런 가운데, 우리나라에 부가가치세를 도입해야 하는가에 대한 찬반 양론이 지속됐다. 남덕우가 수장인 우리 정부는 학계와 정부 내부의 검토를 거쳐 1975년 7월에 부가가치세를 도입하기로 했다. 당시에는 민주적인 정책결정 과정, 거버넌스 체제, 자문회의 등이 부족했기 때문에 공청회나 국회의 심의 같은 것들이 이뤄지지는 않았다. 정부 주도의 정책결정이 이뤄지는 시기였고, 관료들은 그만큼 책임감이 커질 수밖에 없었다.

부가가치세 도입을 결정한 후 6개월이 지난 1976년 12월 22일에 총 36조항의 「부가가치세법」이 제정됐다. 이 신설된 세금의 실제 부과는 6개월 뒤인 1977년 7월부터 시행했다. 전광석화같이 이뤄진 8·3 사채 동결 조치와는 다르게 당시로서는 입법한 후 상당한 시간적 여유를 두고 실제 시행에 들어갔다. 정책 수용도를 높이기 위해 준비 과정을 지켰다는 점에서 한층 능숙해진 행정관리의 모습을 보인 것이다.

이 법은 기존의 영업세, 물품세, 식물류세, 석유류세, 전기가스세, 통행세, 입장세 및 유흥음식세 등 8개 종류의 간접세를 하나의 부가가치세로 대체하는 것을 골자로 한다. 구체적인 내용은 다음과 같다(박명호 외, 2007).

첫째, 과세 대상은 재화 또는 용역의 공급 또는 재화의 수입으로 한다.
둘째, 과세 기간은 6개월로 하되, 2개월마다 예정 신고 납부하도록 한다.
셋째, 세율은 13%의 단일세율로 하되 경기 조절을 목적으로 그 세율의 3%를 가감한 범위 내에서 조정할 수 있도록 재량권을 둔다.

넷째, 면세는 수출 등 외화 획득 물품의 및 용역의 제공에 관한 완전 면세, 즉 영세율 제도와 기초생활 필수품 및 용역과 국민 후생 용역 등에 대한 일반 면세 두 가지 제도를 둔다.

다섯째, 세금 계산서에서는 매입 세액 공제의 필수 요건으로 거래 시마다 교부하게 한다.

여섯째, 연간 판매 가격이 1,200만 원 미만(대리 등의 경우 300만 원 미만)인 영세, 개인사업자에 대해서는 공급 대가의 2%(대리인 등의 경우 3.5%) 정도를 납부하도록 하는 과세 특례 제도를 시행한다.

요컨대 우리나라 부가가치세의 초기 도입은 국내 8개 세목을 하나로 묶어서 소비세 체계를 간소화하고 개별소비세는 특별소비세로 통합해 현재의 부가가치세제의 틀을 마련했다는 데 그 의미가 있다. 이러한 세제 체계가 오늘날까지 근간을 유지하고 있다. 남덕우의 부가가치세 도입이 갖는 다른 의미는 다음과 같다.

첫 번째로, 한국의 세제가 국제적 추세에 맞게 추진됐다. 1970년대에는 유럽을 기점으로 부가가치세가 세계 각국에서 도입되고 있었다. 한국도 이러한 국제적 추세에 따라 아시아에서는 최초로 간접세제를 도입하게 됐다.

두 번째로, 세제 개혁의 필요성이 있었다. 기존 소비세 체계가 미비하고 복잡한 면이 많았기 때문에, 세제 개혁이 필요하다는 문제의식이 컸었다. 특히, 조세 회피 등이 만연해 있었다. 이에 따라 효율적이고 투명한 부가가치세 체계가 도입됐다.

세 번째로, 정부 주도의 산업화 및 경제 성장에 필요한 재원의 조달이다. 1970년대 한국은 급격한 산업화와 경제 성장을 이루고 있었다. 많은 세수를 창출하기 위해 새로운 세제 제도가 요구됐고, 부가가치세가 이에 부응하는 현대적인 세제로 선택됐다.

  부가가치세는 이전의 간접세와는 달리 생산 및 유통 과정에서 발생한 모든 단계에서 세금이 부과되지만, 결국엔 소비자에게 최종적으로 전가되는 문제와 경제 수준에 관계없이 동일한 세율을 적용하기 때문에 생기는 사실상의 역진세라는 문제를 가지고 있다. 하지만 부가가치세의 도입은 당시 어려운 상황에서 소비를 줄이고, 국가의 세입을 증가시키며, 간접세 체계의 효율성 향상에 기여했다. 이후 부가가치세는 여러 차례 개편됐지만, 한국의 세제 제도의 근간이 되는 세목으로 남아 있다.

Ⅳ. 행정가로서의 남덕우

1 관료 자율성과 국가 발전

  일본의 경제 기적을 이론화하고 설명한 존슨(Charlmers Johnson)의 발전국가론은 한국의 한강의 기적에도 거의 적용되는 개념이라고 할 수 있다(Johnson, 1995). 발전국가론의 요소 중에서 작고 유능한 관료제가 큰 역할을 한다는 점을 주목할 만하다. 그 사령탑으로서 신설된 경제기획원의 수장으로서, 또한 국무총리로서 남덕우는 핵심적인 역할을 수행했다.

  직업관료가 아닌 미국 유학파 경제학자인 남덕우는 우리나라 1970년대 고도 성장을 주도한 행정가로서의 대표적인 사례다. 그는 군사쿠데타로 정권을 잡은 박정희 정권부터 전두환 정권까지 두 대의 정권에 걸쳐 임명됐다는 특징이 있다. 박정희 대통령에 의해 발탁된 것은 미국 박사로서

'전문가적 지식'이 가장 크게 작용한 것 같다. 이 기간에 남덕우는 한국 행정의 핵심적인 주역으로서 경제 개발 정책을 적극적으로 주도해 왔다. 국가론에서 논란이 되는 관료제의 자율성이라는 측면에서 볼 때, 마르크스 시각의 자본(가)으로부터 자율성은 이미 갖고 출발한 정부였다. 즉, 오늘날 재벌과 같은 자본가가 없는 시대였기 때문에 자본으로부터의 자율성은 이미 주어진 상태에서 정책을 추진했다. 많은 개발도상국에서 관료제의 자율성이 큰 문제가 되고 있는 점과는 대조적이다(Bersch & Fukuyama, 2023).

남덕우가 경제전문가로서 거의 독자적인 자율성을 발휘했는가는 판단하기 어렵다. 적어도 표면상으로는 권위주의적 두 대통령의 부하였기 때문에 완전한 자율성을 누리지는 못했다. 그러나, 두 대통령의 경제 지식이 부족해 남덕우에게 완전히 위임했는지, 아니면 문제가 생길 때마다 대통령의 반대를 설득해 결과적으로는 자율성을 누렸는지는 판단하기 어렵다.

박정희 대통령은 오직 경제 성장을 중시하면서 공리주의 철학으로 행정을 이끌었다(임도빈, 2008). 남덕우는 이 시기에 대통령의 철학에 맞춰서, 즉 어떤 윤리적 갈등도 겪지 않고 세계화, 민영화, 그리고 외자 도입과 같은 소득 증대 중심의 성장우위론적인 행정 정책을 선도적으로 추진했다. 그는 이러한 행정 방식을 통해 경제적 성장과 국가 발전을 이룩하기 위한 핵심 방향을 제시했다. 즉, 정치(대통령)와 큰 갈등은 없으나, 행정 합리성의 측면에서 정책을 추진하는 정치행정이원론적 시각에 맞는 행정가였다. 전두환 정권하에서 총리를 할 때는 자신의 전문 분야인 경제가 아닌 정치 분야(개헌)에서 심리적 갈등이 있었을 것으로 보인다. 정치는 대통령의 몫이라 여기고, 자신은 철저히 이에 복종하는 방식으로 정치

행정이원론적 패러다임에 맞는 역할을 하지 않았겠느냐고 굳이 정당화할 수는 있을 것이다.

개인 성격 면에서 남덕우는 화합을 이끄는 행정가의 임무를 수행했다. 그의 성품은 생전에는 말이 없고 중후한 특징을 가지고 있었지만, 그의 목표를 달성하는 데에는 반드시 성공했다는 평가를 받았다. 그를 기억하는 사람들은 그를 '전형적인 외유내강형 인물'로 설명하며, 그의 10주년 추모식에서는 노무현 정부 때 한덕수 당시 총리가 '화이부동(和而不同)'의 삶을 지침으로 삼아 서로의 견해가 다르더라도 대의를 위해 화해할 수 있는 특별한 인물이었다고 평가한다(차지연, 2013).[10] 즉, 생각이 다른 사람들과의 대화와 설득에 큰 노력을 기울인 인물이었다. 타협과 협상을 통해 국가 이익을 추구하는 데 주력했으며, 자신이 세운 목표를 향해 끊임없이 나아가며, 국가와 국민을 위해 헌신한 행정가로 기억된다고 보고 있다(이원석, 2023). 문제는 직접 면담과 같은 1차 자료가 없는 상황에서 이런 언론의 평가를 얼마나 그대로 받아들일 수 있느냐는 것이다.

박정희 대통령 시대의 경제 성장의 공을 모두 남덕우에게 돌리는 것도 신중해야 한다. 적어도 재임 기간이란 시각에서 보더라도, 1960년대 초기의 장기영, 1960년대 말~70년대 초기의 김학렬, 그리고 70년대 남덕우는 박정희 시대 한국의 경제성장기를 대표하는 3대 경제관료로 맥을 이었다고 할 수 있다. 한국 경제사적 측면에서 볼 때, 역동의 시기에 그 자리에 있었다는 점 자체에 주목할 필요가 있다. 엘리트 관료로 채워진 한국 공무원 전체의 역할에도 주목해야 한다는 것이다. 즉, 품의 제도를

---

10) 한덕수는 그후 이명박 정부에서 주미대사를 지내고, 윤석열 정부에서 국무총리가 된 후 2024년 12월 계엄령 사태로 탄핵 소추된다.

통해 행정조직 내 수직적 의사소통 체제가 원활하게 작동하고, 집단주의 조직문화로 여러 명이 같이 합숙하면서까지 공무를 수행하던 시대라는 점도 고려해야 한다. 어느 정도 자격을 갖춘 인물이라면 누구라도 그 자리에 있었으면, 그 정도의 역할을 하지 않았을까 하는 '자리 속성'에 대한 가설이다. 인물이냐 자리냐는 논쟁의 여지가 있는 것이다.

실제로는 부하들의 역할이 더 컸을 수도 있다. 고도 성장 경제 정책의 성공 과정에서 이름 없이 봉사한 낭중지추와 같은 공무원도 있을 텐데, 남덕우 개인에게 모두 돌리는 것은 무리가 있을 것이다. 김준형과 엄석진(2016)의 연구는 당시 정책결정자들은 자신들의 영역을 잃어 간다는 인식을 하고 있었던 것으로 추측한다. 이러한 상실감 또는 무력감 때문에, 기업 채무 상환 악화 및 이에 따른 경제 성장 저하라는 손실을 피하고자, 8·3 조치가 매우 큰 위험을 가진 정책임에도 불구하고 추진됐다. 사채 동결은 정책 형성 과정 면에서 성공했다고 할 수 있을지 모르지만, 조치 후 나타난 결과 면에서는 그렇지 않다는 시각이 있다.

그렇지만, 경제 격동기에 주요 정책결정을 할 수 있는 최고위 자리에 임명돼 봉직했다는 자체만으로 최소한의 지분을 인정해야 할 것이다. 남덕우 장관의 재직 시절 추진된 여러 정책은 그가 이끈 시기에 대한민국이 경제적으로 급속한 성장을 이뤄 내는 데 중요한 역할을 했으며, 그의 정책가로서의 업적은 한국의 근대화 발전에 이바지한 것으로 평가받는 측면이 있다.

세상에 부정적 요소가 전혀 없는 완전히 성공한 정책이란 존재하지 않는다. 8·3 사채 동결 조치, 부가가치세 도입 등도 문제를 해결하기보다는 더 문제를 키웠다는 시각도 있으므로 경제 정책 자체에 대한 평가는 신중해야 한다. 남덕우 총리 스스로는 "나는 성공한 정책가도 아니고, 정치가도 아니며, 환경과 타협한 관료"라고 평가하지만, 한국의 고도 경제 발전 과정에서 주요한 중심인물 중 하나임은 부인하기 어렵다.

❷ 비공식적 엘리트 그룹의 형성: 폴리페서의 등장

여기서 남덕우 개인을 넘어, 그가 속했다고 분류되는 비공식적 범주(category) 집단 측면에서 고려해 보는 것도 중요한 작업이다. 그것은 소위 서강학파로, 1970년대 수출 주도형 성장 모델의 이론적 기반을 수립하고 한국 경제의 놀라운 성장을 추진했던 '서강대학교' 출신 경제관료 집단을 지칭하는 저널리즘적 개념이다. 서강대는 가톨릭교에서 운영하는 대학으로서 국립대학이나 다른 사립대학과는 다른 엄격한 윤리성으로 알려진 대학이다.

국민대학 학부 출신이면서 서울대 대학원, 그리고 미국 박사인 남덕우는 서강대 교수로 재직하던 중, 박정희 대통령에 의해 1969년 재무부 장관으로 발탁됐다. 그가 공식적으로 경제 분야에서 최고의 지휘관으로 활동하기 시작한 시점이었다.

청와대와 정부 내에서 남덕우 장관이 어떤 역할을 했는지 구체적으로 알 수는 없다. 오늘날에 비해 규모가 작고 단순한 정부조직이었지만, 그가 "14년 동안 정부관료로서 쓴맛과 단맛을 모두 경험했다"라고 회고한 것을 보면, 그가 최고 권력자인 대통령의 주변에서 다양하고 폭넓은 경험을 했음을 알 수 있다.

남덕우 이외에도 서강대와 인연이 있는 많은 사람이 개발행정의 주 기구였던 경제 기관, 재무부 등에서 활동하면서 실무 경제를 이끈다. 그렇다면, 당시 입학생을 기준으로 서열화된 대학 중에서 왜 서강대인가 하는 질문을 할 수 있다.

이 질문에 대한 답은 국내 대학교수 중 박사학위자의 희소성에 있다. 1965년 당시 경제학과 교수 중에서 미국 박사 취득자는 서강대 3명, 연세대 2명이었는데, 1971년만 해도 연세대 3명, 서울대 2명, 서강대 5명이었다. 즉, 서강대 경제학과는 미국 유학파를 교수로 많이 임용했다. 특이한 점은 가톨릭 예수회 지원을 받는 서강대는 교수들의 월급을 일률적으로 미국 달러로 지급했기 때문에 우수한 교수들을 확보하는 데 더 유리했다는 점이다.

흥미로운 것은 남덕우 이후에도 서강학파는 역대 정부에 연속적으로 기용된다는 점이다. 서로 대통령에게 천거했을 것이라고 짐작은 할 수는 있으나, 천거가 결정적인 변수였는지는 알 수 없다. 공직 재직 중 이들은 서로 안면이 있으므로 정보와 경험을 공유했을 가능성이 높다. 즉, 행정 문화와 정책의 연속성으로 인적인 연계성을 통해 확보할 수 있었다.

서강학파는 세대로 분류된다. 1세대는 남덕우 전 총리, 이승윤 전 부총리, 김만제 전 부총리가 있고, 2세대는 김종인 전 경제수석, 김덕중 전 교육부 장관, 김병주 서강대 교수 정도를 의미하며, 3세대에는 김광두, 김인기, 홍기택, 김경환, 남성일 교수 등이 있다. 이들 3세대는 서강대뿐만이 아니고 다른 학교와 인연이 있는 사람들도 섞여 있다.

서강학파에 대한 평가는 엇갈린다. 압축 성장에 기여했다는 것이 긍정론이고, 불균형 성장론 때문에 정치 민주화를 희생했다는 측면에서 오늘날의 문제가 누적됐다는 평가가 부정론이다. 서강학파 내에서도 단일의 목소리가 아니라 의견 불일치가 있다. 8·3 조치나 부가가치세 도입 등 같은 것이 1세대와 2세대 사이에 견해차가 있었던 것 중의 하나다. 정책이란 성공과 실패를 판단하기는 매우 어려운 것임도 고려해야 한다(임도빈 외, 2014).

더 중요한 의미는 학계와 권력과의 관계다. 오늘날 지식인이 권력의 도구로 전락한 것을 지칭해 '폴리페서'라고 한다. 폴리티시언과 프로페서를 합성한 콩글리시다. 지성인으로서 대학교수를 신성시하던 한국 문화에서 세속의 정치에 간여하는 것을 비난하기 위한 저널리즘적 용어로서 1980년대 민주화 과정 이후에 생긴 것으로 보인다. 즉, 긍정적 의미보다는 부정적 의미에서 주로 사용된다.

남덕우는 폴리페서라는 비난도 받지 않았지만(당시에는 해당 용어가 없었기 때문), 오늘날의 시각에서 보면 꼭 그렇다고 보기는 어려운 면이 있다. 즉, 교수이면서 동시에 정치에 아부하기보다는 경제 정책에 집중하는 행정가였다. 폴리페서를 "학문성이 부족한 교수가 특정 정치인(특히 대통령)과 밀접히 지내면서 (자신의 주관이나 일관성없이) 정치에 영향을 미치는 사람"이라고 협의로 정의한다면 박정희 대통령 시대의 남덕우는 폴리페서가 아니라고 할 수밖에 없다. 그러나 전두환 정부에서 국무총리를 지내면서 반민주적 개혁(예: 개헌 작업)에 강하게 반대하지 않은 것은 폴리페서로의 색깔을 띠었다고 볼 수 있다.

긍정적 의미에서 폴리페서를 우리 정치문화에 시작한 남덕우는 서강학파의 1세대로서, 진정한 의미에서 '연속적인' 폴리페서를 만들어 낸 장본인이라고 하겠다. 여기서 장본인이라는 것은 이를 마치 하나회같이 조직했다는 의미가 아니다. 아마도 학문적 성향과 이를 실천시키려는 행정학적 마인드가 결합해, 서로 후속 사람을 천거하고 생각을 공유하는 등의 방법으로 영향을 미치는 정도가 아니었나 한다.

V. 나오며: 리더의 조건

남덕우의 역할은 단순히 각료로서의 통상적인 관리자 역할에 그치지 않았다고 봐야 한다. 그는 정책 입안자, 행정조직을 통한 실행자, 그리고 리더로서 한국 경제사의 중요한 전환점에 있었기 때문이다. 이 사례를 통해 얻을 수 있는 교훈을 살펴보기로 한다.

첫째, 행정 리더로서의 남덕우라는 인적 자원이 어디서 왔느냐의 질문이다. 어렸을 때부터 농촌 출신으로 서울에 올라와 자기계발을 하고자 했고, 국민대에 진학해서 공부도 했지만, 학생운동을 적극적으로 했다는 점 등에서 남덕우 개인의 남다른 성취 동기를 인정할 수밖에 없다.

둘째, 타산지석으로서 우리나라가 미국의 인적 자원 관리에서 얻을 수 있는 교훈이다. 미국이 오늘날 세계 정치의 주인공이 된 것은 고급 인적 자원의 양성에 있다는 것이다. 남덕우가 서강대 교수가 된 것은 스미스-먼트 프로그램으로 미국 박사가 못 됐으면 거의 불가능했을 것이다. 또한 서강대 교수가 아니었으면 장관으로서 발탁도 어려웠을 것이다. 이런 맥락에서 1948년에 제정된 「스미스-먼트 법」, 그리고 「풀브라이트 법」이라고 부르는 미국 「국제정보교육교환법(PL 402)」에 주목할 필요가 있다. 이 프로그램은 냉전 체제에서 자본주의-공산주의 경쟁이 치열해지는 과정에서 미국이 주도권을 잡는 데 중요한 역할을 한다. 특히 한국과의 관계에서는 젊은 대학교원을 대학원에 학생으로 파견해 교육하는 것이 사업의 핵심이었고, 그 인재가 한국의 엘리트 그룹이 되는 기여를 했다(장영민, 2022). 오늘날 공적개발원조(Official Development Assistance: ODA) 시대에 우리나라가 타산지석으로 교훈을 얻어야 할 부분이다.

셋째, 정치지도자의 신뢰가 중요하다는 점이다. 박정희 대통령 재임 시기에 대통령의 측근으로서 한국은 경제적으로 큰 도약을 이뤘으며, 이는 오늘날 대한민국이 세계적 경제 발전 성공 국가로 인정받는데 큰 공헌을 한 것이다. 그의 시대적 배경과 그가 이룬 성과는 한국 경제 역사의 중요한 장을 장식하고 있다. 그가 이런 역할을 하는 자리에 최장수 경제 장관으로 있었던 것은 박 대통령의 신임 때문이었다. 구체적으로 어떤 점 때문에 대통령의 신임을 받았는지는 알 수 없다. 남덕우 총리의 구체적인 면모를 알 수 있는 1차 자료는 매우 부족하기 때문이다. 2차 자료를 통해 얻을 수 있는 남덕우에 대한 평가는 그의 재직 기간 동안 한국 경제를 새로운 차원으로 이끌었으며, 높은 정책적 통찰력과 결단력을 보였다는 것이다.

남덕우가 경제전문가로서 초기의 한국 경제를 성장시킨 면은 어느 정도 인정할 수밖에 없으나, 정치적 차원에서 또 다른 평가가 가능하다. 적어도 한국 정치의 민주화에는 공헌한 바가 보이지 않을 뿐만 아니라, 적어도 전두환 정권의 권위주의 체제에 적극 협조해 정권을 유지하는 데 기여했다는 비판에서는 벗어나지 못할 것이다.

한편, 8·3 사채 동결 조치, 부가가치세의 도입 등 혁신 정책을 통해 세제를 합리화하고 간소화함으로써 세입 확충에 크게 기여한 점은 인정해야 할 것이다. 그 기간, 그는 한국의 고속 성장을 이끈 주요 관료로서 핵심적인 역할을 했으며, 그의 정책 실행 능력과 리더십은 국가의 산업화 및 경제 성장에 동참했다.

3

일반행정가인가 전문행정가인가?: 손수익

I. 들어가며: 산림 강국을 만든 행정가

아름다운 금수강산, 대한민국은 태백산맥을 비롯한 산지가 70% 가까이 되는 나라다. 오늘날 푸른 산이 여기저기 보이는 것이 당연한 것이지만, 과거에는 전혀 달랐다. 일제강점기에 송진 채취, 연료로써의 나무 채취가 일상화됨으로써 특히 사람들이 접근하기 쉬운 가까운 산은 나무 한 그루 없이 헐벗은 민둥산이었다. 나아가서 6·25 전쟁으로 남북이 전투하면서 산림이 크게 훼손됐고, 피난민의 판잣집 건축자재와 연료로 쓰였기 때문에 다시 나무가 무분별하게 베어졌다.

푸른 숲이 눈에 안 보인다는 것은 단순히 경치의 문제가 아니었다. 매년 산사태를 유발해 인명 피해까지 가져온다는 점에서 중차대한 국가의 재난 정책 문제였다. 특히 태풍이 오는 여름에는 산에 나무가 있으면 바람 세기도 낮아지고 비를 흡수하는데, 민둥산은 오히려 산사태를 일으켜 피해를 키우는 요인이 된다. 매년 큰비와 바람으로 농가, 산촌에 삶의 터전을 잃는 피해자들이 속출하고, 강 하류의 도시지역까지 수해로 인명 피해를 입히는 일이 반복됐다. 자연재해로부터 국가의 지속성을 유지하기 위해 국민을 재난에서 안전하게 보호하는 재난관리 차원에서 산림녹화는 중차대한 과제다.[1] 오늘날 폭우가 와도 피해가 그리 크지 않은 것은 바로 산림녹화 덕택이기도 하다.

좋은 행정은 각 나라의 상황에 맞는 정책을 통해 모든 국민을 행복하게 만드는 것이다. 매슬로(Abraham H. Maslow)의 욕구 5단계론에 따르면, 그 나라 국민 대다수가 필요로 하는 욕구를 충족시키는 것이 중요하고, 각 단계에서 장기적 관점을 고려해 정책을 효율적으로 추진하는 것이 경쟁력 있는 정부의 모습이다(임도빈 외, 2017). 산사태로 목숨이 위협받는 것을 막아야 하고, 굶지 않는 것이 목표인 때가 1970년대의 우리나라였다.

생활 환경으로서, 그리고 산촌 인구 삶의 터전으로서 산은 국민에게 매우 중요한 요소다. 지금은 산에 나무가 너무 우거져서, 건조기에 울창한 숲 때문에 산불이 옮겨 산불 진화에 어려움을 겪는다. 민둥산에 나무가 없으면, 대형 산불이 날 염려도 없다. 반대로 비가 오면 산사태 등의 재난이 빈번했다. 이런 기적적 산림녹화는 그저 손 놓고 기다림 속에서 우연히 이뤄진 것은 아니다. 당장 삶을 유지하기 위해 자연 훼손이 이뤄지고 있는 많은 개발도상국의 사례를 보면, 과연 우리나라가 1970년대 가난한 상황에서 어떻게 산림녹화가 이뤄졌는지 살펴볼 필요가 있다.

민둥산인 우리 국토가 상전벽해와 같이 바뀌었다. 도시화와 개발이 많

---

1) 오늘날에는 과학적 산사태 예보 체계가 발달했다. https://sansatai.forest.go.kr/gis/main.do;jse ssionid=gj7Vyue0CSR-KJiBGny5QFtGF0u1d0aRnzhmu80J.ldm10#mhms2

이 이뤄진 오늘날 우리나라는 국토의 63%가 숲이 울창한 산지인 나라가 됐다. 국토 면적 대비 산림 비율로 볼 때, 대한민국은 핀란드(74%), 스웨덴(69%), 일본(68%)을 이어 4위에 있다. 즉, 산림 강국이다. 일제강점기 때 나무를 마구 베어서 민둥산이던 이 산지에 기적이 일어났다. 그동안 열심히 나무를 심어서, 2023년 헥타르 당 나무가 축적된 비율도 OECD 평균인 $131m^3/ha$의 1.26배 정도에 달하는 $165m^3/ha$다.[2] 놀랄 만한 성과다.

묘목은 수년이나 수십 년이 돼야 나무로서 성장해 숲이 된다. 기껏해야 4~5년 선거주기만을 의식하는 다른 정책 분야와는 달리 오랜 시간이 요구되는 분야다. 이런 분야가 어떻게 세계에서 자랑할 만한 수준의 나라가 됐는지, 그 초기의 행정인에 대해 주목하고자 한다.

1950년대~60년대 국가적으로 경제 수준이 낮았고, 교육 수준이 낮은 상태였다. 국가적으로 최우선인 정책 분야에 전문성을 갖춘 고위관료가 투입돼야 한다. 행정학을 공부한 우수한 학력과, 고시 출신 정통 행정관료로서 우리나라 최고 행정을 지휘할 만한 인재가 필요한 때였다.

산림 분야와 같은 특수한 지식이 장기간 필요한 경우에는 인재가 몰리지 않는다. 과연 국가가 주도하는 발전행정기의 유능한 행정인이 갖춰야 할 특성은 무엇인가? 이들은 어떤 환경 조건에서 어떻게 일했는가? 무엇이 성과를 내는 요인이었는가?와 같은 질문을 하면서, 글을 전개하기로 한다. 특히 인사행정론에서 논쟁거리인 일반행정인(generealist)과 전문행정인(specialist) 간 어느 것이 행정 성과에 나은 것인지에 관한 의문에 답을 찾고자 한다.

---

[2] 2020 산림기본통계(개정판)(2022). 산림통계시스템. https://kfss.forest.go.kr/stat/ptl/article/articleDtl.do

II. 개발행정 시대의 행정

1 박정희 대통령의 주먹구구식 행정

박정희 대통령은 산에 나무가 없는 것에 대해 많은 문제의식을 느낀 것 같다. 특히 1971년 당시 가장 핵심 항공 노선인 한일 노선 비행기에서 처음 한반도를 내려다볼 수 있는 영일만 지역의 산림을 녹화해야겠다고 마음먹었다. 외국인에게 처음 눈에 들어오는 한반도가 벌거숭이산이라는 점이 부끄럽다고 생각한 것이다.

박정희 대통령은 이미 2대 산림청장인 강봉수 청장에게 "이곳은 국제 항공 노선의 관문인데 근본 대책을 세워 버려진 땅을 되찾도록 연구 노력하라"고 지시했으나, 현실이 변하지 않는 것을 보고 경질을 생각한 것 같다(이경준, 2015: 122). 따라서 이 일을 잘 추진할 인물이 절실히 필요했다.

1973년 1월 12일 박 대통령은 연두 기자회견에서 산림녹화에 대한 의지를 다음과 같이 표명한다. 인터넷이 발달하지 않은 이 당시에 언론에 보도되는 연두 기자회견은 대통령이 국민과 하향식 소통을 하는 매우 중요한 의미를 갖는 수단이었다.

"전 국토를 녹화하기 위한 10개년 계획을 세워, 1980년대 초까지는 우리나라를 완전히 푸른 강산으로 만들 것입니다."(한국임업신문사, 2007: 196).

그리고 다음 날 1월 13일, 손수익을 차관급 산림청장으로 임명한다. 전광석화같이 밀어붙이는 방식이었음을 알 수 있다. 이어서 1973년 1월 22일 내무부가 대통령에게 연두 국정보고를 하는 자리에서 "고식적이고 구태의연한 산림 정책을 근본적으로 검토해야 한다. 그동안 산림청에 배정한 예산은 적었지만, 그 범위 내에서 효과적으로 사용하고 지도해 나갔다면 산은 푸르러지고 나무도 많이 자랐을 것이다. 우리나라의 기후와 토양에 맞는 알맞은 수종을 연구·개발해야 하고, 개발한 묘목을 많이 생산해 인근 부락에 공급해야 한다"라고 하면서 녹화사업이 부진한 것에 대해 질책한다(산림청, 2007: 197-199). 즉, 식목 정책의 집행 과정에 문제가 있었음을 지적한 것이다.

그런데 1967년에 신설돼 산림행정을 전담하는 행정 기관인 산림청은 대통령이 상술한 지시를 하는 시점인 1월 22일에는 내무부 소속이 아니라 농림부였고, 산림청이 내무부 외청으로 된 것은 3월 3일이다. 내무부 업무보고 시간에 농림부 산하 산림청의 임무에 대해 지시한 것이 실제로 대통령이 부처 소관 업무를 착각했는지, 아니면 일의 순서를 그리 중시하지 않고 산림청을 내무부로 이양하기로 결심하고, 내무부에 그해 새로운 목표를 선제적으로 선언한 것인지는 잘 모른다. 어떻든 비논리적이고 비합리적이라는 생각이 든다.

인사행정도 주먹구구식이었다. 손수익은 산림청장으로 봉직한 이후 충남지사, 내무부 차관, 국무총리 행정조정실장, 교통부 장관 등을 역임한다. 산림청장 이후 충남지사로 (승진) 전보된 것을 보면, 경기지사에서 산림청장으로의 임명은 일종의 강등이었다. 임명직 도지사였지만, 당시 계서제 문화에서 청장보다는 도지사가 더 높은 자리로 인식됐기 때문이다. 비록 낮은 직급으로의 전보였지만 상관하지 않고, 직무를 수행했다.

그 후 몇 주가 지난 1973년 2월 13일 박정희 대통령은 경기도정 보고를 받고 서울로 돌아오는 길에 손수익 산림청장(1월 13에 청장 취임)을 대통령 차에 동승시키고 산림청을 내무부로 이관하도록 하는 작업을 지시한다(손수익, 2006). 조직 계통과 인사가 법적으로는 일치되지 않는 지시였다. 이를 비판적으로 본다면 뒤죽박죽 행정이라고 할 수 있고, 긍정적으로 보면 유연한 조직 운영이라고 할 수 있다.

> 1948년 7월 17일: 농림부에 산림국을 설치
> 1967년 1월 1일: 산림국에서 산림청으로 승격
> 1973년 3월 3일: 내무부의 외청으로 소속 변경
> 1987년 1월 1일: 농림수산부의 외청으로 소속 변경

손수익이 제3대 산림청장으로 재직한 것은 1973년 1월 16일 ~ 1978년 9월 10일이다. 산림청이 개청 6년 만인 1973년 3월 3일 농림부에서 내무부로 이관된 것은 박정희 대통령의 산림녹화 시책에 대한 강력한 관심 및 독려를 배경으로 하고 있다. 이러한 의지를 실현하려고 조직 측면에서 산림청을 당시 가장 힘이 센 부처였던 내무부에 소속시켰고, 인사 차원에서는 능력을 입증한 손수익과 같이 추진력이 강한 사람을 발탁했다. 즉, 대통령의 생각이 결정적이었다.

2 일반행정가(generalist)

손수익 청장(1932년 전남 장흥 출생)은 서울대학교 법대를 졸업한 후, 서울대 행정학 석사학위를 취득했다. 당시 우리 국민들의 고등교육 수준을

고려할 때, 우수한 인재였음을 부인할 수 없다. 20세인 1958년에 제10회 고등고시 행정과에 합격해 약관 28세에 장흥군수로 시작한다. 1950~60년대 당시로서는 행정고시 출신으로서 가장 선호하던 내무관료로 시작한 것을 보면, 고시 동기 중에서도 우수했음을 의미한다.

손수익은 통상적인 내무관료로서 공직을 시작해 경력을 쌓아 간다. 1964~66년에는 경기도 파주 군수, 부천 군수로 지방행정을 경험한다. 1966년에 내무부 기획실 기획관을 거쳐 다시 1968년 전북 부지사, 1969년 전남 부지사 자리를 맡는다. 1970년에 다시 내무부 본청으로 돌아와 민원 담당관, 1971년 내무부 지방 국장을 역임한다. 지방과 본청을 오가면서 당시 점점 중요한 직책에 임명되던 Z자 형 인사 이동을 거친다. 그리고 정무직 직책에 임명되기 이전엔 핵심 국장 자리로 간주하던 지방 국장을 거친 엘리트 코스를 밟은 정통 내무관료였다. 당시의 내무부는 다른 부처의 공무원이 부러워할 만큼 권력이 센 부처로 인정받는 상황이었다.

평범했던 손수익이 두각을 나타내기 시작한 것은 새마을운동이 시작되던 초기였던 것으로 보인다. 1970년 새마을운동이 시작되면서, 내무부 지방 국장 밑에 부국(副局) 제도를 신설했다. 이에 따라 새마을 부국장이라는 직책이 만들어졌고, 당시 전라북도 내무국장이었던 고건(그 후 장관, 서울시장, 국무총리 역임)을 발탁해 승진시켰다. 손수익이 고건 부국장 밑에서 능력을 발휘하기 시작한 것이다.

박정희 대통령 시대에는 청와대보다는 부처를 통한 정책 집행을 한 것으로 유명하다. 불도저로 유명한 김현옥 당시 내무부 장관의 역할도 컸다. 김현옥은 부산시장을 지내면서 그 추진력을 보여 줬고, 그 경험을 높게 평가한 박 대통령의 발탁으로 서울시장을 지냈으며, 그 후 내무부 장관으로 임명됐다. 지방자치 실시 이전이기 때문에 광역자치단체장인 시도지사는 모두 임명직이었고, 요직에 속했다.

　새마을운동은 농촌개발 운동이었는데, 우선 초가지붕의 썩은 짚이 지네의 서식지가 되는 등 주거의 위생상 문제가 크다고 인식했다. 이에 새마을 부국 밑에 '농촌지붕개량과'를 설립했고, 손수익이 과장으로서 농촌 초가 지붕을 10년 안에 벗기는 과업을 추진한다. 손수익은 "지붕을 벗기면 큰 재앙이 생긴다"라는 조선총독부가 펴낸 『조선의 무속』이라는 책과 『조선의 미신』이라는 책 800페이지 분량을 밤새워 읽으면서 난제를 해결할 방법을 고민한다. 고심 끝에 주민들을 안심시키려면 미신은 미신으로, 부적(符籍) 같은 것으로 대응해야겠다는 결론에 이른다. '새마을'이라는 세 글자 부적을 써 붙여서 안심시키고 지붕을 벗기도록 하자는 것이었다. 짚의 대체물로 생각한 것은 슬레트였다. 슬레트는 경량 지붕 재료였으나, 환경 유해물질로 판명돼 현재는 사용이 중단된 건축자재다.

　이런 과정을 거쳐, 지방-중앙을 오가면서 순탄한 보직 이동을 하던 손수익은 경기도지사로 임명된 지 얼마 안 돼 산림청장으로 발탁된다. 손수익이 박 대통령의 신임을 얻은 결정적인 계기는 '서울-춘천 경춘국도면 정비사업'에서 보여 준 추진력이었지 않을까 한다. 그는 내무부의 지방 국장으로 근무할 때, 경춘국도면 정비사업을 지휘해 1년 만에 깔끔하게 정비한 바 있다. 당시 도로 사정이 취약하고, 도로 주변의 경관이 아름답지 못했는데, 차를 타고 갈 때 눈으로 보이는 경관을 정비하는 것도 필요하다는 국가적 인식이 퍼지기 시작한 때였다. 경춘국도는 가로 정비 시범지역으로 지정될 정도였다(이경준, 2015: 172). 여기서 특별한 인연보다는 과거 그 사람의 실제 성과를 보고 인재를 발탁하는 실적주의적 사고를 하는 모습을 통해 박정희 대통령의 인사행정 철학을 엿볼 수 있는 대목이다.

손수익 청장의 역할은 개인의 능력만으로 국한해서 보면 안 된다. 집단 행정문화에서 긴밀한 수직적 협업이 바탕이 됐음을 주목해야 한다. 김현옥 내무장관은 시민과 가까이서 현장 중심의 행정을 중요하게 생각한 인물이었다. 김현옥은 1971년 10월부터 장관직을 시작했다.[3]

1973년, 산림청이 내무부의 관할로 넘어오자, '내무부의 주요 국책 과제'로 산림녹화를 선정했다. 김현옥은 부국장인 고건이 주 책임자였던 제1차 치산녹화 기본계획의 수립 시 내무부 장관이었으므로, 그 내용을 잘 알고 있었을 것이다. 즉, 기본계획이 박정희-김현옥-고건-손수익 4명의 계서제적 팀워크를 통해 이뤄졌다. 그러나 이 가운데 누가 가장 주도적 역할을 했는가는 파악하기 어렵다. 산림녹화가 박정희 대통령의 주요 관심 사항이기 때문에 장관에게 처음에 특별 지시를 내렸을 수도 있고, 아니면 김현옥 내무 장관이 박 대통령의 마음을 읽고 적극적으로 추진했을 수도 있다.

김현옥 장관은 제1차 치산녹화 계획 발표 이후, 매일 아침 산림청에 직접 찾아가 조림 상황을 확인하고 격려한 것으로 알려져 있다.[4] 내무(즉, 치안)가 더 중요한 업무임에도 불구하고, 자기 자신을 '산림 장관'이라 칭하며, 차관을 '치안 장관'이라고 소개하기도 했다. 새마을운동만큼 중요한 사업으로 산림녹화 사업을 추진했던 당시 상황을 말해 주는 것이다.

김현옥 장관의 창의적인 아이디어 중 하나는 검목(檢木) 제도였다.[5] 이

---

[3] 동서고금을 막론하고, 치안 등 국가의 존속을 담당하는 임무를 가진 내무부는 부처 서열 1위이고, 최고 권력자의 가장 측근이 장관으로 임명되는 경향이 있다(임도빈, 2014).

[4] 이 당시에는 모든 부처가 같은 건물에 있었다.

[5] 검목 제도가 정확히 손 청장, 김 장관, 혹은 박 대통령 중 누구의 아이디어였었는지는 알 수 없다.

는 거짓 조림(造林) 신고를 방지하고 현장에서의 식재 관리를 강화하는 획기적인 제도였다. 탁상행정에서 벗어나기 위해 고안한 오늘날의 '평가 제도'에 관한 아이디어다.

정책의 집행이 무엇보다도 중요하다는 점을 알고 있는 김현옥 장관은 산림행정에 전국의 일사불란하게 움직이는 기존 행정조직 라인을 적극적으로 활용한다. 즉, 김 장관의 지원으로, 당시의 산림청은 전국에 있는 경찰의 전화를 사용할 수 있게 했다. 농림부에서 내무부로 옮긴 이유(혹은 혜택) 중의 하나가 경찰 전화 활용일 것이다. 전화 보급률이 낮은 당시에는 일반 국민의 전화 사용은 어려웠고, 그나마 행정 전화가 매우 중요한 통신 수단이었다. 김현옥 장관이 경찰 전화 사용을 지시하기 이전에는 산림청은 통신 시설이 미흡해 지방과 통화하려면 많은 절차가 필요했지만, 이 전화 덕분에 산림청의 행정 업무가 크게 간소화됐다. 김현옥 장관의 이러한 지원은 손 청장뿐만 아니라 산림 공무원들의 자긍심을 높이는 데 큰 역할을 했다(이경준, 2006: 321).

박정희 대통령의 신뢰를 바탕으로 한 산림녹화에 대한 그의 지대한 공헌은 산림청의 중요한 조직문화로 계승되고 있다. 비록 산림청이 정부부처 중 하나의 청 단위 조직으로서, 부 중심의 조직문화에서 주목받지 못하는 위치에 있었지만, 그의 리더십을 통해 독자적인 조직문화를 형성할 수 있었다. 그의 공로는 산림청의 전설로 여겨져 널리 인정받았으며, 사후에는 숲의 명예 전당에 모셔졌다.[6]

손수익은 박정희 대통령 시기에만 관료로 활동한 것이 아니다. 전두환

---

6) 산림청(2023년 4월 6일). 국토녹화의 주역, 고(故) 손수익 청장, 고(故) 진재량 독림가, '숲의 명예 전당'에 헌정. 대한민국 정책브리핑. https://www.korea.kr/briefing/pressReleaseView.do?newsId=156561275.

> ⟨손수익 약력⟩
>
> 제13대 경기도 파주 군수(1964년 2월 5일 ~ 1964년 11월 30일)
> 제4대   전라북도 부지사(1968년 3월 18일 ~ 1969년 10월 24일)
>   내무부 지방 국장(1969년 10월 25일 ~ 1972년 6월 29일)
> 제14대 경기도지사(1972년 6월 30일 ~ 1973년 1월 15일)
> 제3대   산림청장(1973년 1월 16일 ~ 1978년 9월 10일)
> 제19대 충청남도지사(1978년 9월 11일 ~ 1980년 4월 27일)
> 제32대 내무부 차관(1980년 4월 28일 ~ 1980년 9월 9일)
> 제6대   국무총리실 행정조정실장
>   (1981년 12월 24일 ~ 1983년 10월 15일)
> 제30대 교통부 장관(1983년 10월 15일 ~ 1986년 8월 27일)

군부정권 시기인 1983년도에 교통부 장관이 됐다. 내무관료로서 시작해, 산림행정을 개척한 인물에게 전혀 전문성이 없는 교통 분야를 담당케 한 것이다. 여기서 일반행정가의 특수 분야 활용가능성을 조명해 볼 필요가 있다.

손수익은 교통부 장관으로 임명된 후 신속한 업무 파악을 위해 교통부 소관의 모든 법률을 탐독했다. 1980년대 당시에도 정부에서는 조선총독부의 법률을 그대로 써 왔기 때문에 비민주적 요소가 많았다. 그리고 많은 법률이 일본의 법률을 모방한 것이었다.

손수익은 법치행정은 법률대로 행정을 수행해야 한다는 것인데, 법률의 내용이 비민주적인 상태에서 행정을 민주화할 수는 없다고 생각했다. 그래서 교통부와 관련된 것과, 법과 현실의 괴리를 줄이기 위해 네 개의 법률을 모두 고치기로 마음먹고 실행에 옮겼다. 그러나, 현실의 벽은 높아서 장관직 재임 2년 동안 한 개의 법률을 겨우 통과시킨 정도였다. 일반행정가로서 법치행정의 원칙을 이해하고 있기 때문에 가능한 시도였다고 볼 수 있다. 즉, 일반행정가가 특정 분야의 일을 맡게 임명되면, 관련 법률을 파악하는 것이 우선이다. 이때 일반행정가는 특정 분야의 이해관계에 얽매이지 않고, 중립적이고 객관적인 시각에서 문제점을 파악할 수 있다는 장점이 있다.

우수한 일반행정가인 손수익 장관은 주어진 여건하에서 여러 가지 현안을 해결하고자 혁신적인 생각을 했다. 예컨대 당시 택시문화 문제도 86년 아시안게임을 대비하는 데 큰 문제가 되는 상황이었다. 강제 합승, 바가지 요금, 난폭 운전 등 오늘날과는 비교할 수 없는 낙후된 택시문화의 개선이 시급했다.

국가 경제 수준이 낮은 당시에는 개인 택시가 없고 회사 택시만 있었는데, 택시기사의 평균 나이는 33세, 평균 경력은 3년 1개월 정도였다. 이 당시 기준으로는 나이가 너무 많고, 경력이 적은 사람들이 구직을 못 하다 택시 회사에 들어와 취업하는 행태를 보였고, 인적 자원 관리에 문제가 있음을 파악한다. 그것은 택시 회사에서 매일 일정 금액을 의무적으로 납부하도록 하는 사납금 제도인데, 택시 기사들은 할당액을 채우기 위해 불가피하게 속도 위반과 합승을 일삼을 수밖에 없었다. 극단적으로 말하면, 택시기사의 노동력을 착취해 회사의 배만 불리는 제도였다.

손수익은 회사 택시가 지배적이었던 당시 상황에서 이 문제를 해결하기가 그리 쉽지 않다고 판단한 것 같다. 이에 교통부 내 '택시과'를 신설했고, 육사 출신을 택시 과장으로 임명하며 교통 문제 해결을 위한 고민을 시작했다. 1977년부터 1988년까지 존속했던 소위 유신사무관이라는 제도와 관련이 있다. 군부정권하에서 대위 출신 사관학교 전역자들을 사무관으로 특채하는 제도로서 총 736명이 특혜를 받았다. 지나친 특혜라는 비판을 면치 못하는 제도다. 한편으로는 부정부패를 저지른 공무원들을 파면시키면서 다른 한편으로는 유신사무관을 채용해 행정의 집행 능력을 증진시키고자 한 군부정권의 의도도 있었다. 군대식의 추진력을 갖춘 장교를 과장으로 선택한 것은 당시의 행정문화에서 그리 예외적인 사례는 아니었다.

가장 근본적인 해결책은 개인 택시 제도를 신설하는 것이었다. 즉, 운전 경력 10년의 무사고 운전자에게 개인 택시 면허를 주는 정책을 시행했다. 이는 택시 운전자들에게 '택시 한 대로 사장이 된다'는 자부심을 심어 주고 이를 이용한 택시문화 개선운동을 가능하게 했다. 깨끗한 택시, 친절한 서비스를 하도록 하면서 부처 내 공무원부터 앞장서서 개선운동을 이끌어 나갔다. 그 결과 회사 택시가 지배적이었던 택시 산업 구조를 혁신해서, 회사 택시와 개인 택시 비율을 6대 4로 끌어올리는 성과를 이뤄 냈다.

손수익의 사례는 일반행정가는 여러 전문 행정 분야에서 문제해결자가 될 수 있음을 보여 준다. 해당 분야에 계속 몸담고 있을 때 보지 못하는 문제를 파악할 수 있고, 창의적인 해결책을 생각해 낼 수도 있다.

III. 산림녹화 정책의 추진 과정

1 정책 의제: 민둥산

산에 나무가 없었던 것은 역사적인 이유가 있다. 가장 큰 원인은 일제 강점기다. 일제는 한일합방 이전에 우리나라의 산림자원을 조사하기 시작했고, 1908년에 「삼림법」을 제정해 제도적 개혁을 도입했다. 이것은 말로만 개혁이지, 실제로는 식민지 착취를 위한 벌채를 하는 수단이었다.

일제강점기 이전에는 압록강·두만강 지역 및 개마고원 일대 산림의 헥타르 당 산림 부피는 ha당 200㎥ 이상으로 울창했었다. 1910년에 한일합방 당시에는 7억㎥였던 임목 축적량은 36년이 지난 8·15 광복 직후에는 약 70%인 5억㎥나 줄었다. 이 수치는 산림법이 일제가 우리의 산림자원을 훼손해 황폐화하는 수단이었다는 점을 증명해 준다.[7] 산림자원 통계가 구축된 1927년부터 1941년까지 임목 축적 변화만을 보면 약 1억 9천만㎥의 감소가 이뤄져, 일제강점기에 우리나라 산림이 얼마나 심각하게 약탈당했는지 정확히 지적해 준다.

일제 때, 특히 전시(戰時)에 우리나라의 모든 물자를 착취해 가져갔다. 쌀 등 양식은 물론이고, 군대의 연료로 쓰기 위해 송진도 채취시켰다. 이것은 모든 국민에게 벌목 허가를 내준 셈이어서, 모두 산에 가서 나무를 베고, 땅에 떨어진 낙엽도 긁어와 땔감으로 써야 했다. 마른 솔잎까지 모

---

[7] 69쪽에서 볼 수 있는 바와 같이 1979년 손수익이 검목 제도를 도입한 이후에도 정확한 통계가 나올 수 없는 상황이었으므로 일제의 기록에 의한 이 수치도 신뢰할 수 있는 것은 아니다.

두 갈퀴로 긁어 갔기 때문에 땅에 떨어진 나무의 씨도 가져간 것이다.

해방 이후 우리나라의 정치적 분열과 사회적 혼란은 산림 분야에서도 무력해진 행정력을 보여 준다. 취사, 난방 등 기본적인 생활조차 어려웠던 상황에서, 다른 사람의 산에서 몰래 나무를 베어 가는 도벌이 만연했고, 심지어 자신의 산에서도 장기적 계획 없이 무분별하게 나무를 베어내는 남벌 현상이 극심했다. 여기에 6·25 한국전쟁은 산림 황폐화를 가속화하는 결정적 계기가 됐다. 군사 작전으로서 산에 불을 놓아 소각하는 것뿐만 아니라, 군수용 목재 보급, 대량 피난민이 임시 거처로서 판잣집을 지었기 때문에 나무의 무분별한 벌채가 이뤄질 수밖에 없었다. 1950년대 평균 임목 축적은 불과 $5.7m^3/ha$에 불과해 일제강점기 이전의 $200m^3/ha$에 비교하면 황폐해진 정도를 추측할 수 있다.

결과적으로 민둥산으로 인해 홍수, 가뭄 등으로 발생하는 산림재난 발생이 더욱 빈번해졌다. 일제의 만행이 지나간 우리의 산에서는 해방 후에도 땔감과 먹거리를 위한 불법 입산 및 불법 벌채가 만연했다(이돈구 외, 2017). 즉, 자연과 인간이 모두 산림 파괴의 원인이 됐다는 것이다.

그렇다고, 해방 후 우리나라 초기 정부가 이러한 산림 훼손을 수수방관한 것은 아니었다. 이미 해방 직후에 '사방사업 10개년계획(1948~1957)'을 수립해 산업 복구를 주요 목표로 추진하기는 했으나 그 실적이 저조했다. 특히 한국전쟁 중인 1951년 「산림보호임시조치법」(1951)을 제정해, 사방 수종(沙防樹種)을 심는 등 산림녹화 활동을 추진하고자 했으나, 전쟁 중이었으므로 제대로 추진할 수 없는 상황이었다. 미국 및 UN의 전쟁 재건사업 원조의 일환으로 상류 수원 함양 사업(1956)을 추진했으나 모두 실패로 끝난다. 즉, 당시 저급한 행정국가화 수준을 고려할 때, 서류상의 정책은 존재했으나 실제 현장에 변화를 가져오는 집행에는 문제가 많았다.

박정희 장군은 5·16 직후에 이미 산림 황폐에 대한 문제의식을 가지고 있었던 것 같다. 즉, 1961년에 「산림법」을 제정하고, 이를 위해 '영림계획'을 도입(planning)했기 때문이다. 행정이 움직이려면 조직이 필요하므로, 이를 실현할 도구의 하나로서 산림조합을 설치할 수 있는 근거 규정을 마련했다. 이전과 다른 점은 사방(모래 등을 통해 산사태 방지)에서 영림(식목)으로 개념이 바뀌었다는 점이다. 그러나 손수익이 산림청장이던 1973년까지 박정희 대통령의 문제의식에 만족할 만한 답을 찾지 못한 것이다.

❷ 정책 형성의 진화 과정

손수익은 산림청장이 되기 전에는 내무관료로서 추진력은 갖췄으나, 산림에 대한 비전이 있는 전문가는 아니었던 것 같다. 적어도 처음에는 손수익이 먼저 아이디어를 내어 대통령을 설득하면서 정책 형성을 하거나 앞서 간 것 같지는 않다. 즉, 손수익은 박 대통령의 지시를 따라서 비전을 공유했던 것인지, 아니면 지시를 빨리 이해하고 구체적으로 실행하는 능력이 있었던 것인지 확실치 않다. 그의 정책 집행은 박정희 대통령의 비전과 목표 설정, 그리고 세세한 지시가 없었으면 불가능했다.

그렇다면 박정희 대통령의 산림에 대한 비전은 어떻게 생겼는지 의문이 생긴다. 이 시기는 공업화를 통해 경제가 조금씩 성장하고 있었고, 이를 계속하기 위해 3선 개헌, 즉 10월 유신을 1972년에 한 상황이었다. 우선 농촌 출신으로서 평소에 가지고 있던 생각을 살펴볼 필요가 있다.

1965년 5월, 박 대통령이 미국 케네디 우주센터에 갔을 때, 로켓 발사를 봤다. 그때, 그는 미국의 푸른 숲에 대해 김성진 기자에게 "정말 멋있다"고 말하고, "그런 숲을 한국에 가져오고 싶다"고 했다고 한다(김성진, 2006: 308). 민둥산을 보고 사는 당시 한국 사람들이 여행자로서 가질 수 있는 느낌이었을 것이다. 하지만, 모든 것이 낙후됐던 당시에 미국이라는 나라의 모든 것이 새롭고 꿈과 같이 보일 때였기 때문에, 그중에서 특히 숲에 관심을 보였다는 것은 박정희 대통령의 개인적 관심이 독특했음을 인정할 수밖에 없다.

박 대통령이 산림에 관한 개인적 문제의식은 1961년 5월 16일 군사혁명 직후 발표한 공약에 밀수, 마약, 깡패, 사이비 기자 외에도 '도벌'이 포함돼 있다는 점에서도 확인된다. 농촌 출신으로서 박 대통령이 평소에도 꽃과 나무를 사랑했다는 일화를 생각하면, 자연스럽게 산림 문제에 관심을 많이 가졌다는 것을 인정할 수 있다.

박정희 대통령이 손수익 청장을 통해 평소에 가지고 있던 정책 문제를 해결하려는 목표 제시는 의외로 단순했다. 앞서 언급했듯, 당시 한일 노선이 가장 붐비는 비행기 노선인데 비행기에서 한반도가 눈에 처음 들어오는 영일만 지역의 산림녹화였다. 즉, 한반도가 보일 때 민둥산이 아닌 녹색 산림이 눈에 들어오게 만들고 싶다는 것이 그의 비전이었다.

박정희 대통령은 1970년에 이미 경부고속도로 428km도 뚫고, 경제도 성장하는 등 뭔가 한반도가 변하기 시작했는데, 유독 산림녹화만은 안 되는 것에 불만이 컸다. 이걸 한번 획기적으로 고쳐야겠다고 생각하고 있었다.

그동안 정체됐던 사안에 대한 추진력 강화를 위해 소관 부처를 농림부에서 내무부로 옮기는 것도, 손수익을 발탁한 것도 결국은 박 대통령 개인의 용인술 내지 행정 능력이었다고 볼 수 있다. 그 과정에서 누가 먼저 건의했는지, 조언을 해 줬는지는 알 수 없지만, 손수익의 실적주의적 능력이 박정희 대통령의 눈 안에 들었다고 볼 수밖에 없다.

손수익은 산림청장을 발령받고 10년 안에 국토를 푸르게 만들라는 대통령의 지시를 받았다. 즉, 치산녹화 10개년계획은 대통령의 지시를 집행하고자 한 것이고, 그해 식목일인 4월 5일 경기도 양주시에서 밤나무를 심으며 앞으로 10년 안에 100만 그루의 나무를 심어 국토를 녹화하겠다고 공포한다. 수치로 나타내는 이 목표는 간단명료해 눈에 확 띄었다. 그러나 당시 현실적으로는 달성하기 힘든 큰 사업이라고 볼 수 있다.

우리나라 광복 이후의 산림정책은 산림청 발족 이전, 산림청 발족 이후 치산녹화기 이전, 제1차 치산녹화기, 제2차 치산녹화기, 산지 자원화 추진기 이후로 시기 구분을 할 수 있다. 여기서 주목할 것은 제1차 산림녹화기다. 그 이전에도 녹화계획은 있었지만, 구체적인 기획은 부족했기 때문에 행정서류에 불과하다고 할 정도로 별 효과가 없었다. 제1차 치산녹화기가 정부가 마음 먹고 추진하기로 하는 정책 의제(policy agenda)가 돼 진정한 의미에서 산림 정책이 탄생한 전환점이 됐다. 시기별 정책과 특징을 요약하면 다음과 같다.

- 광복 이후 산림청 발족 이전: 내무부 산림국 – 실효성 없는 제도 도입기
- 산림청 발족 이후 치산녹화기 이전: 법과 현실의 현격한 차이
- 제1차 치산녹화기: 혁명적 나무 심기(양적 성장)
- 제2차 치산녹화기: 산지 자원화 추진기 이후: 경제림 등 질적인 발전

이 글은 '제1차 치산녹화 10개년계획'에 집중할 것이다. 구체적으로 1차 치산녹화 계획은 속성수 조림, 사방 녹화, 산림 보호 체제의 강화, 화전

(火田) 정리의 완결 등의 성과가 있었는데 이를 정책과정론이라는 측면에서 볼 것이다. 국토가 일제와 6·25전쟁으로 인해 민둥산으로 황폐해졌는데, 더욱이 경사가 심한 사유지가 많고, 산주(山主)의 관리는 거의 없는 상황이었다. 또 많은 국민이 삶을 유지하기 위해 무분별하게 연료로 나무를 채취하는 것이 불가피한 현실에서 어떻게 빠른 시일 안에 정책 목표를 달성했는가가 우리의 관심거리다.

1979년부터 시작된 2차 치산녹화 계획은 산림 경영 기반을 구축하기 위해 산지자원화 정책으로 정책의 방향을 전환했다. 즉, 산사태 방지 등을 조속히 막고자 속성수 심기에 집중한 1차 계획과는 달리 산림의 경제적 가치를 생각하게 된 것이다.[8] 제2차 치산녹화 사업의 추진 결과 80개의 대단위 경제림 단지가 조성되고, 육림의 차원에서 각종 산림이 지속해서 관리됐다. 하지만 산업화로 이촌향도 현상이 가속화되고 농촌과 산촌은 공동화(空洞化)되고 인력은 노령화·부녀화돼 산림정책 집행에 큰 어려움을 겪게 된다.[9] 이 글이 다루는 범위를 벗어나지만, 이 역시 해결하기 힘든 큰 과제다.

3 정책의 결정

발전행정은 정부 주도로 사회(특히 경제)를 발전시킨다는 개념이다. '산

---

8) 이후 1979년 10월 26일 박정희 대통령이 시해됨으로써 우리나라의 그동안 정책은 전환이 될 수밖에 없는 상황에 직면한다.

9) 제2차 치산녹화기(1979~1987). (n.d.). 국가기록원. https://theme.archives.go.kr/next/forest/policy/secondaryGreenPlan.do.

림황폐화'라는 정책 문제를 인식하고, 이를 해결하는 방법을 담은 '치산녹화 계획'이라는 기획(planning)을 수립해서, 이를 강력하게 집행(implementation)하는 것은 전형적인 발전행정 모델이었다. 기획 단계에서 주민 참여 같은 것은 없으며 최고통치자인 대통령의 문제 인식이 가장 주효한 시발점이었다. 그러나 박정희 대통령이 정권을 잡은 후 10여 년 동안 지지부진하던 이 문제를 강력히 추진한 이들은 손수익 청장이 중심이 된 몇 사람이었다. 실천성이 담보된 계획의 수립이 곧 정책결정(policy decision)이라고 할 수 있다.

대통령이 산림녹화 정책의 형성가이면서 동시에 이 개혁을 하겠다는 정책의 결정자라고 한다면, 이 계획을 수립한 사람이 구체적인 하위정책 결정자다. 손수익이 산림청장으로 임명된 것이 1973년 1월이고, 산림청이 내무부로 이관된 것이 1973년 3월이며, 이 계획이 동년 3월에 이뤄진 시간 전개를 보면, 매우 급박하게 계획이 수립됐음을 알 수 있다. 손수익은 제1차 치산녹화 10개년계획을 완성해, 국무회의를 거치면서 국가적 의제로 공식화하는 작업을 했다. 내무부 주무장관인 김현옥 장관을 거쳐 비상국무회의에 상정하고, 치산녹화운동을 새마을운동과 같은 중요성을 갖고 추진될 수 있도록 했다.

이 계획을 위해 내무부에서 태스크포스(TF)팀과 같이 움직이는 몇 사람이 작업을 했다. 1973년 3월 내무부 지방국에서 지방 개발을 담당한 고건 전 총리(같은 해 강원 부지사로 발령됨)는 실무를 담당한 책임자였고, 산림청에서는 김연표 조림과장과 범택균 기술보급과장이 참여해 완성됐다.

이들이 결정한 정책(계획)의 핵심은 사람, 돈, 시간이라는 3요소다. 구체적인 내용은 다음과 같이 국민조림, 경제조림, 그리고 속성조림의 세 가지로 구분할 수 있다(한국임정연구회, 1975: 717).

첫째, 사람이란 광범위한 참여를 의미한다. '국민조림'이란 표어로 온 국민이 참여토록 하는 것이다. 마을과 직장, 가정과 단체, 기관과 학교를 통해 새마을운동으로 연중 나무를 심고 가꾸자는 것이다.

둘째, 돈은 나라 경제를 생각하는 것이다. '경제조림'이란 용어로 조림과 임업 생산은 결과적으로 국토를 보전하고, 국민의 소득을 증대시키도록 해야 한다는 것이다.

셋째, 시간은 속도를 의미한다. 빠른 시간 내에 목표를 달성하기 위해 '속성조림'이란 표현을 사용한다. 원래 나무란 30년 이상의 시간을 갖고 가꿔야 쓸모 있게 되는 속성이 있지만, 산사태 등을 막기 위해 황폐한 667만ha의 산지를 이른 시일 내에 녹화시키자는 목표를 정한다.

손수익 청장은 산림청장으로서 이상의 세 가지 방향을 어떻게 추진할지 추진계획을 세운다.[10] 그것은 마치 체제이론의 투입(input) 최대화, 산출(output) 최소화와 같은 방법으로 살아 있는 나무의 양을 최대화하는 것이다. 즉, 기존 나무를 보호하고 새로운 식목을 한다는 "절대 녹화, 절대 보호"를 지상 목표로 했다.

4 정책 집행 과정: 집행

1) 조직이 답이다

개도국 행정이 갖고 있는 공통적인 문제점은 집행이 지지부진하다는

---

[10] 손수익 청장이 취임하기 전 이미 1972년에 농림부는 21개 표준 수종을 선정하고, 속성수 · 유실수 · 장기수로 대별, 수종마다 7개씩 선정했다. 그리고 유실수 70%, 장기수 30%의 비율로 조림하겠다는 방침을 정한 바 있다.

것이다(임도빈, 2025b). 개도국이었던 1970년대 우리나라도 예외는 아니었다. 아무리 좋은 정책이라 하더라도 집행이 안 되면 아무 소용이 없다. 개인들의 업무 활동을 지휘해 최선의 결과를 산출하는 것이 조직화의 과제다.

산림녹화는 그 정책을 효과적으로 시행하기 위해 조직 체계를 정비하는 것부터 시작된다. 군사정권의 중앙집권적 체제에서도, 일반 행정 구도상에서 군대와 같이 일사불란하게 작동하는 내무부 소속으로 산림청을 이관한 것은 박정희 대통령의 조직관리 방법이었다. 지방자치가 실시되기 이전 시기에 내무부는 항상 전국을 통치하는 내치의 수단으로서 장관도 대통령의 가장 믿을 만한 사람(주로 군 출신)으로 임명하던 시기였다. 내무부는 특수한 전문 정책 영역이 아닌 국민의 생활에 관련된 것을 담당하는 '일반 행정' 기관으로 이해할 수 있다.

전국을 일반 행정이란 측면에서 관리하는 부처이지만, 특별히 산림 정책을 추진하기 위해 효율적 분업 체계와 조직 정비를 한다. 구체적으로 산림의 식목 및 사후관리는 지방자치단체, 즉 도지사, 시장, 군수에게 맡기고, 산림의 보호 단속은 경찰서, 그리고 임업기술 지도는 산림 공무원이 맡게 했다(이경준, 2015: 179). 지방자치가 실시되기 이전인 이 시기에는 도지사, 시장, 군수는 내무공무원으로서 임명직이었고, 따라서 내무부의 명령을 군대와 같이 집행하는 효율적인 조직이었다.

산림청의 '영림서'라는 특별지방행정기관이 전국에 있었고, 당시 영림서 직원은 나름 지방에서는 힘이 있는 노른자 자리였다. 오늘날과 같은 환경, 교통, 산업 등 다른 분야의 특별지방행정기관이 존재하지 않거나 힘이 없었을 때라는 점을 고려해 영림서의 위상을 이해해야 한다. 내무부로 소속 변경을 하면서, 영림서 조직에 전적으로 의존할 수 있었음에도 불구하고, 내무부는 일반행정 지방행정기관인 지자체에도 조직을 정비한다. 1973년에는 제주도를 제외한 광역자치단체인 각 도에 산림국을 설치하고, 기초자치단체인 전국 각 군에는 산림과를 설치했다. 지방자치가 실시되기 이전 전국을 관할하던 내무부가 도→군에 체계적인 행정 체제를 구축했다는 것은 정책의 효율적 집행을 위해 매우 중요한 요소였다.

식목 및 사후관리를 도지사와 군수 등 일반행정기관으로 지방 수령에게 맡긴 것은 주목할 만하다. 내무 장관이 임명권이 있는 도지사, 시장, 군수에게 맡기는 것은 군대와 같이 효율적인 집행 수단을 확보했다는 것을 의미한다. 이들에게 채찍과 당근을 모두 사용했다. 채찍으로는 이들의 관할지역 내 산림이 산불 등으로 100㏊ 이상 훼손되면 면직시킬 정도로 책임을 부여했다. 당근으로는 그 구역에 나무를 많이 심으면 승진시킨다는 인사상 혜택을 생각한 것이다. 조직관리에서 가장 중요한 수단은 '인사'다. 조직 인사 면에서의 정책 집행 의지가 강하게 추진됐다.[11]

산림청이 농림부가 아니고 내무부 소속이 된 또 다른 장점은 행정조직 중 곧 가장 강력한 조직인 전국의 경찰을 활용할 수 있다는 점이다. 경찰이 현장에서 도벌 등을 단속하는 것은 누구보다도 강력한 집행력을 갖게 됨을 의미한다. 또한 통신 수준이 낮았던 당시에 전국의 경찰 전화를 활용해 보고하고, 지시할 수 있는 길을 열었다는 점도 매우 중요한 체제 정비다.

조직 체계를 갖추는 동시에 인적 자원의 측면에서도 체제를 정비한다. 그것은 산림 분야에 종사하는 임업 요원의 자질 향상이 필요하고, 임업

---

11) 해보라(2022년 6월 9일). 나무 잘 키우면 승진시켜줌~ 전 세계가 인정한 한국의 산림녹화사업 | KBS 해 볼 만한 아침 220609 방송[영상]. 유튜브. https://www.youtube.com/watch?v=nzrr8x6pHjE.

기술을 보급하려고 1977년 중앙에 임업연수원을 설립한 것이다. 그리고 1978년부터 임업기술 지도 사업을 시작해, 전국의 산림조합에 기술지도원 312명을 배치했다.[12]

2) 규제: 입산 금지와 화전민

나무를 심어서 숲을 가꾸려는 정책이 근거가 이 정책의 핵심이다. 법적인 측면에서 볼 때, 「산림법」이 목표로 하는 것이 식목이다. 나무의 총량을 늘리려면 투입(input)을 최대화해야겠지만, 산출(output)도 최소화해야 한다.

산출을 최소화하는 데에는 전통적인 행정 수단인 규제 수단이 동원된다(Salamon, 2002). 아무리 나무를 많이 심어도 없어지는 것이 많으면 총량은 줄게 된다. 당시에는 일제강점기부터 소규모 가족기업인 목공소, 제재소가 많았다.[13] 이들이 경제 활동을 유지하기 위해 위해 목재를 제공하는 사람들이 필요했고, 결과적으로 벌목과 채목이 무분별하게 이뤄지는 구조였다. 따라서 이 악순환 구조를 억제하는 방법을 강구하는 것이 산출 억제 정책의 핵심이었다.

제재소 등 임업 관련 종사자에 대한 법적 규제를 강화해야 했다. 벌채할 수 있는 구역을 표시해 무분별한 나무 베기를 막고, 목재를 가공하는 업체를 허가제로 하는 등의 내용으로 하는 「임산물 단속에 관한 법률」(1961) 제정이 그것이다. 아울러 벌채목 금지 제도, 제재 허가제, 부정 임

---

[12] 제1차 치산녹화기(1973~1978). (n.d.). 국가기록원. https://theme.archives.go.kr/next/forest/policy/primaryGreenPlan.do.

[13] 벌채한 통나무를 톱질해서 목재로 만드는 소규모 공장.

산물 운행 차량의 면허 취소 등을 규정함으로써 산림으로부터의 무분별한 임산물 반출을 제한했다.

일반 국민에 대한 규제가 더 강력하게 이뤄졌다. 일제강점기 이후 국민의 무관심에 의한 산림 훼손을 막기 위한 의식 개혁이 중요했다. 사람의 생각을 바꾸는 것은 오랜 시간이 걸릴 것이기 때문에 규제를 강화하는 방법을 쓴다. 묘목을 아무리 열심히 심어도 사람들이 어떤 이유에서이든 산에 들어가면 나무의 싹도 밟혀 죽기 때문에, 아예 산에 들어가지 말라는 입산 금지 조치가 그것이다. 입산이 허용될 때만 나무를 심고, 평소에는 산에 들어가지 못하게 하는 것이 가장 확실한 효과를 얻어 내는 방법이었다. 이때부터 산은 보기만 하는 것이지 이용하는 것이 아니라는 관념이 형성되기 시작한다. 만약 입산 금지를 어기고 낙엽 채취를 하는 경우 구속할 정도로 강력한 수단으로 단속했다. 현장에서 이를 단속하는 영림서 직원의 권력이 가장 컸던 시기였다. 오늘날 한국인의 등산 사랑은 산림녹화가 이뤄진 이후에 가능해졌다.

산림 훼손의 또 다른 중요한 요인은 당시 생활 조건의 어려움 때문에 생긴 화전(火田) 문제다. 화전은 산에 불을 놓아 들풀, 잡목을 태우고 그 재가 거름이 돼서 조, 피, 메밀 등의 농사를 짓는 것으로 매우 오래전부터 자연발생적으로 생긴 농사법이며 삶의 형태였다. 한 곳에서 매년 화전을 계속하면 지력(地力)이 약해지기 때문에 다른 지역으로 이동해야 한다. 그 결과 산림 훼손의 주원인이 된다.

이미 1918년의 화전 면적은 약 15만 3,952정보, 1926년에는 15만 2,760정보였으며, 화전민 가구 수는 약 8만 정도였다. 일제강점기에 상황은 악화해 1939년 전국 농가 호수 304만 호의 11.3%인 34만 호가 화전민이었고, 6·25 전쟁 이후에는 더 많은 화전민이 생겼을 것으로 추정된다(이경준, 2015: 216). 1966년 「화전정리에 관한 법률」을 제정해 화전 정리를 하고자 목표를 세웠으나 화전의 실태 파악조차 되지 않았으므로 제대로 정책 집행이 된다는 것은 요원한 상태였다.

산림녹화의 전제 조건은 화전의 종식이라고 인식한 순수익 청장은 화전에 대한 정리 계획을 수립하고 이를 단계적으로 정리할 정책 집행 방안을 구체화했다. 화전민은 산림 훼손을 계속할 수밖에 없는 존재이고, 자녀 교육 등의 문제를 안고 있기 때문이다. 화전정리 5개년계획(1974~1978)에 따라 1973년 8월부터 화전민 실태조사를 시행하기 시작했다. 당시의 기술 수준으로 봐서, 직접 현장에 발로 뛰어 눈과 손으로 하는 조사였다.

정책 저항(policy resistance)과 행정 비용(administrative burden)(임도빈, 2025a: 120ff)을 최소화하기 위해 화전 정리 과정에 공무원이 참고할 수 있는 '화전 정리 실무지침'을 통해, '할 수 있는 정책'과 '할 수 없는 정책'을 구체적으로 명시했다.[14]

우선 경사도 20도 이상은 모두 산림으로 보기로 하고, 이 지역에 사는 화전민을 정리의 대상으로 한다. 즉, 정책 추진 대상을 명료화한 것이다. 사람들의 삶의 터전을 바꾸게 하는 것이기 때문에 객관적인 기준을 통해 정책 대상을 규정한 것이다. 또한 '화전정리 추진위원회'를 설치해 화전민을 분류하고, 이전 대상자를 체계적으로 관리해 이주시키고, 새로운 정착지에 잘 생활할 수 있도록 보조금 지급, 일자리 보조는 물론 자녀들의 학교 전학 등 세심하게 배려했다(이경준, 2015: 220).

---

14) 산림녹화의 주역(2022년 10월 18일). GKED-∞. https://www.gkedc.go.kr/data/KnowHome.do?cmd=view&knowSn=958.

화전 이주민이란 정부의 화전 정리 정책으로 그 지역을 떠나야 했던 주민들을 의미한다. 화전민 총 300,796가구의 주민이 대상인데 5인을 평균 가족 기준으로 한다면 약 1,500만 명에 해당한다. 이는 당시 인구로 본다면 거의 국민의 절반에 해당한다. 이들 중 25,875호는 연고지로 이주하게 했다. 연고지로의 이주는 화전민들이 자신들의 기존 거주지나 조상들의 고향 등으로 돌아가는 것을 의미한다. 또한 2,349호의 화전민은 그들의 가까운 마을로 이전했다. 5인 가족으로 한다면 약 140만 명의 화전 이주민을 낳은 정책이었다. 한편, 272,590호의 화전민은 그 자리에서 계속 살게 돼 현지에서 정착했다.

그러나 이 정책이 긍정적인 면을 가진 것은 아니다. 화전 정리 때 비록 연고지로 돌아갈지라도 삶의 터전이 송두리째 바뀌는 심리적 충격이 컸다. 또한 화전민을 이전시키기 위해 정상적으로 농지를 경작하고 있는 농민에게 반강제적으로 논 임차를 하게 한 사례와 같이 부정적인 측면도 있었다(이경준, 2015: 156).

화전지에 대한 조치도 적극적으로 이뤄졌다. 총 12만 4천ha의 화전지 중에서 8만 6천ha는 산림으로 복구하는 작업을 수행했다. 이는 환경 보호 및 생태계 복원을 위한 중요한 조치였다. 한편, 나머지 3만 8천ha는 농경지화하는 프로젝트를 진행했다. 이에 따라 주민들은 안정적인 생계를 이어갈 수 있게 됐고, 지역 경제의 활성화에도 기여했다.

손수익의 이러한 정책 집행의 결과로, 1979년까지 전국의 모든 화전을 성공적으로 처리했다는 것은 괄목한 성과로 평가받을 만하다. 지금도 전 세계에서 이런 정책 효과를 낸 것을 찾아보기 어렵다. 이는 지역사회의 안정과 환경 복원 노력, 그리고 지속 가능한 발전을 위한 중요한 정책 집행이었다(KDI국제정책대학원, 2014: 92).

3) 대표 성공 사례를 만들어라: 영일지구 사방녹화사업

앞서 언급한 대로 박정희 대통령은 대한민국 영토가 영공에서 처음 보이는 영일만 지역의 산림녹화에 깊은 관심을 가졌다. 손수익 청장은 우선 이 난제를 해결해야 대통령의 마음에 들 것이라는 생각을 한 것 같다. 가시적인 성과를 보여 줄 수 있는 가장 핵심적인 목표인 영일만 지역은 경북 영일군 의창면 외 7개 면, 월성군 강동면 및 안강읍, 포항시 장량동 외 8개 동에 걸쳐 분포된 4,580헥타르의 영일지구로서 여의도 2배 정도 크기의 지역이다.

항상 해풍이 불고 토질이 안 좋은 돌산이라서, 산림녹화의 달성이 가장 어려운 지역이었다. 전임 강봉수 산림청장은 모래를 투입해 나무가 자라도록 하는 사방사업의 계획만 수립했고, 실제 추진은 잘하지 못하는 모습을 보여 박정희 대통령의 기대에 부응하지 못했다. 이것이 손수익 청장이 세운 제1차 치산녹화 10개년계획에 포함됐음은 두말할 필요도 없다. 그 구체적인 추진 과정을 보면 손수익 청장의 리더십을 알 수 있다.

우선, 영일만의 황폐 산림의 규모가 얼마나 되는지 측량하는 작업을 했다. "새로운 기구를 설치하더라도 2~3년 안에 완전히 복구하라"는 대통령 지시에 따라[15] 포항 사방관리소를 해체하고, 그 대신 영일·의창 사방사업소를 신설했다. 여기에 38명의 기술 지도원을 배치해 구역을 나눠서 상주시키고 조림사업을 책임지도록 했다. 구역을 맡겨 놓으니, 영일만 지역은 표토가 질이 나쁜 바위 같은 지역이 많아서 어느 곳은 이 바위를 뚫고 나무를 심는 등의 작업을 했다. 즉, 20개 공구로 지역을 나누고, '지구

---

15) 사방사업의 성공 사례(경북 영일지구 사업공사). (n.d.). 국가기록원. https://theme.archives.go.kr/next/forest/scene/successfulCase.do

별 책임제'라는 방법으로 추진한 것이다. 명확한 목표를 제시하고, 평가하는 소위 목표관리제(MBO)를 활용한 것이다. 기계화가 덜 된 시대였지만, 특수 장비를 동원해 돌을 깨고 많은 비토(肥土)를 투입하며, 산허리를 따라서 콘크리트 벽을 설치하고 파일을 박는 등 난관을 극복하면서 나무를 심었다(이경준, 2015: 124).

5년에 걸친 지속적 현장 작업 끝에 바뀐 1977년 영일지구에는 묘목 2,389만 그루, 종자 101톤, 비료 4,161톤, 석재 320만 점, 비토 및 객토 210만 톤이 투입되는 등 많은 자원이 집중된 사업이다. 이를 위해 5년 동안 사람만 하더라도 총 연인원 355만 명이고, 예산은 총 38억 원이 투입된 사업으로서, 영일지구를 녹화하는 데 성공했다(우보명 외, 2007: 838).

권위주의 정권에서 최고 권력자가 세운 목표를 수단과 방법을 가리지 않고 달성한 성공 사례다. 손수익의 전임자가 박정희 대통령의 지시를 만족시키지 못한 것은 의지가 부족해서가 아니고, 투입된 자원이 부족해서이기도 하다. 어떻든 대표 성공 사례를 만듦으로써 박정희 대통령도 만족시키고, 추후 정책 집행에도 더욱 가속도를 붙일 수 있게 됐다.

4) 정책 대상집단의 참여: 산주와 일반 국민

1970년대 자동차 보급도 별로 없는 등 교통과 과학기술의 발달이 저조한 상태에서 넓은 국토에 나무를 심는다는 것은 매우 어려운 정책이었음이 분명하다. 결국 사람이 답이었다. 산과 직접 관계가 있는 1차 정책 대상집단과 일반 국민이라는 2차 정책집단 모두의 협력이 필요했다.

먼저, 1차 대상 집단으로서 산을 소유한 주인들이 문제였다. 산림녹화는 산림청이 주도적으로 하지만, 민간이 산림을 소유한 비율이 60~70%인 우리나라에서 관 주도로 하기에는 정책 효과를 내기가 어렵다. 재산권을 존중해야 하는 자본주의 사회에서, 국가가 강제력을 할 수는 없기 때문이다. 정책의 효과를 얻으려면 산을 소유한 산주(특히 대산주)들의 적극적 참여가 필수적이었다. 손수익 청장은 이런 특성을 살펴 집행 수단을 고안한다.

매년, 산주 대회를 개최한다. 이를 통해 산주들의 자발적 조림 참여와 국민 인식을 제고하는 등 '나무를 국민 마음속에 먼저 심어야 한다'라는 의지를 정책화했다. 여기서 나온 아이디어가 독림자(篤林者) 제도다. 독림자는 산림의 소유자를 대상으로 나무 심는 것을 앞장서는 리더(leader)의 양성이라는 아이디어에서 출발한다. 산을 소유만 했지 빨리 나무를 심어서 녹화할 동기부여가 안 됐기 때문에 리더라는 이름을 부여하는 완장 효과를 노리는 것이다(임도빈 외, 2023: 333). 독림자 제도는 정부가 대규모로 나무를 심는 산주를 인정하고 표창하는 활동으로 시작했다. 산림청장이 이들을 발굴해 만나고 격려해 주는 것 자체가 일종의 동기부여가 되는 것이다. 전남 장성의 임종국, 강진의 송석현, 진재량 등이 산림녹화에 앞장선 독림가로 알려지게 된다. 예컨대 호남의 유명한 산주인 임종국의 산에서 키운 1m 정도의 묘목 6천 그루를 산에 대대적으로 심는 모습을 국민이 보도록 했다.

현재로서는 대단한 것 아닌 아이디어였지만, 당시에는 획기적인 것이었다. 그것은 시민 참여나 관-민 공동생산(public private coproduction)이다(Li & Akintoye, 2003). 산림행정 분야의 목표를 달성하기 위해 손수익은 산주에게 관심을 두고 네트워킹하고, 참여를 유도하기 위해 상을 수여하는 등 그들을 기쁘게 하는 방법을 활용했다. 자기 산에 나무를 심는 것은 칭찬할 일도 아니라 할지라도 주민 참여의 입장에서는 중요한 것이었다.

다음은 범국민 차원에서 하는 조림 활동에도 많은 관심을 두고 추진했다. 즉, 대한민국 국민이 모두 참여하는 거버넌스 체제를 구축하려고 노력했다. 기계와 장비가 부족한 시대에 나무를 심는 작업은 많은 인원이 필요했고, 모든 국민이 잠재적 산림 훼손자라는 관점에서 바라볼 때 민간 협조가 필수적이었다.

같은 맥락에서 국민 식수(植樹) 기간(매년 3.21~4.20)을 정해, 전 국민이 한 달 동안 식수 행사에 참여하게 했다. 초중고 학생들도 여기에 참여하도록 했는데, 이는 차세대의 의식교육에도 중요한 역할을 했다. 4월 5일은 국가 공휴일로서 각급 학교는 물론이고 회사까지 쉬면서, 나무를 심는 날로 했다. 손수익 청장의 입장에서 보면, '국민식수'라는 이름을 지어서 범국민 식수 운동화한 것은 3천만 국민이 한 사람 한 그루씩 나무를 심으면 모두 3천만 그루가 된다는 계산이 되기 때문이었다. 참여를 통해 산림의 가치에 대한 의식을 형성하겠다는 차원의 정책 수단이다.

일반 국민은 입산 금지와 같은 규제만 받기 때문에 적극적으로 산림 정책에 참여하는 것은 생각하기 힘들었다. 권위주의적인 행정문화가 지배적이었던 당시에는 참여형 행정, 거버넌스 등의 개념 자체가 존재하지 않았다. 여기에는 일반인들이 자발적으로 식목하는 것을 어렵게 하는 법적 제약도 있었다. 묘목 생산을 양묘업자들이 독점하는 것이 문제였다. 손수익 청장은 어려운 수종만 양묘업자들이 씨를 싹틔우는 작업을 하도록 하고, 일반 묘목은 누구나 할 수 있도록 법 개정을 함으로써 묘목의 공급을 획기적으로 늘리는 방법을 사용했다.

이러한 여건을 조성한 후, 마을·가정·단체·기관과 학교 등이 하나가 돼 연중 나무를 심는 소위 거버넌스 체제를 구축했다. 특히 민간 주도적 운동으로서 전국적인 체계를 갖춰 가고 있던 새마을운동과 연계는 매우 독특한 실험이었다. 당시 새마을운동은 특히 농산어촌을 중심으로 국민의 가장 가까운 단위에서 이뤄지는 자발적 참여를 바탕으로 근대화에 큰 영향을 미친 운동이었다(임도빈, 2025a: 267ff). 마을 중심의 상향식 운동이었지만, 내무부에 새마을 담당 인력을 두는 등 관도 간여했다.

나무는 심기만 한다고 끝나는 것이 아니다. 봄에 식수 기간을 정해서 아무리 나무를 많이 심어도 겨울이 되기 전에 잘 가꿔서 봄에 다시 성장하도록 해야 한다. 단기적으로 접근한 것이 아니고 생명주기를 생각해 시간적 안목에서의 정책을 시행한 것이다. 나무를 심은 후 생존율을 높이려면 체계적 관리가 필요했다.

1977년에 「각종 기념일 등에 관한 규정」(대통령령 제6615호)을 개정해, 11월 첫째 주 토요일을 '육림의 날'로 정한다. 이것은 1977년 4월 5일 제32회 식목일 기념식 현장에서 대통령이 "가을에 육림일을 정하여 춘기에 심은 나무를 가꾸는 날로 하도록 검토"하라고 지시한 데에 따른 것이다. 박정희 대통령의 일방적 지시가 항상 앞서는 것을 알 수 있다.

모든 국민이 봄에는 나무를 심고, 육림일에는 비료 주기, 잡목 솎아 내기, 병해충 방제, 월동 보호 등 나무 가꾸는 일에 참여하도록 한다는 차이가 있다. 특정일을 특정 목적을 위한 날로 정함으로써 국민이 정책 문제를 새롭게 인식해 실천할 수 있는 국민 계도의 효과가 있는 수단이었다.

이렇게 정한 제1회 육림의 날에는 모든 국민이 마을과 직장, 가정과 단체, 기관과 학교에서 육림사업을 실시했다. 총 29,980명이 참가해 654,605ha의 산지에 육림 활동을 한 것으로 조림 이후의 계속된 관심의 중요성을 새롭게 인식하는 계기가 됐다.

육림의 날 행사는 전국을 중앙(중앙부처, 국영기업체)·지방(마을, 기관, 학교, 군부대, 기타)으로 구분해 체계적으로 실시했다. 즉, 식목일 행사와 같은 체제로 조직별로 4월 식목일에 나무를 심지만, 11월에 이미 심은 나무

를 사후관리하는 운동을 한 것이다.[16)]

이것은 참여 활동 자체의 활성화 차원을 넘어 국민 의식 개혁까지 간다는 의미가 있다. 현장에서 개혁을 집행하는 민간 조직이면서 동시에 의식 개혁 운동인 새마을운동을 활용해 산림의 중요성을 깨닫고, 봄에 식목 활동을, 가을·겨울에는 육림 활동을 한 것이 탄탄한 조직화 성공의 비결이었다.

5 정책평가의 시각에서

1) 평가 제도의 시초: 검목

산림녹화 사업의 기획은 체계적으로 이뤄져 있으나 집행은 늘 문제였다. 그때 당시에는 묘목과 비료 같은 것을 다 공짜로 주었는데도 실제로 나무가 심어지지는 않았다. 구덩이 하나를 파서 묘목은 서너 개 심지어 열 그루를 심기도 해서 목표만 채우는 전시행정이 많았기 때문이다.

그래서 생각해 낸 것이 검목(檢木) 제도다. 검목이란 공무원들이 서로 인접한 '다른 자치단체'의 식목 상태를 검사하도록 하는 제도다. 즉, 자기 관할하 지역의 성과를 보고하도록 한 기존의 방법은 늘 과장 또는 왜곡될 수 있다는 문제를 안고 있었기 때문이다. 객관적으로 하도록 한 것으로 오늘날의 과학적 성과평가의 시초라고 할 수 있다.[17)] 즉, 상호 감시 체제

---

16) 육림의 날은 1989년에 폐지됐고, 그 이후 11월 1일부터 11월 7일까지 7일간을 육림주간으로 설정해, 계속해 조림 정책이 실천되도록 했다.

17) 산림녹화의 주역(2022년 10월 18일). GKED-∞. https://www.gkedc.go.kr/data/KnowHome.do?cmd=view&knowSn=958.

를 통한 성과평가의 객관성을 높이는 것이었다. 오늘날에는 항공사진 등 사람이 눈으로 점검하는 것보다 첨단기술을 통해 더 정확히 평가하는 것이 가능하지만, 과거의 행정 수준, 의식 수준, 기술 수준을 보면, 획기적인 방법을 도입한 것이다.

산지가 넓어 당시의 교통통신과 기술 수준에서 볼 때 전수를 조사할 수가 없는 상황이었다. 1979년에 실시된 검목은 총 189,394ha의 조림 면적 중에서 19,000ha, 즉 10%를 조사했다. 전체 307백만 그루의 조림목 중 3천 9백만 그루, 즉 약 15%에 대해 검목을 실시했다. 세 번의 단계적인 검사를 거친 결과, 새로 심은 나무의 생존율이 평균 90% 이상으로 높아진다. 식목-육림-검목이라는 3박자 방식이 효과적임을 입증했다.

2) 목표의 조기 달성

손수익 청장이 추진한 제1차 치산녹화 10개년계획의 목표는 10년 동안 100만ha의 조림에 약 21억 그루의 나무를 심는 것이었다. 하지만, 강력한 리더십과 높은 열정으로 원래의 계획인 10년보다 4년 빨리, 즉 1978년에 목표를 달성했다.

단시간에 20억 그루 이상의 나무를 심어서 산사태도 방지하고, 땔감이나 목재로 활용하도록 한다는 것은 쉬운 일이 아니었다. 장기적 안목에서 보면 경제림으로서 적합한 수종인 잣나무, 편백 등을 심는 것이 좋겠지만, 20~30년을 기다려야 산림자원으로 활용할 수 있다는 점에서 이상적인 청사진에 불과하다. 즉, 매년 산사태 등을 통해 산이 안정이 안 되고, 토질이 좋지 않은 상태에서는 비싼 나무를 심어 장기적으로 관리한다는 것은 더 비현실적이었다. 따라서 3년이나 5년 후에 큰 나무가 될 수 있는, 빨리 크는 나무를 심을 수밖에 없었다.

이런 상황에서 추진된 제1차 계획에서는 우선 급한 대로 속성수가 연료림 다음으로 큰 비중을 차지하게 됐다. 즉, 경제 수목은 약 30년에서 80년 지나야 효과가 나는 용재림(用材林)보다는 3년이나 5년 만에도 뿌리가 잘 뻗어, 많은 강우에도 토지 유실을 막을 수 있는 플라타너스와 은사시나무를 심었다. 그리고 밤나무 등 과수 수종은 3년 만에 수확할 수 있으므로 사람들이 관심을 쏟았다.

6년간 달성한 성과는 〈표 3〉에서 볼 수 있는 바와 같이 조림 지역은 108만 ha, 심은 나무는 약 29억 그루, 육림 지역은 418만 ha, 사방사업 지역은 대략 4만 2천 ha에 이르렀다. 이 수치는 그동안 달성하지 못했던 기적적인 성과다. 속성수를 중심으로 심었지만 유실수, 장기수, 연료림을 적절히 배합한 결과다. 회고적으로 본다면, 아까시 나무 등 속성수의 단점을 고려할 때 과연 꼭 그래야 했는가 하는 자기 반성도 가능하다.

이러한 성과는 국제적으로도 인정받는, 1982년 UN 세계식량기구(FAO)가 한국을 독일, 영국, 뉴질랜드와 더불어 세계 4대 조림 성공 국가로 꼽

〈표 3〉 제1차 치산녹화 10개년계획 및 실적

사업 내용		계획(A)		실적(B)		성과 면적 B/A(%)
		면적 (천ha)	본수 (백만 그루)	면적 (천ha)	본수 (백만 그루)	
조림	유실수	300	120	154	61	51
	속성수	300	607	360	756	120
	장기수	195	585	358	1,106	183
	연료림	205	820	208	1,037	101
	소계	1,000	2,132	1,080	2,960	108

는 요인이 된다. 즉, "한국은 제2차 세계대전 이후 산림녹화에 성공한 유일한 개발도상국"이라고 발표했다는 사실을 보면, 손수익 청장의 역할이 얼마나 빛나는 성과인가를 알 수 있다(Gregerson, 1982).

IV. 나오며: 일반행정가의 성공 요인

쿠데타로 정권을 잡은 박정희 대통령은 민둥산 문제를 분명히 인식하고 해결해 보려고 했으나 집행에 문제가 있음을 절실히 깨달았다. 정치행정이원론의 시각에서 이 문제를 보면, 유능한 행정(인)이 절실히 필요한 상황이었다. 이때 기회의 창이 열리도록 기여한 사람이 손수익 청장이다.

손수익 청장의 제1차 치산녹화 계획은 추상적이거나 뜬구름 잡는, 혹은 서류상 계획 수립만을 위한 '계획'에서 그친 것이 아니다. 실질적인 '성과'로 이어졌으며, 그 과정에서 효율적으로 집행하기 위해 현장을 뛰면서 주도면밀한 점검 및 지시가 종합돼 국토 녹화 성공이라는 목표 달성을 이룰 수 있었다. 당시의 시대적 맥락에서는 여러 장애물을 극복해 정책을 집행하는 능력이 일반행정가가 갖춰야 하는 조건이었다. 특히 정책 집행 능력이 부족한 개발도상국에서 배워야 할 교훈이 아닐까 한다.

오늘날 관료제는 전문성을 요구한다. 일반행정가는 뒷전에 물러나 있으라는 분위기다(박나라·김향미, 2023). 그러나 아무리 전문가로서 관료를 요구하는 시대라고 하더라도 일반행정가가 필요한 분야가 있을 것이다. 예컨대 정책 목표가 분명한데 집행이 문제인 분야가 그것이다. 그리고 공적개발원조(ODA) 시대에 돈을 아무리 쏟아부어도 성과가 나지 않는 개도국이 많다. 즉, 이럴 때는 구체적 전문 분야에 대한 전문성을 갖춘 사람(specialist)보다는 일반행정가가 더 필요하지 않을까 하는 것이 손수익의 사례에서 얻을 수 있는 교훈이다.

손수익의 장점은 위에서 주어진 비전을 구체화하는 능력이다. 구체적 차원에서 현장의 문제에 맞게 실천할 방안을 만들 능력을 갖추고 있으며, 이를 현장에서 발로 뛰며 실현하는 능력이다. 한편으로는 내무부라는 강력한 부처를 중심으로 조직 체계를 정비하고 '관' 주도의 정책 집행을 하면서, 다른 한편으로는 새마을운동이라는 범국민적 캠페인과의 체계적인 연계를 통해 전 국민의 참여를 얻어 내는 참여형 정책을 집행했다는 특징을 보인다. 손수익의 실천적 리더십은 정책 대상집단과, 나아가서 일반 국민 등 다른 사람들의 협조를 얻어 정책적 시너지 효과를 창출한 점을 높이 평가해야 한다. 산주, 국민과 협조가 이뤄진 상황론이 결합했다고 봐야 할 것이다.

리더십 이론에서 보이는 특성론(trait theory)의 입장에서 조직의 힘을 제외한 순수한 개인의 몫이 얼마인지는 알 수 없다. 정부 내에서는 박정희, 김현옥, 고건 등 당시 능력 있는 관료들과 협업이 이뤄진 것 같다. 즉, 손수익 청장의 뛰어난 기획력과 주변 사람의 네트워크를 적절히 활용한 점을 위대한 행정가로 서게 한 것이다.

일반행정가로서 손수익의 장점은 우문현답(우리의 문제는 현장에 답이 있다)으로 1970년대 당시 만연해 있던 탁상행정을 극복한 대표적 인물이다. 예컨대, 해결되지 않는 고질적 문제가 화전민인데, 철저히 계획을 해서 손수익 청장이 화전 현장을 수없이 다녔다.

지금은 도로가 많이 개설됐지만, 당시에는 걸어서 가야 하는 산지가 많았기 때문에 공무원들의 보고나 실태 파악은 정확지 않은 경우가 많았다.

손수익은 산림청장으로 재직한 6년 동안 헬기로 총 500시간 정도 타고 전국의 산지를 누비면서 현장 중심의 행정을 했다(손수익, 2006).

화전민 실태 파악을 먼저 한 것도 일반행정가로서 손수익의 장점이었다. 재임 기간 내내 이승일 헬기 조종사와 전국의 산을 많이 다니면서 현장 밀착형 행정을 이뤄 냈다. 화전 문제의 경우, 현장을 파악하면서 일단 객관적인 기준으로서 20도 이상의 경사지의 화전민은 다 철수시키기로 한 것은 관료적 획일주의라고 비판할 수 있다. 그리고 획일적 기준에 따라 결정한 대상을 강압적으로 이주시킨 것도 민주행정 원리에서 벗어난다. 그러나 이런 추진 뒤에는 배려가 있었다. 예를 들면 학생들의 전학이라든지, 이사할 수 있도록 돕는 것을 통해서 말이다.

발로 뛰는 행정은 계속됐다. 예컨대 손수익 청장은 자신의 회고록과 인터뷰에서 1978년 2월 20일부터 5월 14일까지 약 3개월 동안 김연표 조림국장과 함께 헬기를 타고 전국의 마을 양묘장 109개소, 조림지 87개소, 사방 사업지 23개소를 방문해 총 219개소를 현장에서 점검했다고 언급했다. 이때, 손 청장은 묘목의 크기, 식목한 나무 간의 간격, 꺾꽂이의 각도를 정확하게 파악하기 위해 항상 눈금이 있는 막대기를 가지고 다녔다(이경준·김의철, 2011: 323-324). 현장을 다니면서, 공무원을 격려하고, 대통령의 하사금을 전달하는 등 현장의 인력들에게 각종 동기부여를 했던 것으로 알려져 있다.

목표를 주면 수단과 방법을 가리지 않고 장애를 극복하는 강력한 추진력은 손수익 청장의 개인적 특성이었다. 이와 같은 손수익 청장의 불도저와 같은 리더십은 산림녹화라는 난제를 성공으로 이끈 요인이었을 것이다. 예컨대 1976년 2월, 경상북도 순회를 가던 박정희 대통령은 손수익 청장에게 수원에서 대구 톨게이트까지의 2시간 30분의 이동 고속도로 옆의 산림과 관련해 총 48개의 지시를 내렸다. 이경준의 『(개정판) 한국의 산림녹화, 어떻게 성공했나?』(2015: 264)에 따르면, 이는 약 3분마다 또는 4km 간격으로 지시를 받은 것과 같은 엄청난 양이었다. 이를 기억하기조차 힘들므로, 차 속에서 메모했다는 뜻이다. 손 청장과 조림 과장이 협력해 단 3일 만에 박 대통령의 지시한 모든 장소를 방문해, 절개지 복구 전략과 지시 사항의 실행 가능성을 심도 있게 검토한 후, 신속하게 이행했다(이경준, 2015: 194). 불도저식 집행력은 리더라기보다는 부하로서 맹목적 충성이었다는 측면으로 볼 수도 있다. 그에 따라 부정적인 결과도 생기곤 했다. 예컨대 대통령 순시 경로에서 오리나무가 병해충의 피해를 보자, 상처 입은 가지만 잘라 내어 대통령의 꾸지람을 피한 일명 '미니스커트 방제'를 수행하는 사례도 있었다.

손수익이 청장 취임 이전에 어떤 철학을 가지고 있었는지는 모르지만, 업무를 수행하면서 산림녹화에 대한 비전도 점점 분명히 가졌을 것이라 짐작된다. 후에 교통부 장관 시절을 겸해서 보면, 손수익은 행정 체제의 작동을 잘 이해하고 현장을 중시한 일반행정가로서 '전문성'을 갖췄음은 부정할 수 없다. 만약 산림과학자로서 석학(碩學)을 산림청장으로 임명했다면 손수익과 같은 성과를 낼 수 있었을지 의문이다.[18] 일반행정가도 전문가라는 점을 강조하고 싶다.

개혁을 추진하는 행정가가 갖춰야 할 자세는 무엇일까라는 질문이 가능하다. 이에 대한 답으로서 손수익이 퇴임 후 과거를 돌아보면서 제시한 공직관은 행정학적으로 주목할 만하다.[19]

---

18) 한국적 수종의 개량에는 서울대학교 산림과학과 현신규 교수의 역할이 컸다.
19) 손수익, 할아버지의 편지, 2010년 4월 11일.

첫째, 공직자는 "재직 중에 박수를 받으려 하지 말라"다. 급속한 개발 시대에 발전행정의 주역으로서 사회 변화를 이끌어 오며 느낀 재직 당시의 여론의 반대를 의식해 나온 말인 것 같다. 특히 박정희 정권의 인기가 떨어지면 질수록 각료도 그럴 것이고, 그들이 추진하는 정책에 대해서도 순응하지 않을 것이기 때문에, 이런 추진 당시의 반대 여론을 너무 의식하지 말라는 것으로 보인다.

둘째, 공직자는 "소신과 고집이 있어야 한다"는 것이다. 상관의 눈치를 지나치게 보거나, 선거의 결과에 너무 민감하면 자신의 원칙을 고수하기 어렵다. 공직자가 정치적 중립을 지키면서, 업무에 충실할 것을 주문하는 것이다. 그렇지 않으면 공직자 자신은 물론 그 나라가 절대로 발전할 수 없다고 믿는다.

셋째, "공직자는 겸손해야 한다"는 것이다. 아주 좋은 정책이라고 칭찬받는 것도 10년 지나면 부정적 평가를 받을 수 있는 것이 급격한 사회 변동을 겪은 우리나라의 역사에서 볼 수 있는 일이다. 1974년 화전 정리 사업을 법으로 만들었는데, 손수익은 강원도의 너와집을 전부 불태워 버린 것을 아쉽게 생각한다. 반공사업의 일환으로 무장공비가 침투할 수 있는 것을 막기 위한 것이었지만, 문화재 보호라는 측면에서 볼 때 아쉬웠다는 반성의 말을 한 적이 있다. 당시의 성공으로 주목을 받더라도 교만하지 말고, 늘 봉사하는 마음으로 낮은 자세로 살라는 것이다. 오늘날과 같이 자기 홍보의 시대에 잘 맞지 않는 원칙일지는 모르나, 적어도 전통적인 한국의 문화에서는 어느 정도 받아들일 수 있는 교훈이라고 하겠다.

4

국내파 혁신행정가: 이어령

I. 들어가며: 선진국 따라잡기

　선진국 사례를 벤치마킹하는 것은 한국의 발전 과정을 설명하는 핵심 방법론이라고 해도 과언이 아니다. 구한말 신사유람단을 시작점으로 삼아 해외 시찰, 해외 유학, 해외 근무는 한국 행정의 지도자가 되는 필수 요건에 가깝게 된 지 오래다. 외국어, 특히 영어에 능하고, 외국의 사정에 정통한 사람일수록 전문가 대접을 받는다. 행정조직에서도 해외의 아이디어를 마치 자기의 아이디어인 것처럼 포장해 혁신가로 군림하는 경우가 많았다. 베끼는 것(표절)이 죄라는 것을 생각하기 이전 시대에는 빨리 베끼는 사람이 오히려 유능한 사람으로 인정받는 지름길이었다. 외국어 잘하는 사람이 업무상 돋보이던 이유가 여기에 있었다.
　국내에 전혀 존재하지 않는 문제에 관한 분야의 행정은 더욱 그렇다. 가난에서 벗어나기 바쁜 시기에 문화예술 정책이 무엇인지 아무도 모를 때가 바로 그럴 것이다. 오늘날에는 당연시되지만, 정치민주화도 요원하고, 경제 수준도 낮을 때 말이다. 누가 초기에 문화예술 정책의 틀을 잡고 시작했는가를 질문해 봐야 하는 것은 이런 맥락에서 보면 더욱 의미 있는 일이다.

경제와는 달리, 문화예술은 사람들의 보이지 않는 생각이나 감정에 관한 것으로 쉽게 변하지 않는다. 서기(After Christ: AC)가 의미하듯이 예수 그리스도 이후 기독교 중심의 서구 문명이 오늘날까지 세계를 지배하고 있고, 문명(civilization)의 일부인 문화예술(culture & art)도 예외는 아니다. 서구 문화의 독점적 지배 상황에서 한국과 같은 작은 나라의 문화예술이 세계적으로 주목을 받는 것은 달걀로 바위를 깨는 것과 같이 어려운 일이다.

그런데, 여기에 변화의 조짐이 일어나고 있다. 2023년, 대한민국은 세계적인 문화적 영향력을 획득한 국가로 등장하고 있기 때문이다.[1] 특히 K-POP을 중심으로 한 한국 문화 콘텐츠는 해외에서 인기를 누리며 관심을 끌고 있다. 한국의 문화는 더 이상 국가적인 특징만을 넘어서 '한류'라는 독립된 주제로 자리 잡았으며, 작품들인 '기생충', BTS 등을 통해 '신한류' 현상이 급부상했다. 이러한 현상은 단순히 한국 문화의 브랜드 파워를 넘어서 국제 사회에서 한국의 목소리를 높일 수 있는 연성 권력의 주요한 축으로 인식되고 있다.

대한민국이 이러한 문화적 강국으로 성장한 배경에는 많은 이의 헌신과 노력이 있었다. 문화예술 분야에서의 전문가들뿐만 아니라 정치인과

---

[1] 2023년 US 뉴스 앤드 월드 리포트(USNWR)는 한국의 문화적 영향력 순위를 85개국 중 7위로 평가.

행정가들의 끊임없는 지원과 관심도 중요한 역할을 해 왔다. 실제로 문화가 독자적인 정책 분야로 행정에서 다뤄지기 시작한 것은 얼마 되지 않았다. 제6공화국의 등장과 함께 1990년 문화부 신설을 계기로 대한민국 문화행정이 본격적인 형태를 갖추게 됐다.

특히, 문화부 신설과 함께 초대 문화부장으로 임명된 이어령 장관은 대한민국 정부 출범 이후의 문화 정책을 독특하게 변화시키는 데 일조했다. 그는 문화 정책의 비전과 방향을 새롭게 제시하면서, 대한민국 문화행정의 새로운 시대를 열었다. 국민의 문화 향유 촉진과 예술가들에 대한 창작 지원, 국가적인 문화의 발굴과 육성 등 현재의 문화 강국이 되기 위한 기본 개념과 방향을 확립한 것이다.

이 장은 한국 행정의 전환기에 초석을 놓은 인물의 역할을 탐구하는 데 목적이 있다. 개발행정 시대에 먹거리 창출에 여념이 없던 한국 행정이 50년 후를 바라보고 내디딘 문화행정의 첫걸음을 조명해 보고자 한다. 즉, 이어령 장관이 임기 동안 추진한 주요 정책 내용을 조망하고, 그가 지니고 있던 관료제적 지위에서 나타난 리더십 요인을 살펴보는 것은 현행 문화 정책의 역사적인 경로와 기본 정신을 이해하는 데 매우 의미가 있다.

II. 국내파 문학인

1 내성적 성격의 어린이

이어령은 1934년 1월 15일, 충청남도 아산군 온양면 좌부리(현 아산시

좌부동)에서 이병승(李丙昇, 1896. 8. 13 ~ 1996. 12. 10) 아버지와 원주 원씨 원용숙(元容淑, 1897. 5. 6 ~ 1944. 2. 4) 어머니 사이에서 태어났다. 8남 3녀 중 다섯째 아들인데, 사실은 1933년에 태어났지만, 호적을 1년 늦게 1934년생으로 했다. 아버지가 연말에 태어난 이어령이 한꺼번에 두 살을 먹어야 하는 것을 피하기 위해서였다고 한다.

가정은 부유하지도 가난하지도 않은 중산층 수준이었다. 본인의 표현을 빌리자면 "너무 부자도 아니고, 너무 가난하지도 않은 시골집"에서 자랐다. 이어령의 아버지는 시골에서 양계장, 정미소 등 여러 사업에 도전했는데 큰 사업을 이루지는 못했고 대부분 실패했다. 하지만 이어령의 부친은 아이들이 호기심으로 자신의 실패한 상품들을 가지고 놀며 아이들에게 창의적인 사고를 키울 수 있는 분위기를 만들어 줬다. 어머니는 감성적인 성향을 지니고 있어 책 읽기와 글쓰기를 즐기며, 형제들도 모두 예술에 관심이 많아 가정에서 예술 분야에 필요한 지식을 쌓을 수 있었다. 그러나 이어령은 내성적인 성격 때문에 또래 아이들과 잘 어울리지 못했다. 이러한 성격과 특성은 이어령이 나중에 자기만의 독특한 시각과 창의력을 발휘하는 데 영향을 미쳤다고 볼 수 있다.

이어령은 서울대학교 문리과대학 국문학과에 입학해 동 대학원에서 석사학위를 받는다. 박사학위는 단국대학교 대학원에서는 1987년에 받았다. 학사-석사-박사를 연이어서 공부하는 오늘날의 실정과는 달리, 그는 이화여대에서 교수를 하면서 늦게 박사학위 과정을 밟는다. 중요한 것은 이어령은 외국에서 학업을 하지 않은 순수 국내파라는 점이다. 그 시대의 다른 사람들과 마찬가지로 일제강점기에 태어나 일본 문화를 접하고, 일본에 잠시 거주한 것으로 외국파라고 보기는 어렵다. 국문학을 전공한 그의 전공 특성상 외국 유학은 적절치 않거나 어색한 일이었고, 외국 학문의 영향도 상대적으로 적었다.

이어령은 대학 재학 시절, 『문리대학보』 창간을 주도하면서, "이상론"을 써서 당시 문학계의 주목을 받았다. 더불어 한국일보에는 당대의 문단 거장들에 대해 비판적 견해로서 "우상의 파괴"라는 글을 실어 엄청난 파장을 일으키게 된다.

오늘날에는 상상하기 어렵지만, 이어령은 20대부터 신문사의 논설위원으로 세상에 대한 날카로운 비판을 한다. TV 등 대중매체가 발달하지 않은 당시, 신문은 대중과 소통할 수 있는 거의 유일한 매체였다. 신문을 통해서 알렸다는 것은 대한민국 지성계에서 젊은 스타였다는 의미였다. 서울신문, 한국일보, 중앙일보, 조선일보, 경향신문 등 주요 신문에서 논설위원 자리를 맡아, 현대사에서 빛나는 논객으로 이름을 올렸다.

문학계에서도 두각을 나타낸다. 문학잡지 『새벽』의 주간(主幹)으로서 최인훈의 『광장』 전작을 선보인 바 있다. 그리고, 월간 『문학사상』에서는 '문학의 상상력'과 '문화의 신바람'을 적극적으로 주창했다. 그는 에세이 『흙 속에 저 바람 속에』, 『하나의 나뭇잎이 흔들릴 때』, 『지성의 오솔길』, 『젊음의 탄생』, 『한국인 이야기』 등 다양한 주제와 장르에서 160권 이상의 걸작을 선보였다.

그리고 32세인 1966년부터 이화여자대학교에서 교수로 재직하면서, 교육자로서 33년 동안 수많은 제자를 가르쳐 왔다. 이어령은 문학가로서, 언론의 비평가로서, 대학교수로서 역할을 충실히 해 온 인물이다.

이 글에서 주목할 것은 그의 문화예술 행정가로서의 역할이다. 이어령은 1988년에는 서울올림픽 개·폐회식의 총괄 기획자로 활동한다. 올림픽 개막식이 무엇인지도 잘 모르는 당시 상황에서 한국 전통의 미를 전 세계에 알림으로써 한국 문화의 힘을 국제 무대에 선보였다. 그리고

1990년에는 초대 문화부 장관으로 취임해 한국예술종합학교 설립과 국립국어원의 발족을 성공적으로 이끌었다. 이러한 활동에 대해서 이어령은 2021년에 금관문화훈장을 받는 등 그의 기여가 공식적으로 인정받았다.

〈이어령 약력〉

1956년	서울대학교 국문학 학사	
1960년	서울대학교 대학원 국문학 석사	
1960년	서울신문 논설위원	1960 ~ 1961
1961년	한국일보 논설위원	
1962년	경향신문 논설위원	1962 ~ 1965
1966년	중앙일보 논설위원	1966 ~ 1972
1966년	이화여대 문리대 전임강사, 조교수, 부교수, 교수	1966 ~ 1989
1987년	단국대학교 대학원 국문학 박사	
1990년	제1대 문화부 장관	1990 ~ 1991
1998년	제2건국범국민추진위원회 공동위원장	1998 ~ 1999
2005년	앙코르-경주세계문화엑스포2006 한국 측 조직위원	
2008년	서울디자인올림픽2008 조직위원회 위원	
2009년	제3회 제주세계델픽대회 명예고문	
2009년	Korea CEO Summit 명예이사장	
2009년	2010 유네스코세계문화예술교육대회 조직위원회 위원장	

2 젊은 학부생의 반항

국내파 전문가로서 이어령 교수는 행정인이 되기 전 어떤 사람이었을까 살펴보는 것이 향후 발휘되는 그의 행정 리더십을 이해하는 데 도움이 될 것이다. 문화예술 분야 중 그의 전문 분야는 문학이다. 문학은 언어를 통한 예술적 표현으로 인간과 사회를 묘사하고 새로운 의미를 창출하는 예술의 한 분야다.

우선 그의 문학인으로서 소양은 어디서 왔느냐는 문제의식에서 그의 삶을 어릴 때 가정 생활로 되돌아가 볼 필요가 있다. 이어령 교수의 어머니는 당시 문맹률이 높은 사회였음에도 불구하고, 글을 잘 쓰는 감성적인 인물이었다고 한다. 이러한 어머니의 유전자와 가정 분위기가 중요하지 않았나 생각된다. 또한 형제자매가 많은 집안에서 태어나 네 명의 형과 문학, 미술, 음악에 대한 지식을 습득하며 자랐기 때문에, 또래 아이들과는 어울릴 시간이 많지 않았다고 회고한다.

이어령의 이러한 재능은 1956년 서울대 국어국문학과 학부 시절부터 발휘된다. 서울대학교 국어국문학과는 한국 문학을 가르치는 곳으로 유명한 교수가 많은 과였다. 학부 교육이 그의 행정 리더십 발휘에 도움이 됐는지는 단언하기 어렵다. 당시에는 문학계가 한국의 지성계를 대표하던 일종의 계몽 시대였다. 이어령이 내로라하는 거물들이 층층이 구축된 기성 문단을 비판한 "우상의 파괴"라는 제목의 비평이 한국일보에 실렸고, 그 결과 큰 화제를 일으키면서 이름이 알려진다. 여기서 '우상(偶像)'이란 당시에 문학계에서 추앙받던 거물급 인사를 지칭하는 것이다.

겨우 22세의 대학생일 때, 기성세대 권위에 도전하는 핵폭탄 같은 글을 쓴 것이다. 누구도 감히 비판하지 못하던 한국 사회 풍토에서 소설가 김동리를 '미몽(迷夢)의 우상', 모더니즘 시인 조향을 '사기사(詐欺師)의 우상', 소설가 이무영을 '우매(愚昧)의 우상'이라고 노골적 공개 비판을 한 것이다. 그의 우상 파괴는 계속돼 그 이후 황순원, 염상섭, 서정주 등을 '현대의 신라인들'이라고 지칭하면서 또한 신랄하게 비판했다. 청년기에 기성 세대에 대한 반항을 안 해 본 사람이 어디 있느냐고 말하는 이도 있겠지만, 지면을 통한 대학생 이어령의 과감한 공격은 그가 범상치 않은 인물이었음을 보여 준다.

문학계의 원로, 거장들이 층층시하로 있는 권위주의적 계서문화 속에서, 젊은 문인들은 이들에게 잘 보여야 등단도 하고, 취직도 할 수 있는 시대였다. 절대적 영향력을 가진 이들 거장에게 잘못 보이면, 향후 활동은 거의 불가능하고 매장될 수 있기 때문이다.[2] 그런데, 젊은 대학생이 기라성 같은 거장들을 향해 비판을 쏟아 내는 이변을 일으킨 것이다. 그 후 이어령은 비평, 에세이 등으로 활발하게 지성계를 리드하는 역할을 했다. 그리고 끊임없는 노력은 기존 문학계의 낡은 벽을 넘어 통합의 문화와 소통의 새로운 패러다임을 열었다.

이어령 교수는 30세인 1963년에 『흙 속에 저 바람 속에』를 통해 베스트셀러 작가로 등장한다. 그것은 경향신문에 연재한 그의 칼럼을 묶어 현암사에서 단행본으로 출간한 책이다. 그 후, 『한국인의 재발견』(교학사, 1973), 『축소 지향의 일본인』(갑인출판사, 1982), 『푸는 문화 신바람의 문화』

---

2) 예컨대, 한때 노벨문학상 후보로 여겨져 왔던 고은 시인은 문학계의 오랜 관행으로 젊은 작가들을 권위적 분위기에서 성추행한 것으로 논란이 됐다. 소위 미투운동의 일환으로 2018년 활동을 중단했다. 이를 처음 제기한 최영미 시인과 해당 내용을 보도한 언론사를 상대로 10억 원대 손해배상 소송을 제기하며 자신의 결백을 주장하려 했으나 1심과 2심 모두 패소한 고은 시인은 상고를 포기했다. 한 개인의 일탈인지, 문학계의 분위기인지는 알 수 없다.

(문학사상사, 2003), 『생명이 자본이다』(마로니에북스, 2014) 등 날카로운 문명비평가로서 명성을 떨친다. 이러한 인쇄물을 통해 사람들은 그의 솔직한 인간성과 더불어 지적 호기심, 창조적 상상력에 감탄하게 된다.

이어령 교수는 과거에 안주한 지식인이 아니라, 현재에서 옳은 말을 하는 어른이고, 미래에 관심이 많은 인물이었다. 예컨대, 우리나라에 2000년대 이후 본격적으로 인터넷이 도입되고 디지털화가 진행됨에 따라, 이어령은 다른 사람보다 앞서서 이러한 신기술을 습득하고 선도하는 역할을 한다.

요컨대, 이어령은 평론과 수필, 시, 소설을 다양한 장르에서 펜을 잡은 문인이자 언론인이며, 평생 대학교수를 하며 교육을 한 학자다. 그가 쓴 글은 그의 지식이 박학다식함을 증명해 주고, 양심 있는 글로 '시대의 지성'으로 불렸다. 인터넷이 발달하기 이전 시대에 그가 쓴 칼럼과 글은 문학계는 물론이고, 우리나라 일반인들의 문화 전반에 지대한 영향을 끼쳤다. 문화부 장관으로 재직한 시기를 제외하면, 교수이면서 활발하게 현실 참여를 하는 전문가 지식인이었다.

이어령 교수는 2022년 2월, 향년 89세로 세상을 떠났다. 그는 암 선고를 받은 후, 수술을 받지 않고 자연적인 방식으로 삶을 마감할 때까지 저술 활동을 하며 많은 사람에게 감동을 줬다. 특히 자녀를 양육하면서 겪은 고뇌를 극복하는 과정에서 기독교를 받아들인 후, 신앙인으로서 영적 세계에 대한 진지한 태도를 보여 줬다. 생의 마감 순간까지 지성인으로서 본보기를 보여 준 인물이다.

III. 문화예술 분야의 창의성

1 88 올림픽의 굴렁쇠 소년

88 올림픽은 단순히 스포츠 행사가 아닌, 우리나라 사회의 대전환을 가져온 행사였다. 올림픽의 중요성을 이해하려면 당시의 정치적 상황을 살펴볼 필요가 있다. 10·26 박정희 대통령 시해 사건 이후, 전두환에 의한 12·12 군사쿠데타, 1980년 5·18 광주 민주화운동 이후 1987년까지 우리나라 정치가 격동하는 시기였다. 전두환 정권의 말기에는 정권의 정통성을 만회하기 위해 소위 3S(Screen, Sports, Sex) 정책을 쓴다는 말이 항간에 파다했다.

12시 통행 금지를 없앰으로써 당시 일과 후 값싸게 즐길 수 있는 시간이 많아졌다. 여유 시간을 위해 컬러TV 방영을 시작하고, 영화 진흥을 통해 국민들이 문화 생활을 즐김으로써 정치문제에서 관심을 돌리려 했다. 넓은 의미의 문화가 삶의 방식(way of living)이라고 한다면, 문화를 억지로 강요하기도 했다. 장발 단속, 미니스커트 단속 등 소위 풍기 문란을 정부가 단속한다는 명분으로 일반 국민의 삶의 방식을 통제하지만 다른 한쪽에서는 조장하는 모순적인 군대식 접근을 한 것이다.

올림픽이란 대형 국제행사를 처음 주최하면서 그 성공 여부에 대한 불안감도 있었다. 올림픽을 유치하고, 유치한 행사를 누가, 어떻게 하는가에 대한 인적 요소를 보는 것이 행정학적으로는 매우 중요하다. 군인들은 다른 직종과는 달리 체력 단련, 즉 스포츠를 중요시하는 집단이다. 전두환 장군 본인이 육사 시절부터 운동을 좋아해서 육사 축구선수를 했다는 정도로 스포츠에 관심이 많았다. 3S 정책의 일환으로 프로 스포츠 제도를 도입해 국민들에게 (민주화운동보다는) 즐길거리를 제공했다. 운동하고 친목을 다지는 스포츠 정신으로 체육을 진흥시키려고 했는지 모르지만, 전국 동네의 축구 팀까지 조직화돼 있는 대한체육회는 각종 선거에 동원되는 등 이미 정치도구화돼 있었다.[3] 이런 맥락에서 보면 전두환을 비롯한 정권 수뇌부는 88 올림픽 유치를 국내 정치용으로 활용할 의도로 추진했을 가능성이 높다.

86 아시안게임과 올림픽 개최를 위해 전국적인 대규모 체육 시설을 만들었고, 준비하는 과정에서도 정권에 불만을 가진 국민의 관심을 돌릴 수 있었다고 생각했을 것이다.

군부정권을 종식하고 민주화를 요구하는 국민적 열망이 걷잡을 수 없이 분출되자 그러나 군부의 이런 바람은 실현될 수 없었다. 1987년 6월 29일, 소위 '6·29 민주화 선언'이 나온다. 12월 대통령 선거를 앞두고 여론은 김영삼, 김대중 등 야당 지도자가 우세한 가운데, 당시 전두환 대통령의 후계자로서 지명받은 노태우가 국민에게 대담한 약속을 한 것이다. 이 선언은 야당이 요구하던 개헌을 통해 대통령 직선제를 비롯한 정치 민주화 조건을 담은 것으로 군부정권으로서는 받아들이기 힘든 내용이었다. 임기를 마치는 전두환 대통령이 6·29선언을 수용함으로써 장기 집권을 막기 위해 7년 '단임제'로 개헌을 한 것이다. 6공화국 헌법을 근거로 12월에 치러진 대통령 선거에서 김영삼, 김대중, 노태우 3파전이 됐고,

---

[3] 우리나라 비영리조직은 선거 개입 등 정치적 도구로 사용되는 경우가 많다.
  주창범(2016). 풀뿌리 비영리조직의 정치화. 『사회과학연구』, 23(1): 367-392.
  박상현(2018). 스포츠공공조직의 정치통제 연구: 대한체육회 회원 (프로) 종목단체를 중심으로, 서울대학교 대학원 박사학위 등 참조.

야당 후보 2명이 민주화를 원하는 유권자들의 표를 나눠 가짐에 따라 노태우가 당선된다. 이때 노태우 후보는 대통령 대선 공약으로 '문화부 신설'을 내세운다.

전두환의 육사 동기면서 인척인 노태우는 이미 전두환 정권 때 신설된 체육부 장관을 역임한 바 있다. 역시 군 장성 출신인 박세직도 체육부 장관을 하는데, 박세직은 서울시장을 역임하면서 88 올림픽을 준비하는 데 큰 역할을 한다. 올림픽은 노태우 대통령과 박세직 서울올림픽 조직위원장 아래에서 치러지고, 이어령이 개막식과 폐막식을 비롯한 아이디어를 총괄하는 기획위원직을 맡게 된다. 샤플렛(Jean-Loup Chappelet)과 임도빈이 지적한 바와 같이 원래 올림픽은 비정치적 운동이지만, 우리나라에서는 정반대였다(Chappelet & 임도빈, 2017). 88 올림픽은 개최 유치부터 정치가 개입하고 정치인들이 준비함으로써 매우 '정치화'된 상황에서 치러진다.

1988년 2월 대통령 취임 후 같은 해 9월 27일 치러진 올림픽 대회 개회식에 노태우가 대통령으로 참석한다. 사실 그 이전의 올림픽이 선진국에서 치러진 점을 고려하면 우리나라의 사회문화 수준을 볼 때 그 성공 개최 여부는 매우 지난한 과제였다. 박정희 대통령 시해 사건 이후 등장한 군부정권이 유치한 올림픽은 한국이 처음 치르는 세계적 대형 행사였는데, 당시 우리나라의 역량을 고려할 때 과연 성공적으로 치러낼 수 있을까 우려의 목소리가 높았다. 특히 올림픽 개막식은 수 시간 동안 치러지면서, 세계의 안방에 생중계되는 그야말로 최고의 국가 브랜딩 기회다. 당시에는 종편 방송, 넷플릭스 등도 없는 상황이었기 때문에 TV가 거의 전 세계인의 이목을 잡는 독점적 매체였다. 그 전후에 각국 주요 텔레비전이 와서 나라 곳곳을 보도해 주고, 많은 외국인이 들어와 관광하는 등 그 나라를 알리는 기회인 것이다.

　올림픽 개막식과 폐막식을 누가 기획하느냐는 초미의 관심사다. 보통 그 나라의 대표적인 연출가가 인류의 가치와 그 나라의 대표적 문화를 녹여 내야 하는 중요한 역할이다. 오늘날도 그렇지만, 당시에 예술성을 겸비하고 그 나라의 문화 특성을 보여 주며 어떤 메시지를 전달하느냐는 매우 중요한 문제였다. 당시 창의성이 가장 독특한 지식인으로 알려진 이어령 교수를 기획위원으로 참여해 개막식을 실질적으로 주도하게 된다. 이어령 교수는 보좌하는 인물로 박광무 사무관[4]이 있었다. 1986년에 고시로 행정부에 들어간 박광무는 88 서울올림픽 당시 올림픽조직위원회 기획조정실에서 집행간부회의를 맡아서 일한 것을 자신의 공직 경험 중 보람 있는 일로 여기고 있다.[5] 이어령에게는 자신이 연예 기획자나 스포츠맨이 아닌데도 불구하고 이름을 날릴 수 있는 절호의 기회가 온 것이다.

　스포츠 행정의 문외한이지만, 창의적인 문학계의 대표로서 올림픽 개막식을 기획한 이어령은 평소 쌓아온 자신의 전문성을 유감없이 발휘했다. 국내파 전문가로 영입된 이어령 교수는 어떻게 하면 우리나라의 전통미를 부각시키느냐를 깊이 고민한다. '벽을 넘어서'라는 올림픽 구호를 설정하고 그 주제에 맞는 개회식을 하는 것은 스트레스를 매우 많이 받는

---

4) 1954년 경북 울진 출생인 박광무는 성균관대학교와 서울대학교 행정대학원을 졸업한 직업관료였다. 1986년 행정고등고시에 합격, 문화체육관광부 문화예술 국장을 역임했으며 이어령 초대 문화부 장관 비서관, 국립중앙도서관 기획연수부장, 국립중앙박물관 기획운영단장, 아시아문화중심도시추진단 정책관리실장 및 단장 직무대리 등 문화정책국, 문화산업국, 관광국, 종무실, 기획관리실, 공보관실, 해외공보관을 비롯한 문화부의 중요 부서를 두루 거쳤다. 행정주사보로 문교부의 대학 교육국과 보통 교육국에서 근무했고 행정서기보시보로 김천우체국 발착계에서 근무한 후 고시로 문화부에서 일한다.
5) 서울 올림픽 조직위원회 초대 사무총장은 이연택이었다.

일이었을 것이다.

개막식에서 등장한 굴렁쇠 소년은 이어령의 상상력이 발휘된 대표적인 작품이다.[6] 경기장을 가득 메운 각국 대표 단원들이 모두 빠져 나가고, 아주 평화로운 정적 속에서 하얀 옷을 입은 소년이 (그것도 독일 바덴바덴에서 서울의 개최지 선정을 선언한 바로 그날 태어난 아이였다) 굴렁쇠를 굴리며 경기장 중앙을 사선으로 지나가는 모습은 전쟁고아의 이미지에 불과했던 한국의 인상을 새롭게 바꿔 놓겠다는 아이디어였다. 어둠 속에서 스포트라이트를 받으며 등장한 굴렁쇠 소년은 전쟁고아라는 한국의 이미지를 역동적으로 신생하는 산업국가로 이미지를 변화시켰다는 호평을 받았다.

이어령은 이후 인터뷰에서 "왜 문학하는 사람이 이런 일을 하느냐고 하기도 하는데, 원고지에 쓰던 것을 잠실 주경기장으로 옮긴 것일 뿐이다"라고 말했으며, 실제로 "이것을 시로 쓰면 1행시가 될 것이다"라는 평을 받기도 했다. 단순한 행사 연출을 넘어, 예술적 감각을 통해 창조된 특별한 순간으로서 국제적인 행사에서 참신하고 감동적인 인상을 심어 줬다. 이어령의 창의적이고 감성적인 접근은 국가 이미지의 재조명뿐만 아니라 예술과 대중이 만나는 순간을 아름답게 연출한 것으로 평가받았다. 올림픽 개막식을 성공적으로 치러 낸 이어령 교수는 그 전문성을 국가적으로 인증받았다고 하겠다.

세계적 냉전 체제에서 겨우 중진국의 문턱에 들어서고, 남북이 분단된 상황에서 세계의 이목이 쏠리는 것이 예상되는 가운데 치러진 서울올림

---

6) 굴렁쇠는 흔히 바퀴와 함께 사용돼 힘을 전달하거나, 돌리거나, 일정한 방향으로 이동하는 데에 사용되는 장치인데, 자전거의 바퀴에서 고무 타이어와 바큇살을 제거하는 둥근 테를 나무 조작으로 달리면서 밀어 굴러가게 하는 장면이다.

픽은 이어령의 문화행정가로서 데뷔 무대인 셈이다. 정치에서 벗어나 순수 스포츠 행사를 표방했던 쿠베르탱 백작의 올림픽 정신과는 정반대로 사실상 군부정권이 총력을 기울여 준비하고 치러낸 대한민국을 홍보하는 국가 행사였다(Chappelet & 임도빈, 2017).

❷ 신설 문화부의 첫 단추를 끼우다

노태우의 대선 공약대로 문화부는 1990년에 신설된다. 군부 시대에는 대부분의 장관이 군 장성 출신으로 임명됐다. 이러한 정치적 분위기에 반해 이어령이 1990년 1월 3일부터 1991년 12월 19일까지 약 2년간 초대 문화부 장관으로 발탁된다. 아마도 노태우 대통령은 88 서울올림픽 개막식 기획자로서 얻은 명성을 인정했고, 그의 명성은 군부정권의 정당성 결핍을 보완하는 데 도움이 된다고 생각했을 것이다. 장관 후보로 전문예술인, 해외 유학파도 많을 텐데 국내파 전문가가 영입된 것이다. 노태우 대통령은 장관직을 고사하는 이어령 장관에게 재차 제의해 그를 장관으로 임명했다. 삼고초려는 아니지만, 2고초려를 한 것이다.

"두 번째 제의가 들어왔을 때 나는 일본에 있었죠. 그 당시 생각에 우리가 경제력이나 군사력으로 일본과 경쟁하는 건 힘들겠지만 문화적으로 경쟁하는 건 승부를 걸 수 있겠다고 생각했었죠. 그 무렵에 아들 결혼식 때문에 잠깐 한국에 들어왔는데, 또 제의가 온 거예요. 문화부가 처음 시작될 때라, 모든 걸 새로 시작할 수 있었죠. 하지만 저는 개인적으로 연구할 것도 있고, 관직이나 정치는 안 하는 게 좋겠다고 생각해서 끝내 고사했어요. 그래서 장관 발표가 날 때도 나는 아무것도 모른 채로 KBS에서 강연 프로그램을 녹화하고 있었지요. 그런데 갑자기 연락을 받고 집에 돌아와 보니 카메라맨과 기자들이 인터뷰하려고 대기하고 있는 거예요. 아찔한 순간이었지요. 수십 년 대학에서 교수 생활을 하던 때에도 학과장도 마다한 사람이 중앙정부의 신설 문화부의 수장을 맡게 된다니 앞이 보이지 않았지요."

이는 이어령이 대통령의 신뢰를 받는다는 것을 의미하고, 대통령의 굳은 신뢰는 장관으로서 소신껏 일할 수 있는 자산이 된다. 전문성을 인정받기 이전에 정치권에 줄을 대지 않았다는 점에서, 이어령의 경우는 오늘날 폴리페서와는 완전히 다른 경로로 입각했다. 외부에서 영입된 행정인이 취임 후 활동의 반경은 임명권자의 신뢰 정도에 달려 있다. 이것이 끊임없이 권력자에게 아부해야 하는 요즘 폴리페서와 비교하면 얻을 수 있는 값진 교훈이다.

1948년 정부 수립 초기에는 좁은 의미의 문화행정은 존재하지 않았다고 해도 큰 과언이 아니다. 넓은 의미의 문화행정은 공보처, 공보부를 거쳐 문화공보부에서 담당했다. 이 부처(부처 이름은 다양하게 바뀌지만)에서 담당한 업무는 주로 언론 선전, 방송 등을 관장하는 정권을 홍보하는 공보행정 분야다. 아울러 부수적으로 문예, 문화재 보존 등 통상적인 문화행정 업무도 수행했다. 즉, 문화부가 출범한 1990년 이전까지 문화행정 업무는 정부 홍보 업무에 비해 부차적인 것으로 간주됐다(임학순, 2003). 넓은 의미의 문화행정 목적도 국가(좀 더 엄격히 말하면, 정권)의 목표 달성을 위한 수단에 머물렀다고 할 수 있겠다. 즉, 정책 내용 또한 창작에 대한 지원과 장려보다는 언론 검열과 같은 직접적 규제에 초점을 뒀다.

신설 부처의 기관장의 특성은 곧 조직의 특성을 결정할 수 있는 결정 변수다. 과거 공보부(처) 장관 자리에는 주로 군 출신 인사가 임명되던 관행과 달리, 정치적 전력이 없는 문인 출신 인사인 이어령을 임명함으로써 문화행정의 획기적인 방향 전환이 이뤄질 수 있었다(Chung, 1992). 이어령 장관은 문화부 공무원들의 업무 수행 태도를 바꾸기 위해 소위 3 '불' 정책을 추진했다. 세 가지가 불가하다는 원칙은 첫째 문턱 없이 일하고, 둘째 생색내지 않고 일하며, 셋째 사심 없이 일하는 것이었다(임도빈, 2020).

새로운 조직을 맡아 조직문화를 만들어야 하는 이어령 장관은 금지하는 행태뿐만 아니라, 장려하고 권장하는 태도도 정했다. 소위 '3가' 정책은 첫째 메마른 바위에 생명의 이끼 입히기, 둘째 문화의 우물터에 하나의 두레박 놓기, 셋째 문화의 불을 일으키는 부지깽이 역할을 강조했다(임도빈, 2020). 이것은 문학가인 이어령의 문학적 표현으로서 당시 문화 불모지였던 상황에서 기존의 잠재력을 가진 모든 것에 문화라는 시각을 부여해 보자는 창의적 시각, 국민이 문화라는 물을 마실 수 있도록 실행(집행)하자는 것, 그리고 새로운 문화를 일으키는 변혁의 주체가 되자는 의미였다. 이를 위해 정치적이고 관료적인 것에서 벗어나 전문 분야로서 문화 정책을 강조한 것이다. 이어령 장관의 접근이 문화를 누리는 대상으로서 중요한 시각 전환을 마련했다고 하겠다.

이어령이 내세운 '3불 3가'는 다분히 문학가적인 표현으로 행정학적 언어와는 거리가 멀다. 그러나 노태우 대통령으로 출범한 제6공화국은 이어령 장관이 놓은 문화 정책을 디딤돌로 삼아 국민 생활 속에 문화의 뿌리가 내릴 수 있도록 방향 설정을 했다. 특히 문화의 콘텐츠에 접근하는 전략 프로그램을 개발해 문화의 생활화를 이룩하는 데 어느 정도 이바지 했다(오양열, 1995).

1990년 공보처와 분리해 독립된 부처로 신설된 문화부는 2실 4국 11 담당관, 19과로 총정원 316명으로 출발했다.[7] 기획조정실과 종무실이라는 2개의 부와 문화정책국, 생활문화국, 예술진흥국, 어문출판국의 4국 체제로 출범했다. 문화부는 신설되면서부터 문화행정에 정치적 개입 반대, 관료적 행정 탈피, 탈권위주의적 행정을 통해 문화 진흥이라는 사명을 띠었다. 그러나 새로운 부처의 신설이 곧 신설 목적 달성을 보장하는 것은 아니다. 부처의 성과는 장관을 누가 맡느냐에 따라 크게 달라진다.

IV. 문화행정의 틀 짜기

이어령 교수가 초대 문화 장관으로 재임했던 약 2년간은 짧지만, 많은 주요 성과를 냈다. 가장 주목해야 할 것은 문화예술 분야 정책과 행정의 불모지에 기본적인 틀과 방향을 제시했다는 점이다. 또한 이를 실현하기 위해 인재 양성을, 그 수단으로서 소속기관을 설립한 것이다.

---

7) 2023년 현재 2차관 1차관보 1단 4실 5국 12관, 57과 4팀이 됐다. 그리고 19개 소속기관이 있다. 본부의 정원은 674명이지만, 19개 소속기관 정원까지 합하면, 총 3,039명의 공무원을 가지고, 8조 원 이상의 예산을 가진 거대 부처가 됐다. 물론 여기에는 체육행정과 관광행정 조직이 포함됐다.

1 문화 발전 10개년계획

경제개발 5개년계획과 같이 문화 분야에서 기획을 하는 것은 이상한 일이 아닐 것이다. 그러나 이어령이 폭넓고 높은 안목으로 10년이라는 장기 계획을 수립했다는 점과 계획의 수립 과정에서 여러 의견을 청취하는 민주적 방식을 택했다는 점은 특이하다.

박정희 대통령은 당시로서는 추진하기 어려웠던 모든 분야의 행정에 대해 광범위한 관심을 가지고 고민한 지도자였다. 문화예술 부문도 예외는 아니었다. 예컨대 1973년에 우리나라 최초로 '제1차 문예중흥 5개년계획'(1974~1978)이 수립됐다. 특히 문화예술진흥기금의 지원사업이 시작되면서 소규모이지만 비교적 예술 지원 정책을 체계적이고 계획적으로 추진할 수 있었다. 소위 유신헌법 시대와 일치한다.

그렇지만 문화부 출범 이전에는 오늘날 볼 수 있는 본격적인 문화예술 정책을 수립해 추진한 것은 아니다. 당시에는 제대로 집행되지 않고, 종이 문서만 있는 계획도 많았다. 투입되는 돈의 규모도 작고, 관여된 분야도 한정돼 있었다. 환언하면, 진정한 의미에서 문화예술 정책은 부재인 시기였다고 할 수 있다.

이런 상황에서 이어령 장관은 '문화의 틀 짜기' 아이디어로 장기 계획을 수립한다. 300여 명의 전문가 의견과 일반 국민의 제안을 근거로 짜인 이 계획은 우리나라 문화 정책의 방향을 제시했다는 점에서 의미가 있다. 수립 방법 면에서, 과거의 권위주의적이고 일방적 방법에서 참여형과 상향식 방법으로 전환한 것이다.

흥미로운 것은 문화의 틀 짜기에는 행정학적 사고가 들어 있다는 점이다. 이 계획에 기본 방향이라는 '목표'와 추진 전략이라는 '수단'이 제시돼 있다. 문화 정책의 목표로서 기본 방향으로는 문화 복지국가를 실현하기 위한 다음과 같이 복지, 화합, 민족, 개방, 통일이라는 다섯 가지 문화의 틀을 제시한다(오양열, 1995).

- 복지 문화의 틀: 마음의 풍요를 지향한다.
- 화합 문화의 틀: 갈등의 구조를 푼다.
- 민족 문화의 틀: 환태평양 시대를 우리나라가 주도한다.
- 개방 문화의 틀: 후기 산업 시대에 적응한다.
- 통일 문화의 틀: 남북한 협력 시대를 준비한다.

우선 한문식 용어가 행정에서 만연하던 시대에 '틀'과 같은 순수 국어를 쓴 것은 국문학자인 이어령 장관의 아이디어인 것 같다. 목표에서 글자가 암시하는 내용 면에서 봐도 당시의 권위주의적 흔적을 찾아보기 어렵다. 국내적으로는 정부 주도의 고도 경제 성장을 하면서 민주화 혁명을 통한 갈등이 심한 한국 사회의 상황과, 국제적으로는 러시아 등 북방외교를 개척하는 당시의 시대적 상황에서 나온 것이기는 하나, 군사독재 시대에 이런 생각을 했다는 것은 매우 획기적이라 하겠다. 문화의 틀이라는 다소 추상적인 표현을 쓴 것은 이어령 장관의 문학적인 표현법이 아니었나 추측된다.

이렇게 만든 문화 발전 계획의 목표를 추진하기 위한 추진 전략도 다음과 같이 제시한다.

- 파문 효과: 최소한의 힘으로 최다의 움직임을 낳는다.
- 지열 효과: 문화 여건을 조성하는 방법으로서 문화 환경 조성과 문화

수용의 여건을 개선한다.
- 바람개비 효과: 문화의 자율성을 돕는다.
- 통발 효과: 문화 활동의 무대, 시장, 기술을 제공한다.
- 인화 효과: 부정적 요인을 긍정적 문화로 발전시킨다.
- 메아리 효과: 다목적, 다기능의 복합적 사업 추진으로 극대의 효과를 창출한다.

파문, 지열, 바람개비, 통발, 인화, 메아리 등은 다분히 한국적인 개념이다. 추진 전략이라고 하면서 '효과'라는 용어를 쓴 것은 문학가로서 이어령의 아이디어가 많이 반영됐음을 알 수 있다. 특정 효과를 얻기 위해 사용하는 '전략'도 행정학에서 사용하는 개념과 용어와는 구체성이 부족하다. 물론 그 효과를 서술하는 내용을 보면 추상적 의미를 짐작할 수 있기는 하다. 예컨대 '문화의 자율성을 돕는다'라는 수단을 통해 문화 정책의 효과를 극대화하는 '바람개비' 효과를 얻어서 목표를 효율적으로 달성할 수 있다.

이를 실현하기 위한 정책 과제로 제시된 것이 오히려 오늘날 행정학에서 말하는 추진 전략에 가깝다. 문화예술 생산, 매개, 향유, 국제화라는 총 네 가지를 제시하는데, 이어령의 용어는 다음과 같다.

- 문화 창조력의 제고
- 문화 매개 기능의 확충
- 국민의 문화 향수 확대
- 국제 문화 교류의 확대

봇물 터지듯 터진 민주화에 대한 국민적 열망을 보고, 새로운 민주화 시대에 맞는 문화 정책의 비전으로서 '모든 국민에게 문화를'이라는 모토와 '문화 향수 확대' 등 세부 목표를 제시한 것은 큰 의미가 있다. 이는 신설 문화부 조직 구성원에게 새로운 가치와 장기적인 지향점을 제시했다는 의미가 있다.

한국의 행정인들은 흔히 임기 내에 무엇인가를 보여 주고자 하는 '오직 내 임기 내'라는 조바심을 갖는다. 극도의 변혁기였던 당시에는 하루하루 제기되는 문제의 해결에 급급해 비전이 없는 경우가 많았다. 비전을 수립하는 경우에도 자산의 임기 내 구체적 성과를 산출하기 위한 단기적인 목표가 성행했는데, 이어령 장관은 비록 추상적 표현이란 문제는 있지만, 장기적으로 대한민국이 추구해야 할 문화 정책의 목표 의식을 분명히 했기 때문에 더욱 큰 의미가 있다.

"문화부 장관에 취임했을 때 나는 벌판의 목수고, 튼튼한 몇 가지 기둥을 세워 놓고 나가면 될 것이란 생각을 했어요. 그리고 후임자들이 집을 완성해 주리라 생각한 거죠."

❷ 문화예술 분야 인적 자원 확충 체계의 구축

문화예술이 발달한 서구에는 조기에 영재를 발굴하고, 이들이 가진 재능을 충분히 개발할 수 있는 교육 체제가 발달해 있다. 그것의 마지막 단계가 콘서바토리(conservatory)와 같이 학문 중심의 대학과는 다른 전문 분야 실기를 강조하는 인재 양성 체제다. 학·석·박사 '학위'를 주는 것이 아니라, 예술인으로서의 재능을 계발해 거장을 만들어 내는 마치 장인(匠人) 제도와 같은 인재 양성을 하는 체제다.

　우리나라는 초중고에 직업 훈련 기능이 매우 약할 뿐만 아니라 대학 수준에서도 전공 분야 지식 전달 기능이 강조돼 획일적인 교과 중심의 교육이 이뤄질 수밖에 없었다. 특별한 예술적 재능을 가진 학생들이라고 하더라도 대입을 위해 교과 학업에 몰입해야 하므로 예술 활동을 중단하거나 약하게 할 수밖에 없었던 것이 현실이다. 소위 명문대 음대, 미대 등에 들어가려면 실기교육을 뒷전에 두더라도 국어, 영어, 수학 등 교과과목을 골고루 잘해야 한다.

　이어령은 서구와 같이 문화예술 영재를 조기에 발굴해 양성해야 하는 문제의식이 있었다. 콘서바토리에 해당하는 예술종합학교를 국립으로 신설하는 아이디어가 그것이다. 그동안 최고 문화예술 엘리트를 기른다는 서울대와 같은 국립대가 우선 타격을 받을 것이며, 명문 사립대도 마찬가지의 처지에 있었다. 직업예술인으로서 성공하는 것이 낙타가 바늘구멍을 뚫는 것과 같은 상황에서 또 다른 예술 전공학교를 세운다는 것은 그렇지 않아도 졸업생 취업이 힘든 기존 학교에 위협 요인일 수밖에 없다. 기존 교육 체제에서 우위를 점하고 있는 명문대학의 졸업 동문이 이런 정책을 결정하는 자리에 있었기 때문에 한국예술종합학교의 신설은 중복 투자 등의 이유로 반대의 목소리가 클 수밖에 없었다.

　국립학교의 신설은 부처 간 협의를 통한 국무회의 통과와 국회 통과가 넘어야 할 가장 큰 문제였다. 보통 전문가적 장관은 자신이 소속된 분야의 전문가 집단과는 의사소통이 원활하지만, 다른 부처와 정책 집단과는 소통이 원활치 않은 경우가 많다. 거꾸로 관료 출신 장관은 고시 기수 등 횡적 의사소통은 원활하지만, 전문가 집단과의 소통이 부족한 면이 있다.

이어령 장관은 문학비평가로서 자리는 굳혔지만, 행정에는 낯선 상황이었다.

이어령 장관은 한국예술종합대학 설립을 위해서 타 부처 장관을 적극적으로 설득해 국무회의를 통과시킨다. 나아가서, 국회 통과를 위해 상임위 야당 의원들을 설득했다. 지금은 장관이 직접 설득하는 전략이 그리 드물지 않지만, 당시 경직적인 관료문화가 지배적인 상황에서는 이례적이었다. 즉, 보통의 경우, 국무회의나 상임위는 회의 이전에 실무진급에서 반대 의견에 대한 조율 등이 이뤄진 후 상정돼, 장관 개인이 적극적인 설득을 하는 것은 매우 드물었다. 이런 점에서 이어령 장관의 행보는 돋보이는 수준이었다. 한예종 설립을 관철하기 위해 이어령 장관이 한 국무회의 5분 연설은 현재까지도 회자되고 있다.

"이 예술 학교를 만든다는 것은 예술이 아니면 다른 것을 잘하지 못하는 아이들을 위한 것입니다. 그리고 십 년 이십 년 한 애들보다 훨씬 천재적으로 예술적 재능을 보이는 애들이 많아요. 이런 애들 교육 어떻게 하냐. 현행 교육법으론 안 된다. (중략) 문화부엔 말이요. 6~7살 애들이 절대 음감도 있고, 모차르트, 베토벤 같은 애들 있단 말이에요. 농업 천재, 공업 천재 있으면 만들어라. 그리고 바로 그때 정원식 총리가 급하니까 '통과된 걸로 알겠습니다.' 하고 땅 때린 게 문화부 직속으로 직접 경영할 수 있는 새로운 시스템을 갖춘 특수학교를 만들겠다는 법안이 통과되는 순간이었어."

공교롭게도 이어령은 한국예술종합학교 법이 완성된 날에 장관직을 떠난다. 공직을 떠나는 1991년 12월 31일 제정된 한예종(한국예술종합학교) 설치 법규에 근거해, 1993년 음악원, 1994년 연극원, 1995년 영상원, 1996년 무용원, 1997년 미술원, 1998년 전통예술원이 각각 개소하면서 엘리트 예술가 양성이라는 목표를 달성하는 데 일조한다.[8] 김영삼 정부인 1998년 설치령에 한예종의 모든 교육과정 신설이 완성된다.

한예종은 발족 후 각 분야의 유능한 교수진과, 기존 대학 체제와는 달리 학업과 실기를 병행할 수 있는 유연한 학사 운영으로 다양한 문화예술인을 배출하고 있다. 많은 재능 있는 학생이 기존 명문대보다 한예종을 선호하는 현상이 생겼다. 특히, 재능을 조기 발견해 키워 줘야 하는 예술 분야에서 인재 양성 효과가 나타나고 있다. 피아니스트 김선욱, 조성진, 임윤찬 등을 배출해 세계를 놀라게 한 것이 그 한 예다.

3 문화 매개체의 확충

뛰어난 문화예술인의 양성으로 아무리 좋은 문화예술 작품이 창작되더라도 이를 향유할 수 있는 문화 인프라, 예컨대 문화공간이 부족하면 문화 향유가 제한된다. 문화부 소속기관의 확충을 통해 이런 전문화된 공간을 넓히고 전문행정인을 기른 것도 이어령 장관이 설정한 방향성 덕분이었다.

우선, 문학인으로서 한글의 아름다움을 더욱 빛나게 한 이어령은 한국

---

8) 예술종합학교는 서초구 예술의 전당에 캠퍼스를 갖는다. 예술의 전당은 88 올림픽을 준비하면서 문화 융성의 기회로 삼는다고 건설해 1988년에 개관한 오페라, 음악, 연극, 등 모든 장르의 매개를 한 자리에 모은 종합예술 복합 시설이다. 이어령 장관이 올림픽 개폐회식에 간여했는데, 예술의 전당 건립에는 어떤 역할을 했는지는 알려져 있지 않다.

어의 발전과 올바른 보급에도 남다른 열정을 보였다. 구체적으로 그는 국립국어연구원(현 국립국어원)을 설립해 세종대왕이 만든 한글을 연구하고 발전시키는 데 큰 역할을 하게 했다.

국어원은 대한민국의 표준어를 관리하고 발전시키는 임무를 수행하는 기관이다. 국어원은 한글의 표준화와 언어 정책의 수립, 표준어 교육, 용어 정리, 국어사전 편찬, 한글 입력 방식 개발 등 다양한 활동을 수행한다. 특히, 한글의 표준 발음, 표기법, 맞춤법 등을 관리하며 국어의 품질을 유지하고 향상시키기 위해 노력하고 있다. 또한 외래어의 범람으로 인해 국어가 오염되는 상황에서 국어 정책 수립과 관련된 주요 역할을 수행하며, 한글과 국어에 관한 연구 및 보급 활동도 진행하고 있다.

특히 한국의 행정에서는 일단 전담 조직이 생기면 큰 추진력이 생기는 특성이 있다. 사회적으로 큰 이슈가 생길 때마다 행정조직을 신설하려는 요구가 많은 것은 이러한 이유에서다. 이런 시각에서 볼 때, 국문학자 이어령의 국립국어원 신설은 장관이 행정학적 문제 해결 방법을 앞장서서 사용한 좋은 사례다. 단순히 한글에 대한 자부심을 갖는 데 그치지 않고, 행정이 적극적으로 한글을 장려하기 위해 조직을 만든 것이기 때문이다. 오늘날 국립국어원은 대한민국에서 국어 관련 다양한 성과를 창출하고 있다.

- 국어 정책 수립 및 제안: 국립국어원은 국어에 대한 정책을 수립하고 제안하는 임무를 수행한다. 국어 교육, 언어 정책, 표준어 정립 등 국어에 관련된 다양한 분야에서 정책적인 성과를 내고 있다.
- 국어 문제 연구 및 교육 자료 제작: 국어원은 국어에 관한 다양한 연구를 통해 학술적인 성과를 도출하고, 이를 기반으로 국어 교육 자료

를 제작해 교육 현장에 제공하고 있다.
- 한자 및 외래어 정리: 국립국어원은 한자 및 외래어 사용에 관한 표준을 정리하고 제시해 국어 사용의 일관성을 유지하고 있다.
- 언어 정보 서비스 제공: 국립국어원은 언어 정보 서비스를 통해 언어에 관한 다양한 정보를 제공하고 있다. 언어 변화, 신조어 동향 등을 정기적으로 업데이트해 국민에게 제공하고 있다.
- 언어문화 보전 및 발전: 전통 언어 및 문화의 보전과 발전을 위한 다양한 프로젝트를 통해 국어의 가치와 중요성을 널리 알리고 있다.

특히 한류의 영향으로 한국어를 배우려고 하는 외국인이 많아지고 있다. 이러한 상황에서 언어의 끊임없는 진화에 따른 체계적인 정리와 표준어 정립이 더욱 중요해진다. 외국어의 유입, 컴퓨터 용어의 등장 등으로 이러한 행정적 기능의 중요성은 과거와 비교할 수 없을 정도로 커졌다.

문화 매개체 확충과 더불어 중요한 것은 문화 향유다. 이미 언급한 대로 이어령 장관은 '모든 국민에게 문화를'이라는 문화 민주주의적 목표를 설정했다. 이 목표를 달성하기 위해 '문화 향수 확대'를 세부 목표로 삼아 공공도서관 확충, 박물관 기능 강화, TV 등 문화 매체 개발, 문화 감수성 교육 강화, 노년·여성·청소년 문화 활동 신장 등의 정책을 추진한다.

우선 도서관 정책의 담당 부서를 교육부에서 문화부로 이관시킨다. 이를 계기로, 기존의 도서관법을 폐기하고 1991년 3월 8일 법률 제4352호로 「도서관진흥법」이 제정된다. 이후 이 법은 1994년 3월 24일 「도서관 및 독서진흥법」으로 대체됐는데, 이를 기반으로 전국에 도서관이 확충된다.

마찬가지로 1991년 11월 30일 제정된 「박물관 및 미술관진흥법」은 전국에 국공립 박물관과 미술관을 설치하는 데 크게 기여했다. 이 법은 박물관 및 미술관의 설립과 운영에 관해 필요한 사항을 규정해 이들 기관을 건전하게 육성함으로써 문화·예술 및 학문의 발전과 일반 공중의 문화교육에 이바지함을 목적으로 한다. 또한, 개인 소장 문화재를 개방하도록 유도하고 박물관 및 미술관 설립에 대한 세제 혜택 등을 통해 일반인들의 문화 향수 기회를 확대하는 데 기여했다.

V. 나오며: 국내파 전문가의 성공 요인

이어령 장관이 문화부 설립 초기에 그린 문화행정의 밑그림 작업은 현재 한국이 문화 강국으로 발돋움하는 데 기틀이 됐다. 그리고 오늘날의 문화행정 체제를 구축하고 정책을 추진하는 데 주춧돌을 놓았다. 이어령은 문학인으로서 경제, 산업, 환경 등 타 정책 분야와 다르게 문화와 예술 분야만이 가진 특수성에 대해 깊은 이해를 하고 있어서, 전 국민을 위한 문화예술 발전 정책을 확충할 수 있도록 했다.

문학비평가이면서 문학인인 이어령에게 국가 문화행정에 초석을 놓을 기회가 주어진 것은 군부정권의 도박과 같은 올림픽 유치 덕이었다. 그는 88 올림픽 기획위원으로 여러 회의를 거치며 체육행정을 간접적으로나마 경험하게 된다. 88 올림픽은 단순히 체육 행사로 보면 안 되는 우리나라 행정사의 중요한 사건이었다. 1988년 서울올림픽 개·폐회식의 기획자로서 이어령은 '벽을 넘어서'라는 슬로건과 다양한 문화적 행사를 통해 한국 문화의 매력을 세계에 성공적으로 소개할 수 있었다. 이어령에게는 88

올림픽이 기회의 창이었다. 이를 통해 한국의 세계적 인지도를 높이는 데 큰 공헌을 했고, 동시에 한국 사회에 자신을 알리는 계기가 됐다. 이를 계기로 초대 문화부 장관이 된 것 같다.

비록 짧은 기간이지만 신설된 부처의 장관으로 임명된 이어령 교수는 마치 행정의 달인인 것처럼 새로운 정책과 문화행정 체계를 수립했다. 이는 대한민국 문화 정책의 틀을 짜면서 문화행정 역사에서 중요한 전환점을 만든 것으로, 그는 역대 장관 중에서 가장 눈에 띄는 인물이라고 하겠다. 신제도주의의 경로의존성이란 측면에서 볼 때, 첫 단추를 잘 끼웠기 때문에 오늘날 우리가 문화 강국이 될 수 있던 것이 아니었는가 한다.

이어령 장관의 행정학적 기여는 1990년 문화부 신설 당시 초대 장관으로서 기존의 문화 정책에서 차별화된 비전과 방향을 제시했다는 데 있다. 그는 평소에 쌓아 놓은 문화예술 분야의 전문성을 활용해 국가적 차원에서의 비전을 제시하고, 이를 실현하기 위한 구체적인 방향을 마련했다. 이는 그가 평소에 쌓아 놓았던 전문성이 없었으면 이룰 수 없던 과제다.

구체적인 집행 수단으로서 이어령 장관은 한국예술종합학교를 신설하는 등 문화예술을 창조할 인적 자원 육성에 크게 기여했다. 국내 예술가들의 국제 문화 교류를 촉진하며 인적 자원의 육성에 힘썼다. 특히 문화예술 분야에서 전문가들을 유치하고 지원함으로써 한류의 성장과 국제적인 인지도를 높이는 데 기초를 닦았다.

행정인이 아닌 이어령 교수가 장관으로서 큰 역할을 할 수 있었던 이유를 생각해 봐야 한다. 특히 소위 외국에서 학위를 한 것 하나로 학자인 양 얼굴을 내미는 폴리페서가 난무하는 오늘날, 바람직한 학계-정계의 관계는 어떤 모습이어야 하는가를 고민해 보고자 한다.

문학비평가에서 출발해 문명학자로 시야를 넓혀 온 이어령은 해외 학위를 따는 데 관심을 두기보다는 자신이 끊임없이 의문을 제기하고 답을 찾아낸 노력형 인재였다. 당시에는 서구와 한국을 비교해 전근대화-근대화라는 이분법으로 보고 비교하던 풍조가 사회 전반에 만연해 있었다(임도빈, 2025b). 한국의 고유 문화를 긍정적으로 보고, 문화와 문명 발달에 대해 고민한 토착 학자로서의 전문성이 이어령의 인적 자본(human capital)을 축적했다. 문학인을 넘어 박학다식한 문명학자로서의 전문성이 문화행정을 향후 실질적으로 주도하는 역할을 완수하게 한 것이다.

다음은 장관(행정가)으로서의 성공 요인이 무엇인가라는 의문이다. 지금도 개방직으로 행정에 외부 인사를 영입하면 조직에 융합되지 못하는 사례가 있다. 장관도 잠시 머물다 가는 철새로 여겨져서 부처 직원들과 겉돌다 마는 경우도 많다. 이어령 교수가 장관일 때 발탁한 비서실장이 박광무다. 그는 88 올림픽 준비위원회와 서울올림픽 조직위원회에서 같이 일한 경험이 있다. 박광무 비서실장을 비롯해 행정공무원들이 외부인 이어령 장관을 보좌해 성공적인 부처 출범을 이룬 것이다. 즉, 외부 전문가는 내부 행정조직과의 조화를 통해야 성공적으로 임무를 수행할 수 있다. 당시 행정관료들은 집단주의적 조직문화로 외부 장관을 보좌했겠지만, 이어령 장관의 번뜩이는 아이디어에 감명을 받고 따른 것으로 보인다. 이처럼 전문성을 갖춘 실력만이 외부인이 행정 체제에 들어왔을 때 성공을 이르게 하는 중요한 요인이다.

종합적으로, 이어령 문화부 장관이 재직 중 문화와 예술 분야의 꽃을 피운 성과는 그리 크지 않은 것 같다. 그의 역할은 방향을 잡고 씨를 뿌린 것뿐이었으나, 오늘날 크게 각광을 받는 K-Culture와 같이 문화의 세계화를 그 열매라고 하겠다. 역사적 경로의존성이라는 점에서 크게 주목해야 할 부분이다. 서구 문화예술을 따라잡기 바빴던 그동안의 세월을 비판적으로 봐야 한다. 즉, 그의 공헌은 가장 한국적인 것을 찾으면서, 국제적인 차원에서도 대한민국의 문화적 영향력을 확장하려는 문제의식과 개념을 정립한 것이다. 이 점에서 큰 역할을 한 것으로 평가된다.

　마지막으로 강조할 것은 인격이다. 한국의 행정문화에서는 실력만이 전부가 아니다. 이어령 교수는 정년 후에도 왕성한 활동을 이어가며 문화계 거장 혹은 지성을 갖춘 '어른'으로 자리매김했다. 기회가 있을 때마다 새로운 개념을 제시하며 국민의 관심을 끄는 '인플루언서'였다. 생의 마지막까지, 암 투병을 하면서도 항암 치료가 아닌 자연적으로 생을 마감하는 길을 택했다. 또한 기독교를 받아들여 영적인 면에서 얻은 진솔한 깨달음을 저서로 남기는 일도 수행했다. 이 점에서 윤리적 지도자로서의 자질이 있었다고 하겠다.

5

과학기술이 선진국으로 가는 열쇠다: 정근모

I. 들어가며: 과학이 한국의 미래다

우리나라는 일제의 착취 경제와 6·25를 거치면서 모든 것이 피폐해진 최빈국이었다. 그런데, 눈떠 보니 선진국이 된 것이다. 물적 자본도 없는 상황에서 인적 자본 중 우리에게 있었던 것은 단순한 인구 수가 아닌, 과학기술이라는 인적 자본의 힘이었다. 아직 노벨과학상 수상자는 없지만, 국가 차원에서 과학기술 발전을 이끈 많은 인재(人材)의 노력을 간과해서는 안 된다.

초기의 경제 성장은 옷, 가발 등 가내공업 수준의 경공업 위주였다. 그러나 중화학공업 등으로 산업 구조를 전환해야 더 큰 부가가치를 창출할 수 있으므로, 연구개발이 국가의 주요 어젠다로 떠오를 수밖에 없었다. 오늘날 많은 개발도상국이 우리나라를 모범으로 삼으려고 해도, 한 발짝도 못 나가는 것은 무엇보다도 과학기술력의 부족 때문이다.

과학기술은 많은 시간이 걸려 축적돼야 하는 특성이 있다. 이른바 서구 선진국들은 산업혁명 이후 과학기술을 꾸준히 개발해 왔고, 튼튼한 기초연구의 저력 위에서 새로운 연구가 계속될 수 있도록 국가적으로 지원했다. 선진국은 개도국이 빨리 추격해 오지 못하도록 장하준의 표현대로 '사다리 걷어차기'를 하는 경향도 있다. 후발 국가로서 우리나라가 오늘날의 고부가가치 제품 수출을 통해 경제 대국이 된 것은 과학의 힘이었다.

오늘날 대한민국은 세계 경제 10대국 안에 들어갈 정도로 발전을 이뤄 낸 기적의 나라가 됐다. 이와 같이 경제 발전을 이끈 것은 과학기술 분야의 연구개발(R&D)덕분이다. 선진국과의 기술 전쟁은 날로 첨예화되고 있다. 오늘날의 발전이 있기까지의 초석을 놓은 사람들은 누구이고, R&D 정책이 어떻게 추진됐는가가 궁금하다.

행정학적으로 설명하기 위해, 대한민국의 과학기술 행정계에 한 획을 그은 인물로서 정근모(鄭根模) 박사 사례를 살펴보기로 한다. 정근모가 시작한 원자력 발전의 덕택으로 한국은 세계에서 21번째 원전 보유국이 됐다. 원자력은 세계적 학자들이 연구를 하면서 발달한 첨단 분야다.[1] 지속

---

[1] 원자력 연구로 노벨상을 받은 주요 수상자만도 5명이다.
  1. 앙리 베크렐, 피에르 퀴리, 마리 퀴리: 1903년에 자발적인 방사능을 발견해 노벨 물리학상을 받았다. 이들의 연구는 이후 원자핵 물리학 발전에 중요한 기초를 제공했다.
  2. 제임스 채드윅: 1935년에 중성자를 발견해 노벨상을 받았다. 그의 발견은 원자핵 구조를 이해하는 데 중요한 역할을 했다.
  3. 엔리코 페르미: 1938년에 중성자를 사용해 새로운 방사성 원소를 만들어 내어 노벨 물리학상을 받았다. 그의 연구는 원자력 에너지 연구의 기반이 됐다.
  4. 오토 한: 1944년에 거대한 원자핵의 핵분열을 발견해 노벨 화학상을 받았다. 이 발견은 원자력 발전과 핵무기 개발에 중요한 역할을 했다.
  5. 아게 보어, 벤 모텔손, 제임스 레인워터: 1975년에 원자핵의 집합적 상태에 대한 이론을 개발해 노벨 물리학상을 받았다. 이 연구는 원자핵 구조에 대한 이해를 크게 발전시켰다. 이들은 모두 원자력 연구에서 중요한 기여를 한 과학자다.

적인 원전 건설을 추진해 24기의 원전을 가동하고 전기를 생산해 발전량 기준 세계 6위의 원자력 발전을 갖고 있으며, 해외에 한국형 원전을 수주하는 나라가 됐다.

이러한 한국형 표준원전 사업을 진행할 당시의 시대적 맥락과, 그러한 맥락 속에서 사업을 진행하면서 정근모 박사가 어떠한 역할을 했는지와 이후의 파급 효과에 대해 살펴보고, 그의 성공에 대해 고찰하기로 한다. 특히 오늘날 우리나라의 막대한 산업 에너지가 필요한 상황에서 에너지 공급은 물론이고, 원전 수출로 이어지는 국가 경제의 특성을 볼 때, 그의 원자력에 관한 연구와 과학 인재 육성 과정에서 정치성과 전문성이라는 관점에서 보기로 한다.

II. 과학도의 행정 입문하기

1 선행 학습의 원조

정근모는 1939년에 서울 혜화초등학교 교장이었던 정인하의 아들로 태어났다. 1955년에 경기고등학교에 입학했지만, 1학년 때 대입검정고시를 통해 서울대학교 문리과대학에 차석으로 합격했다. 경기중학교에서 경기고등학교로 진학할 때 수석을 했고, 대입검정고시도 고등학교 1학년 재학 중 4개월 만에 합격한 것을 보면 우수한 두뇌를 가진 것으로 짐작된다. 이를 달리 보면, 학년 차보다 미리 진도를 나갔다는 점에서 오늘날 유행하는 '선행' 학습의 시초라고 할 수도 있을 것이다. 검정고시를 준비하는 데(당시에는 학원 제도가 발달하지 않았었다), 개인 과외를 했는지는 알 수 없다.

서울대학교 학부에서 물리학을 전공한 후, 서울대 행정대학원에서 1960년에 행정학 석사과정을 수료한다. 1963년에는 미국 미시간주립대학교에서 응용물리학 박사학위를 받았다. 그는 23세 때 박사학위를 받았는데, 한국의 55년 역사 동안 한국인 중에서 가장 어린 박사로 기록됐다.

학사 행정의 경직성이 어느 정도 완화된 오늘날에도 20대 젊은 박사가 나오기 쉽지 않지만, 그 당시에는 더욱 어려웠다. 고등학교를 졸업하지 않고 검정고시로 대학 진학을 해서 2년을 단축한 것도 큰 이유다. 어떻든 23세에 박사학위를 취득한 것은 지금이나 그때나 매우 이례적인 기록이다. 요컨대, 학업 기간을 단축했다는 사실 자체는 정근모가 머리가 좋은 사람이었고, 그 이후 경력에도 '최연소'라는 별명을 달고 다니게 한 이유가 된다.

〈 정근모 약력 〉

1955년 3월: 경기고등학교 입학
1955년 7월: 경기고등학교 1년 수료 조기 졸업
1959년: 서울대학교 물리학과 졸업
1960년: 서울대학교 행정대학원 석사과정 수료
1963년: 미시간주립대학교 이학박사
1964년~1966년: 프린스턴대학교 박사 후(Post-Doc) 과정
1994년: 미시간주립대학교 명예 공학박사
1995년: 미국 Polytechnic대학교 명예 공학박사

뉴욕공과대학(Polytechnic Institute of New York) 전기 및 핵물리학과 부교수
미국 국무부 국제개발처(AID) 자문위원
미국 과학재단 에너지 수석 심의관
미국 프린스턴대학, MIT 핵융합 연구원
한국과학기술원 부원장
한국전력기술주식회사(KOPEC) 사장
한국과학재단 이사장
과학기술처 장관
한국과학기술한림원 원장
호서대학교 총장
명지대학교 총장
IAEA 총회의장
IAEA 원자력안전자문위원
(사)서울특별시자원봉사센터 이사장
사랑의 집 짓기 HABITAT 한국이사장
미국공학한림원 회원
스웨덴공학한림원 회원

박사학위를 마친 젊은 정근모는 미국 사우스플로리다대학에서 최연소 교수로 부임해, 'boy professor'라는 별명이 붙게 된다. 그 후의 경력은 주로 대학교에서 연구하는 연구자로서 생활을 이어간다. 귀국 후에는 연구자로서의 경험을 바탕으로 후에 몇 개 대학의 총장으로서 행정가로 변신한다. 정근모는 단순히 행정만 아는 다른 총장과는 달리 연구에 대한 현장감을 확연히 갖고 학교 교육 체제를 잡아가는 혁신적 총장이라는 차별성을 갖는다.

정근모의 일생을 통해 흥미로운 것은 스스로 '과학행정가'라는 경력을 개척했다는 점이다. 어렸을 때부터 수재로서 고등학교 단계를 뛰어넘고, 대학에 들어온 이후에는 취업보다 학문의 꿈을 꾸게 된다. 당시로서는 생각하기 쉽지 않은 미국 유학에 도전한다. 특이한 것은 소위 이과생인데도 불구하고, 서울대 행정대학원에서 행정학 석사학위를 받은 점이다. 당시 서울대 행정대학원은 설립 초기로서 주로 문과 계열의 학부 출신이 진학하는 학교였다. 발전행정적 시각의 교육이 이뤄졌는데, 어쩌면 이것이 국가 정책에 대해 그의 관심을 끌게 한 계기가 됐을 것 같다.

❷ 순수 과학자인가, 과학기술 행정인인가?

정근모가 연구실에만 갇혀 순수하게 연구에만 몰입하는 연구자인가, 아니면 어떻게 국가 발전에 기여할 수 있는가를 고민하는 행정가 마인드를 지닌 인물이었는가는 생각해 볼 질문이다. 이 질문에 답하려면 물리학의 많은 분야 중에 왜 원자력 분야를 전공으로 택했는가와 언제부터 정책과 행정에 관심을 가졌는가를 살펴보는 것이 중요하다.

우선, 원자력공학은 지금도 최첨단 과학 분야 중의 하나인데, 하물며 국가적으로 최빈국이었던 시대에 어떻게 우리나라가 원자력에 관심을 갖게 됐는가가 궁금하다. 그것은 이승만 대통령의 개인적 관심이 결정적이었다. 이승만 대통령이 원자력에 관심을 두게 된 계기는 미국 회사의 접근이었다. 즉, 1958년 디트로이트 에디슨(Detroit Edison) 전력회사의 시슬러(Walker Lee Cisler) 회장이 한국을 방문해 이승만 대통령에게 원자력의 획기적 기술력과 그 중요성을 인식시킨 것이다. 이후 박정희 대통령도 문제의식을 가지고 지속적으로 노력한 결과, 정근모에 의해 20년 후 결실을 보게 된다.

디트로이트 에디슨 전력회사는 매년 한국 학생을 선발해 미국에서 원자력 연구를 하도록 지원한다. 외화가 부족하고 정부 예산이 매우 어려웠던 당시에, 장학금을 지원받는다는 것은 획기적인 정보였다. 시슬러 회장은 1인당 6천 달러의 비용이 드는 미국 유학 비용 절반인 3천 달러를 지원해 10년간 237명이나 유학을 시킨다. 당시 우리나라의 경제 상황으로 볼 때, 정근모는 장학금 기회 등의 요소를 고려해 전공을 택했을 것이다. 그는 미국의 박사과정에 유학해 미시간대학교에서 1963년 응용물리 박사학위를 받는다. 그 후 남플로리다대학교 조교수, 매사추세츠공과대학(MIT) 핵공학과 연구교수를 거쳐, 뉴욕공대 전기물리학과에서 교육과 연구를 한 과학자였다.

여기서 특이한 것은 MIT에서 연구하던 시절 그는 하버드 행정대학원(현 케네디스쿨)이 운영하던 과학기술 정책 과정을 밟았다는 점이다. 하버드대학원의 이 과정을 수료하며 쓴 소논문이 훗날 한국과학원 설립의 초석이 된 "후진국에서의 두뇌 유출을 막는 정책 수단"에 관한 것이었다. 핵융합 분야를 중심으로 당시 과학자들이 미국에 잔류하는 원인과 후진국이 인재를 붙잡아 두려는 방안에 대해 다룬, 과학기술 인력 정책에 관한 것이었다. 정근모의 서울대 행정대학원 수료와 하버드 행정대학원 논문을 볼 때, 이미 이 시기에 국가 정책에 관한 관심을 두고, 과학입국(科學立國)의 뜻을 세운 것으로 보인다.

교수로서 원자력에 관해 연구하던 정근모 박사는 1971년 당시 김기형 과학기술처 장관의 권유로 귀국한다. 1971년 한국과학원(KIST) 부원장으로 임명된다. 이때부터 순수 과학자로서 연구에 전념하기보다는 학교 행정과 교육에 에너지를 쏟는다. 그 후, 여러 대학교에서 총장 역할을 맡아 과학 분야 연구 진흥을 하는 역할을 했다.

이러한 학교 행정의 경험을 축적한 정근모 박사가 드디어 우리나라 과학기술 정책과 행정을 책임지는 자리에 부름을 받는다. 1990년 그의 전문성을 인정한 노태우 대통령이 과학기술처 장관으로 임명한 것이다. 그의 나이 51세에 과기처 장관이 됐지만 8개월이란 단기간만 재직한다. 하지만, 1994년에 김영삼 대통령 시기에 과학기술처 장관에 다시 임명돼 2년간 재직한다.

과학기술처는 1967년 3월 30일 발족해 1998년 2월 27일 과학기술부로 개편될 때까지 정부 내에서 힘이 센 부처는 아니었다. 처는 국무총리의 참모기관으로서 집행권이 있는 계선기관인 부에 비해 권력이 낮았다(조석준·임도빈, 2019). 전통적인 행정을 담당하는 부처가 중요한 시기에 새로운 분야로서 과학기술 분야가 정부의 어젠다로 들어오고, 이를 위한 기관 형성(institution building)을 하던 시기였다.

특히, 새로운 에너지원이 필요했던 시기에 박정희 대통령은 원자력에 관심을 가졌다. 과학기술처 산하에 원자력의 연구·개발·생산·이용 관리 등을 관장하는 원자력청(原子力廳)을 1967년 3월 30일 신설했다가 1973년 1월 15일 청이 폐지되는 것이 당시 이 분야를 서둘러 개발하려고 했던 박정희 대통령의 마음을 읽을 수 있는 부분이다. 즉, 이 시기에 정부는 실제로 원자력발전소를 외국의 힘을 빌려 지으려고 서둘렀다. 1971년 11월에 부산광역시 기장군 장안읍 고리 및 효암리, 울산광역시 울주군 서생면 신암리 일대에 최초로 착공돼 1977년에 완공된 고리원자력발전소가 이렇게 건설된 발전소다. 1978년 4월에 상업 운전을 시작한 고리 1호기는 대한민국 최초의 상업용 원자로다.

핵은 위험성을 내재하기 때문에 아직도 많은 나라에서 경계하는 에너지다. 국가의 안전성을 중시하는 사람이라면 원자력 발전은 과학계가 선도해서 그 위험 요소를 제거해야 비로소 그 쓰임새가 커진다는 점을 인정한다. 핵폭탄으로 피해를 본 제2차 세계대전 이후, 핵의 평화적 이용에 대해서는 과학자들의 연구가 절대적일 수밖에 없었다.

선진국들이 극도로 기술 이전을 꺼리는 핵연료 개발을 우리나라가 하기 위해서는 정근모와 같은 소수 국내 학자들이 중요했다. 원자력 발전 기술의 국산화를 위해 노력을 시작한 것은 1976년이다. 원자력발전소에 사용할 핵연료를 국산화하기 위해서 1976년 12월 1일 대덕연구단지 내에 들어선 한국핵연료개발공단(초대 소장 주재양 박사)의 출범이 시발점이다.

원자력 문제는 과학자의 순수 연구로 되는 것이 아니고, 선진국 특히 미국과의 관계에서 풀어야 하는 정치적 관계가 매우 중요한 분야다. 1977년부터 1981년 사이 4년간은 원자력 연구 사업에 관한 한국과 미국 정부 사이에 갈등이 있던 시기였다. 카터 대통령이 한국의 핵 개발에 대해 경계심을 가진 것으로 추측되지만, 그 구체적 내용은 아직 비밀에 머물고 있다. 박정희 대통령의 사망(1979년) 후 쿠데타로 등장한 전두환 대통령은 이를 의식해서인지 1981년 1월에 '한국원자력연구소'라는 간판을 내리고 '한국에너지연구소'로 이름을 바꾼다. 즉, 서울의 원자력연구소는 폐쇄하고 대덕의 핵공단 자리로 통폐합해 원자력이란 명칭이 사라진 에너지연구소로 명칭을 바꾼 것이다(한국연구재단, 2011: 58).

후쿠시마 재난을 가져온 원전은 오늘날에도 안전성의 문제가 있기에 여야가 첨예하게 대립하는 사안이다. 석유 자원의 고갈과 저렴한 비용 때문에 많은 나라에서 사용하는 원자력 발전은 기술적으로 어떻게 안전성을 극대화하느냐의 문제가 있는 자원이다. 미국, 프랑스, 캐나다 등 원자력 선진국에서 기술적 표준형을 만드는 경쟁을 하는 분야다. 한국형 표준 원전 사업은 이들 국가가 서로 기술적 비밀을 유지하는 가운데 기술 불모지였던 한국에서 이뤄낸 성공 사례다. '한국형 표준 원자력 발전'은 정근모가 열정을 가지고 미래를 위해 노력한 결과다.

당시 공업화를 통한 산업 진흥과 수출 증대에 급급한 상황에서, 에너지는 매우 중요한 산업이었다. 연구개발(R&D)의 중요성에 눈을 뜨는 시기에, 정근모는 국가 주도의 과학기술 발전에 관한 종합계획을 세우고 이를 조정하는 과학기술처의 수장으로서 결정적 역할을 수행한다. '처'는 국무총리 직속기관으로 교육부, 산업부 등 과학기술 분야 집행 기능을 가진 여러 부처 간의 사무를 조정하는 컨트롤 타워 역할을 하는 조직이었다. 미국 대학과 연구소에서의 경험을 바탕으로 과학기술처 장관과 과학기술정보통신부 장관 재직 시 우리나라 과학기술의 발전을 이끄는 중추적 역할을 한다.

III. 원자력에 주목하다

1 미국의 기술 독점주의

원자력의 에너지화는 다른 과학 발달사와는 달리 정치적인 요인이 결정적이었다. 즉, 과학자들의 자연스러운 탐구 의욕에 의해 이뤄진 것이 아닌 정치가 개입한 것으로, 과학과 권력 간의 관계를 이해하는 데 좋은 사례다.

권력의 개입인 맨해튼 계획(Manhattan Project)은 1942년부터 1946년까지 미국이 주도하고, 영국·캐나다 자치령이 참여한 핵무기 개발계획에서 비롯된다. 극비로 진행된 이 프로젝트에 따라 미국은 세계 최초로 핵분열 반응을 이용한 원자폭탄을 개발하는 데 성공한다. 1939년 8월 물리학자 실라르드(Leo Szilard)는 독일보다 먼저 폭탄을 개발해야 한다는 내용을 담은 편지에 아인슈타인(Albert Einstein)의 서명을 받아 미국 루스벨트(Franklin D. Roosevelt) 대통령에게 보낸다. 아인슈타인은 직접 참여하지 않았지만, 자신의 이론을 사용하도록 서명하는 방식으로 참여했고, 당대 미국의 저명한 물리학자인 오펜하이머(Julius R. Oppenheimer), 보어(Niels H. D. Bohr), 페르미(Enrico Fermi), 폰 노이만(John von Neumann), 파인만(Richard P. Feynman), 애그뉴(Harold M. Agnew) 등이 차출됐다. 20억 달러의 예산과 약 13만 명이 동원된 대규모 프로젝트였다. 단순한 과학실험이 아닌, 미국 전쟁부(현 국방부)가 실전에 사용할 대량 살상무기를 제작하는 군사작전이었다는 점에서 여기에 참여한 과학자들이 윤리적으로 많이 고민하게 한 프로젝트였다. 제2차 세계대전을 끝내기 위해 일본 히로시마에 이들이 개발한 원자폭탄이 투하되면서, 더욱 인도주의적 측면에서 비난을 받게 된다.

　원자폭탄 투하로 제2차 세계대전을 승전으로 이끈 미국은 1953년 아이젠하워(Dwight D. Eisenhower) 대통령이 주도해 신설한 국제원자력기구(IAEA)를 통해 국제적으로 원자력 개발을 강력히 통제하는 전략을 구사한다. 다른 한편으로는 미국 정부에 원자력위원회를 발족시켜 원자력의 안전한 이용에 관해서도 연구하고, 새로운 에너지로서의 개발을 선도하게 한다.

　에너지원으로서의 원자력 발전에 관해서도 관심을 갖게 된 결정적 원인은 중동의 석유 정치 때문이다. 휘발유를 사용하는 자동차의 급증, 그리고 많은 공업제품이 석유로부터 나오게 되자, 원유의 확보는 산업 발전에 핵심적인 요인이 됐다. 산업화와 경제 발전을 위해서는 석유 확보가 관건이 된 것이다. 그러나 중동지역에 대형 유전이 집중돼 있고, 이들 산유국은 석유수출국기구(Organization of the Petroleum Exporting Countries: OPEC)를 통해 석유 생산을 조절함으로써 점차 자신의 목소리를 내기 시작했다.[2] 즉, 석유 자원을 가지고 중동 국가들이 담합해 생산량을 줄이는 정치적 게임으로 전 세계의 경제가 위협받는 일이 생기기 시작한다.

전 세계는 1980년 제2차 석유 파동을 겪는다. 수출 주도형 고도 경제 성장을 하고 있던 우리나라도 타격이 컸다. 세계 경제 대국으로서 미국은 석유 의존도를 줄이려고 당시 카터(James E. Carter, Jr.) 정부가 원자력 개발을 서둘렀다.

서구는 석유 자원을 대체할 수 있는 에너지로서 원자력 발전에 총력을 기울이게 된다. 핵폭탄의 핵분열 속도를 조절해서 발생하는 열을 이용해 증기발전기를 돌려 전기를 생산하는 방법을 개발하는 데 서로 경쟁하게 된다. 특히 석유를 가장 많이 사용하는 미국은 안정된 대체에너지의 확보가 국가 경제를 좌우하기 때문에 더욱 치열하게 경쟁에 뛰어든다. 미국의 웨스팅하우스, 제너럴일렉트릭(GE), 밥콕앤윌콕스(B&W), 컴버스천엔지니어링(CE) 등 발전설비 공급업체들이 미국의 원자력발전소 모델의 개발에 성공한다.

---

[2] 서구의 열강들은 이미 1916년 사이크스-피코(Sykes-Picot) 밀약, 1917년 밸푸어(Balfour) 선언 등에서 볼 수 있는 바와 같이 중동지역을 자의적으로 분열시키는 작업으로 했고, 반서구적 감정의 씨앗을 뿌려 놓은 상태였다(임도빈, 2025b: 476).

그러나, 위험한 핵발전의 기술 수준은 완벽하다고 보기에는 거리가 있었다. 예컨대 1979년 3월, 펜실베이니아주 스리마일섬(Three Miles Islands)에 있는 원전에 원자로 내 핵연료봉 냉각수가 부족해 노심이 녹아서 사고가 발생한다. B&W사가 건설해 운전한 지 1년이 되지 않았던 원전 사고는 방사성 물질은 거의 유출되지 않았다고 보고됐으나 미국 사회가 겪은 충격은 작지 않았다.

❷ 원자력 지식에 목마른 사람들

한국에서 원자력 관련 초기 논의는 정부보다는 해당 분야를 연구하는 학자들이 주도한다. 이승만 대통령이 관심을 갖기는 했지만, 원자력 발전에 대한 정책 형성 과정도 학자들이 주도하는 형태를 띤다. 발전국가 모델에서 많은 정책 형성이 관료가 주도하는 내부주도형인데 비해, 유독 원자력 정책은 외부주도형으로 작동된다.

서울대 물리학과 윤세원 교수 등 일부 학자들이 의기투합해 문교부 내에 스터디그룹을 만들어 주기적으로 만나 공부했다. 연구의 내용을 정책으로 전환하기 위해, 천신만고 끝에 윤세원 교수를 과장으로 하는 1956년 3월에 문교부에 원자력과가 설치되도록 노력한다(한국연구재단, 2011: 16-17). 이승만 대통령 시기에 기아 문제도 해결하지 못한 상태인데도, 정부조직에 시대에 앞서 가는 과조직을 만든 것이다. 그러나 과 직원도 충원하지 못하는 초라한 수준이었다.

학자들은 더 나아가 대학에 학과를 설치하는데 인하대가 제일 먼저 시도하고, 그다음 한양대가 시도하나, 학생 모집이 안 돼서 무산되다시피

한다. 그러나 서울대에 원자력공학과가 1959년에 설치되자 학생들이 많이 지원한다. 서울대의 학과 설치는 먹고 살기도 힘든 당시로서는 졸업생 취업이 안 되기 때문에 의외다. 그 시대에도 명문 서울대면 일단 합격하자는 입시 열병이 있었던 것 같다. 더 나아가서 약간 자율성을 가진 조직으로서 한국원자력원을 1958년에 설치하고, 1959년에는 서울대 공대 자리에 원자력연구소가 개소된다. 초기에는 연구소장이었던 한필선 박사가 큰 역할을 한다.

한국 정부는 경제개발계획 5개년계획이 하나하나 결실을 맺는 것을 보며 산업화를 위해서는 에너지원이 필요하다는 것을 인식하게 된다. 이에, 국민 생활과 산업 발전에 필요한 전력으로서 원자력 발전을 눈여겨보고 1968년 원자력발전소 건설을 결정한다. 그러나 미국은 원자력발전소에서 핵연료를 농축해 원자폭탄을 만드는 것이 매우 쉽다고 보고, 기술 이전 등에 매우 민감한 태도를 보였다. 미국은 1974년 한·미 원자력협정을 통해 한국의 원전 개발을 미국의 승인과 엄격한 관리하에서만 이뤄지도록 하고, 국제원자력기구(IAEA) 등을 통해 매우 엄격한 통제를 받게 한다. 결과적으로 미국 원전 회사들이 건설을 지연시키는 등 여러 문제로 인해 지체된다. 여기에는 상술한 미국 정부와 미국 원전 회사들의 복잡한 계산이 있었던 것 같다. 즉, 미국의 원전 회사들은 한국을 진출 대상으로 보기는 했지만, 모든 기술 발전이 그렇듯이 한국에 원전 기술을 이전하려고 하지 않았을 뿐만 아니라 원전 건설 자체를 반대하는 입장이었던 것이다.

미국의 기술 보호주의에 맞서서, 박정희는 캐나다와 프랑스의 문을 두드린다. 프랑스도 기술 이전에는 소극적이었으나, 1960년대 당시 프랑스는 국제 무대에서 지금보다 비교적 목소리가 컸으므로, 박정희 대통령은 이 경쟁심을 활용해 프랑스의 협조를 얻게 된다.[3] 마침내 1978년 4월 29일 시험 가동해 고리 1호기가 한국전력에 정식으로 인수된다(한국연구재단, 2011: 38).

한국은 프랑스와 1981년 한·프 원자력 협력 협정을 체결해, 기술 이전 등 협력을 한다. 그리고 1981년부터 2년마다 한·불 원자력공동위원회(Korea-France Joint Coordinating Committee on Nuclear Energy: JCCNE)를 개최하고 있다. 지금은 중동, 동유럽 국가의 원전 건설 입장에서 프랑스가 우리의 강력한 라이벌이 됐다.

❸ 원자력과 과학기술 강국의 꿈

미국은 우리나라와 같이 개발도상국이면서 북한과 접경해 있는 나라에 기술 이전하기를 꺼렸고, 심지어 감시를 빌미로 원자력 관련 한국의 기술 발전을 통제하려는 자세를 견지하고 있다. 이런 맥락에서 볼 때 한국이 원전 에너지를 통한 경제 발전에 만족하지 않고 과학기술 강국이 된 것에 기여한 정근모와 같은 미래 지향적 과학행정가의 역할을 재조명해야 한다. 다른 시각에서 보면, 정근모 박사의 적극적 역할은 미국의 기술 보호주의 때문이었다고 할 수 있다.

정근모가 한국이 원자력 발전 국가로 발돋움하도록 결정적이고 직접적

---

[3] 박정희 대통령이 원전 개발 등 미국의 뜻에 어긋나는 정책을 고집했기 때문에, 미국은 1979년 당시 중앙정보부 부장이었던 김재규가 박 대통령을 시해하는 데 직접 혹은 간접적으로 영향을 미쳤다는 소문이 있었다. 이는 국가의 극비작전이기 때문에 확인하기 어려운 추측에 불과하다.

으로 기여한 것은 한국전력기술주식회사의 사장으로서 한 역할이다. 오늘날 사용되는 KSNP-OPR-APR로 발전하게 되는 '한국형 원전 표준설계사업'을 주도적으로 추진했다. 그의 이러한 노력의 결과로서 12개의 OPR1000 원전이 오늘날 우리나라 원자력 발전사업의 주축이 됐다.

정근모는 원자력 분야에서 월등히 앞서 있는 미국에 압도되지 않고 자체 기술을 개발해 원전 수출국으로 발전할 야망을 품게 했으며, 이를 위해 실무적인 자리에서 구체적인 준비를 한 것이다. 1989년 국제원자력기구(IAEA)의 총회 의장직을 수행한 정근모는 의장으로서 핵의 안전성이 과학적으로 담보되지 않는 상황에서 가장 중요한 것이 원자력 발전의 '위험 거버넌스'인 것을 인식하고 이를 구축하는 데 앞장섰다.[4]

정근모는 끊임없이 원자력 발전과 과학 인재 육성을 위해 노력한다. 1990년대에는 주로 한국핵융합연구시설(KSTAR)의 설립에 집중했다. 그 이후에도 2009년 이후 현재까지 한국전력공사 고문으로서, 아랍에미리트 원전사업을 기획해 2023년 원전 수출의 결실을 본다. 또한 한국수력원자력공사 내에 사내 대학으로서 한전국제원자력대학원대학교를 설립하는 데 앞장섬으로써, 국제적으로 원자력 관련 인력을 양성하는 데도 게을리하지 않았다.

---

[4] 고위험시설인 원자력발전소는 정부의 강력한 통제하에 있게 하는 거버넌스 체제가 중요하다. 우리나라는 국무총리 산하이지만 국무위원급이 장관으로 임명되는 과학기술처라는 형태로 1986년까지 지속되는 통제 체제가 이뤄진다. 소위 유신헌법 개정이 이뤄진 이후인 1973년 2월 원자력청을 폐지해 과학기술처의 원자력국으로 축소, 개편했다. 그 후 과학기술처는 1979년 3월 원자력국을 원자력개발국과 원자력안전국으로 분리하고 1981년 11월 다시 원자력 관계 2국을 원자력국으로 통합한다. 1991년 4월 원자력국 및 안전심사관을 통합해 원자력실로 개편한다.

Ⅳ. 한국형 원전 개발 과정: 성공과 실패

1 원자력 기술 자립과 김재익

 정근모가 원전 설계의 표준화가 매우 중요하다고 인식한 것은 미국과학재단(NSF)에서 수행한 연구 보고서 때문인 것으로 보인다. 이 보고서는 1979년 발생한 스리마일섬 원자력발전소 사고 원인을 분석하고 대응 정책에 관한 것으로서 원전의 건설과 운전을 포함한 모든 것의 설계에서 엄격하게 관리돼야 함을 지적한 것이다.
 프랑스의 도움으로 기술 부족을 극복하고 겨우 가동하기 시작한 고리 1호기 원전을 염두에 둔 정근모는 원전과 같이 고도의 위험성이 있는 기술은 기술 자립이 중요하다는 것을 뼈저리게 깨닫는다. 특히 한국과 같은 개발도상국이 원자력을 안전하게 사용하려면 원전의 '설계'가 매우 중요함을 주장하기 시작했다. 즉, 설계부터 운영, 사후관리까지 안전성을 담보하는 것을 목표로 정책을 추진해야 함을 주장한 것이다. 기술 자립을 통한 한국형 표준원전의 건설은 1985년에 달성하기로 목표가 설정된다.
 과거나 지금이나 단순히 연구자 또는 학자가 정부 차원의 정책을 직접적으로 주도하기란 불가능하다. 처음 정근모가 원전 개발을 추진하던 시기에는 대통령실 김재익 경제수석이 가장 큰 지원자였던 것 같다. 거꾸로 정근모가 김재익이 앞서 가는 비전을 가지고 국가 경제 개발 정책을 지휘하는 데 기여했다고 볼 수도 있다.[5]

---

5) 안타깝게도 김재익은 1983년 아웅산 묘소 폭탄 테러 사건 때 순직한다.

정근모는 나중에 성결교 장로가 될 정도로 독실한 개신교 신자였고, 김재익은 가톨릭 신자였다. 정근모는 김재익을 가톨릭에서 개신교로 개종하게 하고 싶었으나 계속 미뤄서 말도 꺼내지 못했다. 외국 출장 등에서 두 사람은 여러 번 만났지만, 국가 정책에 관한 얘기를 나누는 데 집중하느라 개신교로 개종하는 이야기를 꺼내지 못한 것을 무척 아쉬워했다.

권위주의적 정권에서 원자력 같은 사업을 추진할 때 대통령의 지지를 받는 것은 절대적인 조건이며 유일한 조건이라고도 할 수 있다. 국가 경제에 대한 바른 비전이 있던 김재익이 미래의 엄청난 에너지 수요에 대비해 원전을 기적의 해결책이라고 믿고 추진한 것이 결정적이었다. 이러한 목표 의식하에 정근모 박사는 한국전력기술회사(KOPEC) 사장직을 맡아 연구개발사업을 직접 진두지휘한다. 이때 그의 인맥으로 코넬대 STS(Science and Technology Studies)연구소, 한국과학원 STS 연구실과 긴밀한 협조를 하게 된다. 인적 네트워크가 원자력 분야 기술 자립의 주요인이었다.

원자력발전소의 핵심 기술은 핵연료봉을 비롯한 핵심과 그 주변 계통 설계에 있다. 영광 3, 4호기 건설을 통해 많은 진전이 있었으며, 울진 3호기가 최초의 한국형 표준원전이라고 할 수 있다. 원자력발전소 종합설계(A/E)를 통해 기술 자립을 이루자는 계획은 KOPEC이 1987년 4월 9일 한국전력과 1,000MW급 가압경수로인 영광 원자력 3·4호기 종합설계 주계약을 체결함으로써 본궤도에 오르게 됐다(한국연구재단, 2011: 110).

정근모는 한국전력기술회사(KEPCO) 사장으로서 한국형 표준원전 사업을 직접 추진해 왔으며, 과학기술처 장관을 두 번 맡으면서도 계속 추진한다. 한국형 원자력발전소는 1995년 3월 31일 한빛 3호기의 첫 상업 운전으로 이어졌다. 이후 25기가 국내에 안전하게 건설됐으며, 추가로 3기가 건설 중이다.

원자력발전소는 이제 탈석탄 발전이란 세계적 추세에서 국내 전기에너지를 생산하는 주공급원이 됐다. 2018년에는 APR-1400 설계 모델의 표준 설계 승인서가 미국 원자력규제위원회(NRC)에서 본심사를 통과하는 쾌거를 이뤘다. 이는 한국의 원전 기술이 국제적으로 안전성을 인정받았음을 의미한다. 한국은 아랍에미리트(UAE) 바라카 원자력발전소에 4기를 수출한 것을 시작으로 체코, 헝가리, 이집트 등 여러 나라에 수출을 추진하고 있다.

과학자로서 정근모는 여러 공직을 거치면서 평생 원자력의 안전성을 강조하며, 설계 표준화를 통한 건설과 운영에 지속적 노력을 했다. 이러한 노력은 국민의 안전감을 넘어 세계적인 인정을 받는 기술로 이어졌으며, 석유 시대를 지나 새로운 도약을 꿈꾸는 아랍 제국에 원전 수출을 하는 등 전 세계에 한국의 원자력 기술의 긍정적 영향을 미치는 결과를 만들었다. 기술력과 경제성을 바탕으로 미국, 프랑스와 같은 원전 선진국과 해외 수주 경쟁에서 이기고 있다.[6]

과학기술처 장관으로서 정근모는 한국형 원전 개발은 물론이고, 과학기술의 중요성을 설득해 지속적으로 연구개발(R&D) 예산을 늘리는 역할을 한다. 즉, 국민적 설득을 하는 데 앞장서고, 과학기술인을 조직화함으로써 전문가로서 한국 사회에 자리매김하는 역할을 한다. 과학자들이 흩어져 연구만 하는 것이 아니라 일종의 정치적인 압력을 가할 수 있는 단체화하는 방향으로 진화하는 사회적 분위기를 조성한 것이다.

---

6) 원전 수출 관련 정보는 https://www.k-neiss.org/main.do 참조.

❷ 장관으로서 실패?

정치행정일원의 시각에서 볼 때, 행정가 장관으로서 정근모는 충분한 정치적 리더십을 발휘한 것 같지는 않다. 민주성을 가미해 적절하게 합의를 끌어내는 오늘날의 거버넌스적 정치력 면에서는 좀 서투르지 않았나 생각된다. 물론 권위주의적 행정문화에 있던 군부정권 때임을 감안해야 한다.

원전은 안전하게 발전하는 것도 문제이지만, 방사능폐기물을 어떻게 처리하느냐도 커다란 문제다. 정근모는 원전 사업을 추진하는 데 꼭 필요한 것은 핵처리시설 및 핵폐기장임을 인식하고 있었다. 방사성 폐기물은 원자력 발전 과정에서 핵반응을 일으키고 난 뒤의 부산물로서, 이를 안전하게 처리할 시설이 반드시 필요하다.

정근모(1990년 3월 19일~11월 9일 12대 과기처 장관 재임)가 장관에 취임한 지 몇 달 안 된 1990년 11월 3일, 정부가 충청남도 안면도에서 비밀리에 진행한 저준위 핵폐기물 처리장 부지 조사가 공개되면서 사건이 커진다. 이 지역에 핵폐기물 영구 보존 시설이 건설될 계획이 언론에 알려지자, 주민들과 환경단체는 즉각 반발한다. 어린 학생들은 등교 거부, 상인들은 상가 철시, 이장들은 집단 사표와 같은 저항운동에 들어갔고, 11월 8일, 안면도 주민 1만 7천 명 중 1만 5천 명이 참여하는 대규모 집회가 열렸다. 데모를 저지하려는 경찰과 주민 간 물리적 충돌도 발생했다. 그날 저녁 정근모 장관은 주민 동의 없이는 사업을 추진하지 않겠다고 밝힌다. 결국 안면도는 지질적으로 부적합한 것으로 판명돼 이 프로젝트는 중단됐다. 이에 대한 책임으로, 정근모 과학기술처 장관은 11월 9일 사임한다. 일종의 정치적 희생양이었다고 볼 수도 있을 것이다. 이는 1987년 민주화운동이 정점을 찍은 시기의 맥락 속에서 이해해야 한다.

정부는 이후에도 안면도를 핵폐기물 처리장 후보로 지정해 놓고 주민 대상 각종 설명회와 대덕연구단지 견학을 추진했다. 그런데 주민 중심으로 구성했던 핵폐기장 유치추진위원회 중 일부가 정부로부터 돈을 받았다는 양심선언을 하면서, 반대 활동에 다시 불이 붙었다. 1993년 3월 당시 과학기술처 장관이 안면도 계획의 백지화를 발표하면서 이 문제는 일단 마무리된 듯했다.

사실 정부는 아무리 주민들의 반대가 많아도 이미 가동 중인 핵발전소에서 나오는 핵폐기물 처리장이 절대적으로 필요했다. 여러 부지를 놓고 고심 중이었던 정부는 1990년 초 굴업도를 후보지로 올렸다. 첫째, 지질 구조가 단단해서 안전하고, 둘째, 수심이 깊어 항만을 짓기 용이하며, 셋째, 주민 수가 적을 것이라는 기준을 내세우며 후보지로 선정했다고 발표했다. 그런데 1991년도에 정부에서 지질조사 이후, 첫 번째 요인이 만족하지 않아 부적격지로 건설 후보지로의 검토가 전면 백지화된 바 있다.

핵폐기물장이 시급한 정부는 부지 선정 기준으로서 과학적 입지 조건을 우선시한 것이 아닌, 주민들의 저항을 최소화하기 위해 단 9가구만이 거주하는 지역으로서 다시 굴업도를 선정한 것이었다. 1994년 12월 15일 서해 인천 앞바다에 있는 굴업도에 핵폐기물 처리장을 지을 것이라는 보도가 나온다. 1994년 11월 17일 덕적도에 500억 원을 투자하겠다고 발표하고, 11월 22일 정부가 공식 확정 발표하는 등 1주일 동안 전광석화로 핵폐기물 처리장 문제를 매듭지으려고 했다.

오랜 민주화 투쟁의 상징인 김영삼이 대통령이 돼, 우리나라는 과거 군부정권의 권위주의적 행정을 개혁해 민주행정을 도입하는 바람이 불고 있었다. 그럼에도 불구하고, 핵발전의 중요성과 시급성을 고려해, 굴업도로 강행하고자 한 것이다. 즉, 정부는 정책에 대한 순응을 위해 주민 설득을 우선시한 것이 아니라 단지 주민들을 대의를 위한 희생양으로 여긴 것이다. 그러나 굴업도 인근의 인구가 많은 덕적도 주민 등과 환경단체들이 인천항만 등에서 대대적으로 반대운동을 전개한다.

이러한 맥락에서 핵발전의 전문가인 정근모가 다시 제15대 과학기술처 장관으로 1994년 12월 24일 임명된다(1996년 8월 7일까지 재임). 전문가 장관을 통해 이 난제를 해결해 보겠다는 것이 김영삼 대통령의 마음이었을 것이다.

그런데, 1995년 10월 7일 핵폐기물 저장소 부지 특성조사를 수행 중이던 한국자원연구소가 새로운 사실을 발견한다. 그동안 조사한 자료를 면밀히 판독하던 중 굴업도 주변 반경 3km 이내 해저에서 두 조의 활성단층의 존재 가능성을 발견한 것이다. 첫 번째 과학기술처 장관에서 물러난 후, 다시 불림을 받은 정근모 장관은 깊은 고민에 빠지게 된다. 결국 이미 최종 후보지로 결정된 옹진군 굴업도의 핵폐기장 부지 선정을 1995년 11월 30일 발표 이후 11개월 만에 취소한다. 이는 지질연구소의 면밀한 과학적 조사 결과 활성단층이 발견됐기 때문이라는 이유에서다. 주민들의 반대에 과학적 증거를 기반으로 정책결정을 한 것이다.

안면도 핵폐기물 부지 선정 사업이 실패하고 그 후에 굴업도까지 실패한 것은 민주화돼 가는 당시에 과거의 행정 방식을 고수한 대가였다. 이러한 실패를 통해 부안군 및 경주 방폐장 부지 선정 사업에서 과학적 지질조사 결과를 최우선으로 고려하는 데 큰 영향을 미쳤다.

정근모가 한국형 표준원전 개발사업을 성공적으로 추진한 업적은 크게 인정받고 있다. 그러나 핵폐기물처리장 선정 과정에서는 실패한 행정인이라고 할 수 있다. 당시의 정치문화로 볼 때 이를 전적으로 개인의 리더십 부재로 치부할 수는 없을 것이다. 그러나 굴업도 계획 백지화 사례를 통해, 결과적으로 합리적인 정책결정 과정을 과학기술 분야에 도입한 인물로 평가할 수 있다.

V. 한국 과학기술 정책과 행정 체제의 형성

정근모는 원전 이외에도 우리나라 과학기술 정책 발전과 연구 체제 발전에 획기적 공헌을 한 인물이다. 과학기술처 장관으로 두 번(제12대, 제15대) 역임하면서 국가가 필요한 연구조직 체계를 확립하는 데 크게 기여한다. 오늘날 모든 과학기술 분야가 골고루 발전하게 된 것은 이때 국가 차원에서 연구 체제를 세웠기 때문이기도 하다.

1 과학연구기관의 설계: 카이스트(KAIST)

과학기술 분야는 부처 차원에서 정책 방향을 정하는 것도 중요하지만, 실제 연구를 수행하는 일선 연구소가 중요하다. 과학기술 분야 국책연구소의 시초는 1958년 「원자력기본법」에 따라 1959년 2월 3일 출범한 원자력연구소인데 초기에는 정부 법적으로는 정부의 행정조직이었다.[7]

---

[7] 1973년 2월 17일 원자력연구소, 방사선의학연구소, 방사선농학연구소를 통합해 한국원자력연구소(정부출연연구소)가 출범한다.

최초의 국책연구소 역사는 박정희 대통령과 최형섭 박사와의 관계에서 시작된다. 최형섭 박사는 미국에서 금속공학으로 박사학위를 받고, 서울대 교수를 한 학자였다. 박사 후 귀국했다가 다시 캐나다에 가서 연구했는데 그때의 실험연구 경험을 토대로 『대한화학회지』에 논문을 실었고 박정희 대통령이 이를 읽고는 자문받곤 했다.

박 대통령은 최형섭 박사를 1966년 2월 한국과학기술연구소(KIST) 소장에 임명해 국가적인 차원에서 연구개발을 추진하는 일에 앞장서게 한다. 당시로는 좀 이례적이었지만, 학자가 행정기관의 공무원(행정인)이 된 것이다. 최형섭 박사를 시점으로 과학기술 행정의 계보가 시작된다. 최형섭 박사에 이어 네 번의 국회의원을 하고 과기처 장관을 한 이상희 박사가 갖춘 체계를 계승 발전시키는 것으로 역할한다. 이 대열에 정근모가 합류한다. 즉, 국가적 차원의 과학 인재 육성은 최형섭-이상희-정근모 3인의 릴레이식 기여로 오늘날 국가 연구 지원 체계가 형성되기 시작한다.[8]

정근모 박사의 업적을 이해하기 위해서는 최형섭의 'KIST 모델'을 먼저 이해해야 한다. KIST 모델은 이전 시기에는 존재하지 않았던 한국 과학기술 연구개발의 "지속 가능한 체계"를 만들었다는 의미가 있다. 최형섭 원장은 KIST가 예컨대 미국의 BTL(Bell Telephone Laboratories)과는 달리 한국의 산업 전반에 걸쳐 연구 범위를 넓혀야 하고, 특정 기업을 위해 일하는 BMI(Battelle Memorial Institute)나 SRI(Stanford Research Institute) 및 랜드연구소(RAND Corp)와도 달리 국가 발전에 대한 책임의 일익을 담

---

8) 최형섭 박사는 한국과학기술연구소 소장에 부임한 5년 뒤인 1971년에 제2대 과학기술처 장관으로 임명된다. 그는 7년 6개월간 과학기술처 장관에 재직해서 우리나라 최장수 장관이 됐다. 즉, 우리나라 과학기술 정책의 초석을 놓은 인물로 볼 수 있다.

당해야 한다고 생각했다.

이를 위해 우수한 연구원을 외국에서 유치해야 하고, 그를 위해서는 연구원의 신분적 안정성을 확보하고, 경제적 대우를 파격적으로 해야 한다고 생각했다. 예를 들어 당시 국립대 교수 급여의 약 3배 이상의 보수와 거주할 서구식 아파트를 제공했다. 그리고, 연구 인력이 자녀 교육 때문에 고민하지 않게 하려고 대학까지 장학금을 지급하도록 했으며, (의료보험이 없던 한국에서) 미국 보험회사와 계약을 체결해 연구원 전 가족에게 건강보험을 제공하는 등 파격적 대우를 해 줬다. 최형섭 장관의 이러한 외국 기준으로 볼 때 필수적인 최소한의 유인 제공은 외국에서 활동하던 한인 학자들을 귀국시키는 데 도움이 됐다.

이상이 최형섭 박사의 과학한국을 이룬 한국과학기술연구소(KIST) 모델 설립에 관한 기여라고 한다면, 정근모 박사는 한국과학기술대학(KAIST)의 설립과 정착 과정에 지대한 기여를 한다.

우선 정부는 단순히 연구만 하는 연구소에 그치지 않고 후학 양성이 필요하다는 문제의식하에 1971년 한국과학원(KAIS)이라는 이름의 대학원을 서울 홍릉수목원 근처에 설립한다.[9] 미국 실리콘밸리의 아버지로 불리는 터만(Frederick E. Terman) 박사가, 우리의 한국국제협력단(KOICA)에 해당하는 행정기구인 미국 국제개발처의 설립 타당성 조사단장의 자격으로, 한국과학원 설립에 필요한 차관 제공을 위해 1970년에 「한국과학원 설립에 관한 조사 보고서」를 작성한다. 터만 박사는 한국을 방문해 현지 조사를 하고 타당성이 있다고 주장했다. 이를 근거로 한국과학원이 탄

---

9) 1971년에 한국과학원(KAIS)이라는 이름의 대학원으로 신설되고 1981년 한국과학기술연구소(KIST)와 **통합**을 거쳐 한국과학기술원(KAIST)으로 설립된다.

생한다. 정근모 박사가 여기의 부원장으로 초빙돼 귀국한다. 사실 정근모 교수는 초대 과학기술처 장관 김기형으로부터 "귀하의 이공계 대학원 설립 지원 구상에 대해 구체적으로 토의하고 싶으며, 또한 조국의 발전상을 귀하가 직접 목견(目見)도 하시고… 의견도 교환할 수 있는 기회를 가지실 겸 일시 귀국할 수 있기를 희망"한다는 한국 정부로부터의 초청 편지를 받아서 일시 귀국했는데, 그것이 영구 귀국이 됐다고 한다. 그런데 이보다 몇 개월 앞서 정근모 박사는 미국국제개발처(United States Agency for International Development: USAID)에 '한국의 새로운 응용과학기술대학원 설립안(The Establishment of a New Graduate School of Applied Science and Technology in Korea)'이라는 사업 제안서를 제출한 바 있다.[10] 즉, 미국에서 연구자로 남으려는데 억지로 귀국했다기보다는 정근모 교수 자신이 '만들어서 얻은 자리'이며, 과학 분야 최고 행정가로 나머지 경력 경로를 바꾼 것으로 해석할 수 있다.

정근모 박사가 연구 기관을 이끌면서 개혁한 것 가운데 중요한 것은 연구원들의 수입 구조를 연구 성과 위주로 바꿨다는 점이다. 기본 생활비를 책정해 지급하되, 연구용역을 수주해 그를 기반으로 보수 수준이 달라지는 프로젝트 임금(project based salary)을 도입한 것이다. 정부의 R&D 예산이 커지면서, 대형 프로젝트가 많아지고, 과학자들은 이를 기반으로 연

---

[10] 미국 뉴욕에 있던 정근모는 해너(John A. Hannah) 미시간주립대학교 총장이 미국국제개발처(United States Agency for International Development: USAID) 처장을 맡았다는 소식을 신문으로 알게 됐다. 해너 총장은 정근모가 미시간주립대학교(MSU)에서 박사과정 시 인연을 맺어, 정근모에게 특별장학금을 주기도 하고, 정근모의 결혼식에 참석한 인연이 있었다. 정근모가 해너 처장을 찾아가 만난 것도 이에 영향을 미쳤을 것이다. 참고로 해너 처장은 "후진국에 물고기를 주는 대신 낚시 방법을 가르칠 것이다(Instead of giving fish, we will teach them how to fish)"라는 대외원조 전략 변화를 선언하는 취임사를 했다(신유정, 2022).

구 활동도 하고 그에 비례해 수입이 올라가는 구조다.

이는 국가가 의도하는 방향으로 연구가 진행될 수 있다는 장점이 있지만, 연구비가 지원되지 않는 분야는 연구가 부진할 수밖에 없다는 단점이 있다. 연구자 간 부익부 빈익빈 현상도 벌어질 수 있다. 또한 연구비를 배분하는 분야 결정부터 과제 공모를 통해 선정되는 과정에 많은 과학자가 관심을 두고, 때로는 과도하게 경쟁하고 심지어 암투하는 현상도 나타난다. 오늘날 정부 내 과학기술 분야 정책기구가 국가과학기술위원회로부터 많이 생긴 것은 이런 경쟁 구조에서 공정성을 확보하기 위한 제도 발전이라고 하겠다.

어떻든, 한국과학원은 한강의 기적이 계속되면서 기능이 확대되고, 조직이 변화하는 과정을 겪게 된다. 이 과정에서 정근모는 직간접적 역할을 한 것으로 보인다. 10년 후인 1981년에 한국과학기술연구소(KIST)와 통합을 거쳐 한국과학기술원(KAIST)으로 탄생한다.[11] 그리고, 다시 9년 뒤인 1989년 KAIST는 KIST와 분리됐지만, 명칭은 한국과학기술원으로 유지하면서 대전에 넓은 캠퍼스를 갖춘 대학으로 출발한다. 정근모가 분리 독립된 과학기술부 산하의 최초 대학법인 조직으로서 카이스트의 출발에 핵심 역할을 한 것이다. 정근모는 제2대 KAIST 원장직을 역임한다.

오늘날의 KAIST는 교육부 산하에 있는 국립대에 비해 매우 유리한 요건에서 운영되고, 연구 성과로 그 우수성을 보여 주고 있다. 규제가 많기

---

[11] 1980년 12월 31일 제5공화국에서 「한국과학원법」 및 「한국과학기술연구소 육성법」이 폐지되고 「한국과학기술원법」이 제정된다. 1981년 1월 15일에 한국과학원이 한국과학기술연구소(Korea Institute of Science and Technology: KIST)와 통합돼 한국과학기술원(KAIST)이 설립된다. 1989년에는 KIST와 다시 분리했으나, KIST를 제외한 남은 기관의 명칭은 한국과학기술원으로 유지한다.

로 악명이 높은 교육부가 아닌 과학기술부 산하의 기관으로서 많은 재량과 자율성을 가진 연구 중심 대학이 된 것이다. 앞서 서술한 연구소의 프로젝트 임금과 같은 제도도 도입하게 된 것이다. 카이스트가 갖춘 이러한 체계를 통해 만들어진 과학기술 정책들은 중화학공업과 컴퓨터 및 정보산업 등 한국 경제를 이끌어 온 산업들을 육성하는 데에 크게 기여했으며, 한국이 오늘날 기술 집약적 제조업을 중심으로 수출 시장의 다양한 분야의 우위를 점하는 데 바탕이 됐다.

❷ 국가가 과학기술 인재를 양성하자

정근모는 노태우 정부(1990. 3. 19.~1990. 11. 9)와 김영삼 정부(1994. 12. 24.~1996. 8. 7) 동안 두 번의 과학기술처 장관직을 수행하면서, 원자력발전소 이외에 좀 더 넓은 분야에서 과학기술 정책을 추진하는데, 그 전략으로 항상 인재 양성을 주장한다. 그런 노력의 대표적 예가 카이스트(KAIST)의 변신으로 오늘날의 모습이 되도록 틀을 짜도록 한 것이다. 즉, 정근모가 하버드대 행정대학원에 수학하면서 쓴 후진국에서 두뇌 유출 방지에 관한 논문의 내용을 평생 실천했다. 그는 과학기술에서 중요한 것은 우수 두뇌들이 한데 모여 있는 과학기술 연구·교육기관을 만드는 것이라고 주장했다. 두뇌는 두뇌들이 있는 곳으로 가기 마련인데, 인재들이 모일 수 있는 연구·교육 공간을 한국에 만들어야 한다는 신념을 가졌다.

학생 데모가 많았고 행정의 권위적 문화가 지배적이었던 1980년대 당시에는 물론, 민주화가 된 오늘날에도 교육부 산하의 대학은 많은 규제를 받음으로써 뛰기보다는 날아가야 하는 과학기술 분야의 연구 활동을 담아내기 힘든 측면이 있다. 교수 및 직원 채용, 월급 등 보수, 복지, 학교행정 등에서 행정공무원과 준해서 이뤄져야 하는데 교육부가 규제하는 대학 행정 체제는 창의적 연구의 장애물이기 때문이다. 정근모 장관 재직 시 재탄생한 카이스트는 이사회를 통해 의사결정을 하고, 정관에 따라 자율적으로 의사결정하며, 자율적 행정 책임이 이뤄지고, 자체 감사가 통제하는 새로운 연구 지원 시스템이 됐다.

카이스트는 오늘날 많은 분야에서 연구 업적을 내는 데 결정적 기여를 하고 있다. 예컨대 카이스트는 인공위성의 발사를 위해 꾸준히 노력하고, 1981년에는 인공지능센터를 만들어서 오늘날의 인공지능 개발에 앞장서는 등 대한민국의 과학기술 발전에 크게 기여한다.

정근모의 과학기술 정책에 대한 기여는 전임자인 이상희 박사와의 연속 선상에서 이뤄진다. 이상희 박사는 과학기술처 장관으로 재임하면서 「기초과학연구진흥법」을 제정해 대학 연구 기반을 마련했다. 이상희 장관은 취임과 동시에 1989년을 '기초과학연구 진흥의 원년'으로 선포했다. 그는 취임하기 전부터 이미 서울대학교 자연대학 교수인 장세희(화학), 최병두(물리), 김종식(수학), 이계준(생물)을 중심으로 '기초과학정책연구회'를 조직해 기초연구 진흥을 위한 법을 마련하고자 토론과 연구를 계속하고 있었다. 이 연구회를 중심으로 입법을 추진한다.

이 과정에서 교육부는 물론이고, 각 대학이 법 제정에 소극적인 자세를 취해 난관에 부딪히게 된다. 이들을 설득하고자 지원 대상을 대학 모든 학과의 기초연구로 확대하고 지원의 보편성·평등성을 원칙으로 하되 수월성 중심으로 예산의 효율적 운용을 가능하게 했다. 이상희 장관은 전국 주요 대학을 방문해 설득했다. 결국 「기초과학연구진흥법」은 1989년 12월 30일 국회 본회의에서 만장일치로 통과됐다.

이상희 장관 못지않게 정근모 박사도 인재 양성에 각별한 관심과 의지를 가지고 있었다. 한국 젊은이들이 열정을 발휘하고 마음껏 연구할 수 있도록 연구 및 교육시설을 설립하는 일에 집중한다. 한국과학기술원(KAIST), 고등과학원, 우수연구센터, 한국과학기술한림원, 국가핵융합연구소를 설립한 것이 바로 정근모 박사다. 우수연구센터 설립(SRC, ERC)은 매우 시대를 앞서 가는 결정이었다. 특히 그 당시에는 거의 불가능에 가까운, 꿈에 불과한 항공우주 종합개발 계획을 수립 및 추진함으로써 오늘날 우주항공청이 설립돼 인공위성 발사 및 달 탐사 등 한국의 과학기술이 발전하는 데 획기적 공헌을 했다.

사내 대학원 제도도 정근모 박사가 인재교육에 얼마나 관심을 두고 있는가를 나타내는 사례다. 한국전력기술회사(KOPEC) 사장직으로 있을 때 원자력 분야 실무전문가를 양성하려고 사내 직장대학원을 설립한 것이다. 오늘날에는 별거 아닌 것 같지만, 대학 진학률이 낮은 당시로서 파격적인 생각이었다. 이미 그 업무에 종사하는 인력을 대상으로, 대학교수는 물론 관련 연구소의 연구원, 그리고 관련 기술 회사의 전문가들을 초빙해 강의를 듣게 한 것이다. 정답이 없는 새로운 분야를 개척하기 위해서는 변화하는 학문생태계와 밀접해야 한다는 필요성을 인식한 것이다.

정근모가 간여해 생긴 여러 연구기관에서 창의적인 연구를 하는 동시에 학문 후속 세대를 양성함으로써 오늘날 과학 한국이 가능해진 것이다. 정근모의 행정적 전문성이란 연구기관을 설립해 기술의 발전에 직접 기여할 뿐만 아니라, 연구하는 후속 세대의 양성한 것이다. 연구 인력의 양성은 장기간이 걸려서 비용/효과분석에서 취약하다. 즉, 인력 양성에 장기간의 투자가 필요하지만, 이들이 산출한 효과는 분산돼 시간이 지난 후 나오기 때문에 계산하기 어렵다.

VI. 나오며: 폴리페서의 선구자인가?

한국 경제 발전에는 공업화를 통한 산업 진흥과 과학기술 연구라는 쌍두마차가 필요했다. 적어도 경제 발전에 시동을 거는 초기에 산업화는 오원철 경제수석이 지휘하고, 과학기술은 최형섭이 최고 위치에서 지휘했다고 볼 수 있다(문만용·강미화, 2013: 235). 최형섭에 이어서 과학기술 분야에 발전을 이끈 인물이 정근모 박사다. 국가가 연구개발(R&D)에 일반 예산을 투자해야 한다는 것을 꾸준히 설득하고 추진한 결과, 60여 년이 지난 지금까지 대한민국 과학기술 발전이 빛을 발하고 있다. 1963년 12억 원으로 시작한 국가 R&D 투자는 꾸준히 증가해 30조 내외가 되는 현재는 세계적으로 1, 2위를 차지하고 있다.

이러한 발전의 이면에는 어두운 측면도 있다. 오늘날에는 과학계 정치화가 만연해 우수한 연구자들이 연구에 몰두하기보다는 정부연구비 수주에 이전투구해야 한다는 불만이 나온다. 과기부의 연구 어젠다로 넣을 때부터 '로비'를 한 후, 실제 연구를 진행하면서 장기적으로 순수 연구자들에게 영향력을 미친 전설적 인물들이 생긴다. 유*준, 유*희 박사가 잘 알려진 예다. 이 연구자보다는 폴리페서가 속출하는 것이 문제다.

그렇다면 정근모 박사는 영혼 없는 폴리페서였는가? 정근모 박사의 일생을 보면 미국에서 학업을 하고 교수 생활을 할 때까지 학자였던 것은 분명하다. 한국에 들어오자마자 부원장으로서 학교의 '행정' 업무를 겸하는 자리부터 시작해 계속해서 학교, 연구소, 회사, 정부를 오가는 경력 전환을 했다. 학업도 행정적인 자리를 위해서 준비한 것이지, 순수한 학자로 성장할 생각조차 하지 않았을까 하는 의문이 들 정도다. 폴리페서란,

교수라는 직을 유지하면서 (즉, 학자인 체하면서) 실제로는 권력자에 아첨해 소신이 없는 사람으로 정의한다면, 정근모에게는 다른 평가를 할 수 있다. 연구소 소장, 학교의 총장 등을 역임하기는 하지만, 순수한 학자로 다시 돌아온 적이 없기 때문이다. 다시 말해, 박사학위를 한 후 미국에서 교수를 했지만, 귀국하면서 행정가로 완전히 변신했다고 볼 수 있고, 따라서 폴리페서는 적합한 범주가 아니다. 꼭 공무원 시험을 통해 공직에 들어가는 직업공무원만 행정인이 아니고, 정근모 박사와 같이 분야 전문가이면서 평생을 공적인 자리(대학 총장 등)에 있는 경우도 넓은 의미의 행정인이라고 할 수 있다.

다음 질문은 '영혼'이 있었느냐다. 이 답은 본인만 알고 있겠지만, 여기서 밝혀 볼 것은 소신이나 생각 없이 권력자에게 아부만 한 사람인가라는 질문이다.

이 의문에 대한 답은 그의 미국 생활에서 일부 얻을 수 있다. 미시간주립대학교에서 수학한 후, 미국에서도 가장 유명한 프린스턴대학교의 고등연구소에서 연구원으로 일했다. 프린스턴대학교 고등연구소는 자유롭게 연구할 수 있는 최상의 여건을 만들어 주는 곳으로 인재들이 몰리는 곳이다. 당시 프린스턴 고등연구소장은 오펜하이머 박사였다. 그는 소위 맨해튼 프로젝트의 최고 담당자였다. 매주 목요일마다 세미나를 열었는데, 정근모는 이 모임에 참여하면서 과학자가 가져야 할 윤리적 자세를 확립하고, 특히 원자력 발전과 같은 기술을 어떻게 평화적으로 이용할 것인가에 대한 고민을 하게 된다.

그 후, 정근모는 코넬대학교 과학기술사회(STS)연구소에서 초빙교수로 근무한다. 코넬대학교에서는 롱(Franklin Long) 교수로부터 과학자가 가져야 하는 바람직한 사고와 사회적 책무를 깨닫게 된다. 롱 교수는 오펜하이머 박사와 함께 맨해튼 프로젝트의 한 사람이었다. 롱 교수는 자신이 참여한 프로젝트의 결과로 제2차 세계대전을 종결하기 위해 일본에 원자폭탄을 사용한 이후, 핵무기의 확산을 막는 핵확산금지조약(NPT)운동에 뛰어든 인물이다. 그는 아이젠하워 대통령이 주도한 '평화를 위한 원자력 운동(Atoms for Peace)'에도 참여했다.

정근모는 이들의 영향을 받아서 "과학을 평화적으로 국가와 사회의 발전에 기여하자"라는 가치관을 정립하기 시작했다. 이후 뉴욕대학교에서 전기물리학과와 원자력공학과의 두 과에 겸임하는 교수로서 원자력공학과의 학과장이던 라마쉬(John R. Lamarsh) 교수의 원자력 안전, 에너지 정책, 핵 확산 및 억제 연구에 참여한다. 이러한 미국에서의 경험이 당시 개발도상국이었던 한국에 적합한 원자력 발전의 개념과 설계를 구상하는 데 도움이 됐을 것으로 보인다. 즉, '평화'적 이용이라는 목표 때문에, 한국형 원자로를 개발할 때 안전성 확보를 최우선 순위의 문제의식으로 하지 않았을까 추측한다.

다음으로 정근모 박사의 기여는 개인의 천재성과 노력이 전부가 아니었다는 점이다. 횡적으로, 그리고 종적으로 다른 사람들과의 상호 영향 및 협조로 이뤄진 것이라는 점을 주목해야 한다.

과학자로서 정근모 박사가 한국형 표준원전 개발사업을 성공적으로 이끌 수 있었던 것은, 횡적으로는 당시 어려운 여건하에서도 연구실에서 연구한 연구원들의 몫이 크다. 김재익을 비롯해 박정희 정부의 든든한 지지 하에 이뤄진 한국형 표준원전 사업의 성공은 낭중지추로서 개인의 리더십이라기보다는 행정 체제라는 체제론으로 봐야 할 것이다. 나아가서 시대적으로 볼 때, 이상희·최형섭 등 일련의 과학기술 행정가가 릴레이식으로 요직을 맡으면서 이뤄진 횡적 협조의 성과다.

정근모는 과학기술 행정 자리를 여기저기 거치면서 마치 자리를 탐하는 인물로 보일 수 있다. 끊임없이 새로운 조직을 만들고, 인재 양성을 통해 국가 과학기술 분야의 행정 체제를 형성하고 발전시킨 행정전문가다. 그의 역할은 한국 과학기술 발전, 특히 원자력 산업 발전에 중요한 돌파구를 마련했으며, 이는 한국의 경제 발전에 큰 영향을 미친다.

정근모의 꿈은 장관을 역임한 데에서 끝나지 않는다. 과학을 통해 강국을 만드는 것이었으며, 이를 실현하기 위해 2007년 17대 대통령 선거에 독자당 참주인연합을 만들어 출마한다. 15,380표(0.06%)를 획득해 9위로 낙선했다. 득표율로 볼 때 개인 야망에 의한 대통령 출마 자체를 과잉 정치화라고 봐야 하는지, 민주주의 체제를 그가 가진 과학 분야 전문성을 통해 실현하게 하려는 열정이었는지는 해석의 여지가 있다.

정근모는 조그만 연구실에 머문 과학자가 아니라, 1960년대부터 국가 차원에서 R&D를 꿈꾸는 이상주의자였다. 그리고, 그 꿈을 하나하나 실현시켜 나갔다. 그는 시대의 흐름을 이해하고 방향을 제시한 위대한 행정가이자 선구자로 기억될 것이다. 그의 영향력은 오늘날에도 지속되며, 그의 유산은 미래 세대에게도 전달될 것이다.

6

IMF 금융 위기 개혁의 두 얼굴: 이헌재

I. 들어가며: 외환 위기 극복의 주역

한국의 경제 개발은 외국 차관의 도입으로 자본을 마련한 후, 은행이 이를 기업에 대출하는 방식인 간접 투자 방식으로 이뤄졌다. 외국기업이 자본과 기계를 들고 영토에 들어와 직접 공장을 짓는 직접 투자 방식(Foreign Direct Investment: FDI)이 지배적인 중국 방식과 다른 점이다. 경제성장기에는 돈만 빌려 투자하면 이윤이 생기기 때문에 금융권을 통해 돈을 마련하는 것이 경영 능력이었다. 그리고 부실이 생겨도 다른 대출로 갈아타는 등 처리하는 사례가 많아지면서 도덕적 해이가 심해진 기업들이 윤리의식을 잃고 방만한 경영을 하는 것이 일상화된다. 이런 배경에서 1997년 일어난 것이 금융 위기다.

6·25 전쟁 이후 가장 큰 국가적 고난이라고 할 수 있는 1997년 IMF는 왜 일어났을까? 이를 극복하는 과정은 어떻게 이뤄졌을까? 이 과정에서 얻

을 수 있는 교훈은 무엇인가? 등이 이 장에서 다루고자 하는 질문들이다.

이런 점에서 볼 때, 한국 현대사의 주요한 행정인으로 손꼽히는 이헌재 전 부총리는 특히 1998년 김대중 정부 출범 시 외환 위기 극복 과정에서 중심에 있었던 인물이다. 정권이 바뀌어도 노무현 정부에서 부총리를 역임하면서 활약함으로써 일종의 관복이 있었다고도 할 수 있다.

발전행정 시기에는 정부가 산업 부문을 깊이 간여했고, 기업들은 이에 발맞춰 생산 활동 등 경제 활동을 함으로써 경제 성장을 이뤘다. 경제 규모가 커지고, 기업들이 숫자가 많아지고, 규모가 커지게 됨에 따라, 비정상적인 기업도 많이 생기게 된다. 시장 자체에 이런 기업을 걸러 내는 기제가 작동하지 않고 정부가 가진 재정 역량, 경험, 전문성과 정책 능력이 한계에 다다르면 문제가 폭발하는 것이다. 우리가 겪은 IMF 외환 위기도 이러한 시간적 과정의 일부였다.

1997년 처음 겪은 IMF 구제금융은 경제뿐만 아니고 공공 부문 또 노동 분야의 사회문화까지 엄청난 충격을 준 한국 역사상 가장 큰 사건 중의 하나다. 이 과정에서 많은 기업이 정리해고 등 구조 조정을 했고 또한 부채를 상환하지 못한 기업들이 도산했으며 이런 어려움 속에서 자살하는 사람들이 생기고 경제범이 양산된 뼈아픈 경험이기도 하다.

이 장은 이헌재 전 부총리가 주도한 개혁 정책의 특징과 그로 인해 어떠한 결과가 발생했는지를 좀 더 심층적으로 분석하고자 한다. 외환 위기가 발생한 원인과 IMF 구제금융을 받으면서 그 조건으로 제시한, 개혁을 집행한 구조 조정, 금융 정책, 산업 정책 등을 살펴봄으로써 그의 경제 정책이 어떠한 맥락에서 이뤄졌으며, 그것이 한국 경제에 미친 영향에 대한 통찰력을 제공할 것이다.

이를 통해 이헌재 전 부총리의 행적을 더욱 넓은 시각에서 이해하고,

그의 정치적 업적이 어떠한 의의가 있는지를 규명하는 데 기여할 것이다. 이헌재 전 부총리가 성과를 거둔 경제 정책과 그로 인한 국가의 변화는 한국 현대사에 미치는 영향력을 탐구하는 중요한 주제로서 그 의의가 있다. 이 글은 그의 정치적 업적과 경제 정책에 대한 좀 더 체계적이고 심층적인 분석을 통해, 한국의 현대사에 미친 영향과 그의 정치적 지평을 자세히 살펴보고자 한다.

II. 독립운동가 가문: 정통관료

1 엘리트 교육과 성공

1944년에 중국 상하이(上海)에서 태어난 이헌재는 이강하(李康夏)와 원주 변씨(原州 邊氏) 변화라(邊華羅) 부부의 3남 1녀 중 세 번째 아들로 태어났다. 이헌재의 가계는 대한민국의 중심이 되는 혈통 중의 하나다. 가족관계를 좀 더 올라가면 아버지 이강하의 고종사촌 누나가 영친왕의 전 약혼녀인 민갑완이다. 즉, 이헌재의 대고모가 민갑완의 어머니다. 이헌재의 가정은 원래 경기도 경성부(현 서울특별시)에서 대대로 살아왔지만, 아버지 이강하가 일제에 대한 독립운동가로 활동하면서 중국 상하이로 감에 따라, 상하이에서 태어났다.

1945년 8월 15일 광복 이후에 귀국해, 한국에서 성장한 이헌재는 경기고등학교(58회)와 서울대학교 법과대학을 졸업하는 등 엘리트 코스를 거친다. 25세인 1968년에 제6회 행정고등고시에 수석으로 합격해 재무부

〈이헌재 약력〉

경기고등학교 졸업
서울대학교법과대학 법학 학사
하버드대학교 경영대학원 최고 경영자(AMP) 과정 수료
보스턴대학교 대학원 경제학 석사

1968년 : 제6회 행정고시 합격
1969년 ~ 1979년 : 재무부 근무
1979년 ~ 1980년 : 한국개발연구원 초청연구원
1982년 ~ 1984년 : 대우 상무이사
1984년 ~ 1985년 : 대우반도체 대표이사 전무
1985년 2월 : 기업금융정보센터 사장
1985년 2월 : 한국신용평가 대표이사 사장
1991년 ~ 1996년 : 증권관리위원회 상임위원
1997년 : 금융개혁위원회 위원
1998년 : 은행감독원 원장(제18대)
1998년 : 증권감독원 원장(제8대)
1998년 : 금융감독위원회 위원장(은행감독원장, 증권감독원장 겸임)
2000년 : 재정경제부 장관(제3대)
2001년 6월 : 중소기업협동조합 중소기업경영전략위원회 위원장
2002년 : 서울대학교 경영대학 초빙교수
2004년 ~ 2005년 : 재정경제부 장관(제7대) 겸 부총리
2006년 3월 ~ : 코레이 상임고문
2012년 1월 ~ : 언스트앤영 상임고문
2016년 8월 ~ 2020년 12월 : 여시재이사장

(현 기획재정부)에서 공직에 입문한다. 박정희 정부 시절에는 청와대 대통령 경제비서실과 재무부 금융정책과장을 역임하며 중요한 정책에 참여하는 등 정통관료의 길을 걸었다. 참고로 박정희 시해 이후 등장한 군사정부에서 국무총리까지 지낸 진의종이 이헌재의 장인이다.

그러나 관료로서 근무하던 이헌재에게 시련이 닥쳐온다. 35세인 1979년 신화적인 급성장 기업인 신선호의 율산그룹 사태에 휘말려, 선물을 받은 공무원 명단에 있는 것으로 의심받게 돼 공직에서 물러났다.[1] 어떻든 이헌재는 직업관료로서 고시 출신 사무관부터 시작해 과장까지 재무부에서 10여 년을 근무한 정통관료 출신이다.

정통관료의 자리를 잃은 이헌재는 유학의 길을 걷는다. 미국 보스턴대학교 대학원에서 경제학 석사를 취득하고, 하버드대학교 최고경영자 과정을 수료했다. 공무원 해외연수도 아닌, 자비로 미국 유학을 갈 수 있었다는 사실로 이헌재 가정의 경제적 수준을 짐작할 수 있다.

귀국 후에는 대우그룹에서 상무이사로 활동하다가 국내에서 처음 설립

---

[1] 1975년 6월, 서울대 출신 20대 청년 사업가 5명이 율산실업으로 창업해 단 4년 7개월 만에 14개 계열사와 8천 명의 직원을 두는 대기업이 된 율산그룹은 급속 성장으로 세상을 놀라게 한다. 이룬 기업으로 알려져 있었다. 그러나 1979년 4월 3일에 발생한 '율산 사건'으로 인해 회장 신선호가 「외국환법」 위반과 횡령 혐의로 구속되며 그룹의 계열사들이 도산하거나 다른 기업으로 이관됐다. 율산그룹은 당시 1,523억에 이르는 부채로 어려운 상황에 직면했는데 이는 1978년 정부의 '8·8 투기 억제 조치'로 인해 시중 자금 유입이 제한되면서 발생한 자금난과 금융 부채, 기업 확장의 방만 등이 결합해 발생한 결과였다. 정부의 '8·8 투기 억제 조치'로 인해 시중의 돈줄이 막히자, 심각한 자금 압박에 시달리기 시작한다. 이어 의류사업도 판매 부진으로 고전하자, 티켓을 만들어 고위공직자, 은행 등에 선물한 것이 적발돼 율산그룹 임원진들과 직원들이 검찰 소환돼 조사받았고, 티켓을 받은 공직자는 모두 파면 조치 혹은 직위 해제 처리됐다. 율산그룹이 정부에 구제금융을 요청해서 받은 70억 원은 단기금융 어음과 부채 상환에 사용됐다. 이때 부동산 투기 억제 조치로 인해 부동산 가치 하락과 함께 부동산 처분이 어려워지는 등 어려운 여건에서 회복을 시도했으나 좌절됐다.

된 신용평가사, 한국신용평가 사장으로 임명됐다. 당시 자본도 없이 끝없이 성장하는 신화적인 대우그룹에 들어가서 일했다는 것은 경영 마인드를 발휘하는 동시에, 정관계에 형성된 네트워크를 활용하는 역할을 하지 않았을까 추측된다. 관료 출신으로서 민간 부문을 경험했다는 것은 평생직장 개념이 지배적이었던 당시 상황을 고려할 때 이례적이다.

2 정치로의 복귀

행정과 민간기업을 모두 거친 이헌재는 공직에 계속 관심을 가진 것 같다. 오랜 기다림과 준비 기간 끝에 1997년 대통령 선거를 앞두고 이회창 후보의 경제특보로 활동하면서, 소위 대선캠프에 들어간 것이다. 이 당시에 대통령 선거에는 선거캠프의 규모가 지금과 같이 크지도 않았고, 외부에 잘 알려지지 않은 조직이었다.

그러나 이회창이 낙선하고 김대중이 당선되면서, '줄을 잘못 섰다'라고 후회했다는 설이 있다. 하지만 국가적 외환 위기가 그에게는 기회였다. 호남 출신의 오랜 야당 대표로 군부정치 종식을 위한 투쟁 끝에 당선된 김대중 대통령 당선인은 한반도를 뒤흔든 IMF 구조금융 사태를 수습해야 하는 엄청난 과제가 기다리고 있었다. 선거 일주일 만에 김대중 당선자가 1997년 외환 위기에 대처하기 위해 구성한 비상경제대책위원회에 이헌재가 기획단장으로 발탁되며 IMF가 요구하는 개혁 조건을 받아들여 구조 조정 기획부터 참여하게 된다.[2] 당시 DJP 연합과 관련해 경제 분야

---

[2] 정확히 말하면, 비상경제대책위원장이었던 김용환 의원이 이헌재를 영입했다. 김용환 의원

의 주요 정책을 결정하는 데 핵심 역할을 담당하던 김용환 전 장관의 추천이 있었다. 그리고, 그의 나이 54세에 당시 초대 금융감독위원장(은행감독원장, 증권감독원장)³⁾을 맡음으로써 1998년 IMF가 요구하는 금융 분야의 개혁을 집행하는 임무를 맡게 된다.

그리고, 2000년에는 제3대 재정경제부 장관으로 임명돼 국민의 정부 전반의 구조 조정을 주도했다. 즉, 행정관료 출신으로서 최고 정책결정 수장이 됨으로써 우리나라 경제를 전환하는 역사적 전환점에서 핵심적 역할을 한다. 이헌재의 행정관료로서의 경력은 여기서 그치지 않고 노무현 대통령 시기인 2004년에 경제 문제를 해결하는 부총리 겸 재정경제부 장관으로 다시 일하게 된다. 즉, 그의 경제 정책 이념을 실현하기에 비교적 충분한 시간을 공직에서 근무한 것이다.

그러나 이헌재는 2005년에는 과거에 했던 토지 거래 관련 의혹으로 사퇴한다. 부인이 20년 전에 매입한 토지가 문제가 됐기 때문이다. 한 번은 관료로서, 다른 한 번은 장관으로 관직을 두 번 떠나는 불명예를 경험한다. 이후 여러 활동을 펼치며 국내외에서 경제전문가로 인정받았으며, 여시재(與時齋)에 이사장으로 활동한 바 있다. 추가로, 2020년에는 옵티머스 펀드 사기 사건과 연루됐다는 의혹을 받았다는 점도 고려할 필요가 있다. 하지만 2021년에는 검찰로부터 무혐의 처분을 받았다.

의 회고에 따르면 자신이 천거하기 전 이미 DJ가 이헌재 발탁을 결심하고 있었다고 하고, DJ가 비대위 보고를 받으며 이헌재의 유능함에 감탄했다고 한다(임미진, 2011).
3) 금융위원회, 금융감독원이란 조직이 존재하기 이전의 기구로서 대체로 은행, 증권 등 금융 분야 규제를 담당했다.

III. 관치경제가 초래한 IMF 금융 위기

한국을 덮친 1997년 외환 위기는 최근 겪은 코로나19 이상으로 한국 사회를 뒤흔든 사건이었다. 그 시대적 맥락을 이해해야, 이헌재의 역할에 대해 좀 더 객관적인 평가를 할 수 있을 것이다.

1 깜깜이 행정

자본과 원자재 등이 부족한 우리나라는 고도 성장을 하면서도, 외국의 자본을 빌려 오는 상황이었다. 그런데 갑자기 단기 부채의 증가로 인해 경기 전망이 긍정적이지 못해 외국 채권자들이 일시에 채권 연장을 하지 않고 상환을 요청함으로써 신용 경색이 생겨 일어난 것이다.

여기서 주목해야 할 오늘날과는 다른 경제적, 사회적 조건이다. 많은 기업이 영세하고 자본이 부족해 정부가 경제 정책에 깊이 간섭하던 관치경제 시기였다는 점이다. 즉, 발전행정 시기에는 정부가 경제 등 모든 것을 계획하고, 조정하며, 집행하는 체제였다. 정보 공개와 인터넷이 발달하지 못한 상태에서 오직 정부만이 그나마 정보도 파악하고, 문제를 해결하는 시기였다.

경기는 호황과 불황이 순환됨에도 불구하고, 많은 기업인은 미시적으로만 보기 때문에 적절한 투자 조정 시기를 놓치는 경우가 많다. 호경기가 영원히 지속하리라는 착각을 하기 때문이다. 이 당시 기업가들이 경기 과열에도 불구하고 무리하게 설비를 늘리는 등 과잉 투자를 한 것도 문제이지만, 이를 적절히 관리해야 할 유일한 책임자인 금융 당국이 아무것도 하지 않았다는 것이 가장 큰 문제였다. 특히 일반인들은 잘 몰랐지만, 이미 오래전부터 그러한 징후가 보였는데, 당시 엄청난 관치금융의 시대에 정부가 적절한 예방 조치를 하지 않았다는 것이 큰 문제 중의 하나다(이창용, 1999).

김영삼 정부 이후 경제 자유화 조치가 시장에 도덕적 해이를 가져온 것도 사실이다. 즉, 자본시장 개방 등 각종 경제, 금융 자율화 조치 이후 단기 외화 차입이 급격하게 늘어난다. 물론 자율화했는데 다시 일일이 규제할 수 없는 것이므로 행정관료들의 책임이라고 할 수는 없다. 정부가 갖고 있는 외환 보유고를 풀어 이들에게 대출해 주는 방법을 사용할 수 있겠으나 외환 보유고가 바닥난 상황이 곧 위기였다. 좀 더 일찍 시장에 개입한다든지 문제 해결에 나섰더라면 아마도 외환 위기가 안 일어나든지, 해결에 필요한 공적자금 등 비용 소요 규모는 축소될 수도 있었을 것이라는 가정을 할 수 있다.

정부가 마지막 순간까지 침묵을 지킨 것에 대한 의문이 여전히 존재한다. 즉, 외환 위기 징후를 대통령에게 제때 제대로 보고하지 않았다는 설과, 보고를 했는데 대통령이 무시했다는 두 가지 주장이 엇갈린다. 진실은 알 수가 없다.

어쨌든 외환 위기에 대한 관련 징후가 있었음에도, 장관이나 경제수석 등 대통령 측근은 물론이고 관련 부처의 관료들이 제대로 경고를 하지 않았다는 아쉬움은 분명히 있다. 예컨대 이를 알고 있는 사무관이 양심선언 같은 것이라도 해서 매스컴 등 전 국민에게 경종을 울릴 수도 있지 않았나 하는 생각이다.

관료제 내부에서는 인지 및 보고 과정이 중간에 대통령까지 가지 못하고 중지될 수도 있고, 또 강력하게 했을 때는 이미 시간이 많이 늦었을 때라 그것이 대통령에 의해서 무시당했을 가능성도 없지 않아 있다. 이러한 상황을 확인할 수 있는 자료는 찾기 어렵지만, 한국 경제가 성장하는 과정에서 처음 겪는 경제 금융 상황에 대해 미리 대비하지 못한 책임을 관료조직이 부담하게 하는 데는 한계가 있기는 하다. 2004년 6월 대법원은 당시 강경식 재정경제원 장관과 김인호 경제수석은 고의성이 없었다는 이유로 형사적 책임에 무죄를 선고한 바 있다.

❷ 일찍 터트린 샴페인

우리나라에서는 모든 것이 정치다. 오랜 민주화 투쟁 이후 1987년 12월에 치러진 대통령 선거에서 군사정권에 맞서 오랫동안 싸운 야당 김영삼 지도자가 평생 동지이면서 정치 라이벌인 김대중과 후보 단일화를 하지 못해 3자 대결 상황이 됐고, 근소한 차이로 노태우 대통령이 당선됐다. 그다음 대통령 선거인 1992년 12월을 앞두고 야당 지도자 김영삼이 전격적으로 당시 여당인 민정당으로 들어가서 여당 후보로 출마해 당선됐다.[4]

야당 생활을 많이 한 후 당선된 김영삼 대통령의 정치력은 상상을 초월할 정도로 시원한 '사이다' 개혁으로 국민을 안심시켰다. 군사정권의 연장선이 될까 봐 우려하는 여론 속에서 12·12쿠데타 주역인 하나회를 청산

---

[4] 그의 공식적 정보는 다음을 참조. https://www.pa.go.kr/online_contents/president/president14.jsp

하고, 군사정권 지도자를 법정에 세우는 등 과감한 개혁으로 대통령의 국민적 지지가 90%에 이를 정도였다. 전광석화와 같이 금융실명제와 같은 경제 개혁도 추진해 국민의 열띤 지지를 얻는다. 시드니 선언으로 '우물 안 개구리'식인 국내 제도를 국제 표준에 맞추는 세계화도 과감히 추진했다. 공공 부문에 대한 신공공관리론적 개혁도 도입된다. 특히, 경제 선진국 클럽으로 여겨지는 경제협력개발기구(OECD)에 가입한다. 아직 여러 여건이 부족함에도 억지로 조건을 맞춘 가입이지만, 국가적으로는 이미 우리나라가 선진국이라는 축제 분위기로 들떠 있었다. 낙관적 미래로 소비도 늘어나고, 기업들은 앞다퉈 사업을 확장하는 데 급급했다. 샴페인을 너무 일찍 터트린 것이다.

이런 분위기를 고려하면 1997년 12월 대통령 선거를 앞두고 여당이 계속 집권하기 위해서, 곤란한 상황은 최대한 대선 이후로 늦춤으로써 정권 재창출을 하려는 정치적 고려가 있었을 것이다. 즉, 김영삼 대통령 임기 말 마지막 해에 생기는 외환 위기에 대한 징조들이 관료나 기타 통로를 통해 전달됐어도, 김영삼 대통령과 그 측근들이 '그냥 몇 달 넘겨 다음 정권이 해결하게 하자'는 식의 논리로 의제화되지 않았을 가능성도 있다. 정치적 고려에 의한 '무의사결정(non decision making)' 전략이 채택됐을 것이라는 추측이다(임도빈, 2025a: 167ff). 왜냐하면, 이미 정부 내부에서는 위기를 검토했다는 징후가 있기 때문이다.

우리 정부가 공식적으로 문제 인지를 한 것은 1997년 10월 중순이다. 이때 금융시장 문제를 내부적으로 검토하기 시작한 것으로 보인다. 캉드쉬(Michel Candessus) IMF 총재가 11월 16일 비밀리에 방한해, 강경식 당시 부총리 겸 재정경제원 장관을 만나 IMF 자금 지원 없이는 금융 위기를 해결할 수 없다는 점을 설득하고 IMF의 적극 돕겠다는 약속을 받아냈다. 하지만 강경식 부총리와 김인호 경제수석은 아직 버틸 수 있다고 거절했다.

결국 김영삼 대통령은 19일 전격적으로 경제팀을 개각해 임창열을 부총리로 임명한다. 11월 20일 피셔(Stanley Fischer) 수석 부총재를 한국에 보냈고 미국도 가이트너(Timothy Geithner) 재무부 차관과 연방준비은행(Federal Reserve) 국장을 한국에 보낸다. 이들은 IMF에 손을 벌리는 것 외에는 다른 방법이 없다는 점을 설득했고, 임창열 부총리, 김영섭 경제수석, 이경식 한국은행 총재는 한밤중 3자 회동을 하고 구제금융을 요청하기로 결론을 내린다.

11월 21일 아침, 임창열 부총리는 김 대통령을 설득하고, 어떻게 구제금융을 신청할 것인가와 그 추진 절차에 대해 고민하게 된다. 임 부총리는 11월 21일 15시 기자회견을 통해 금융 위기를 시인하고, "2~3일 고민하고 결론 내겠다"고 밝힌다. IMF 측에서 이 사안은 대선이 끝난 다음 정부의 몫이라는 이유에서 대선 후보의 동의를 받아야 한다는 조건을 내세웠고, 김영삼 대통령은 대선 후보를 불러 이를 알리고 동의를 얻어낸다. 임창열 부총리는 11월 저녁 10시 기자회견을 열고, IMF에 구제 자금을 요청한다는 것을 국민에게 알린다.

1997년 11월 22일 김영삼 대통령은 다음과 같은 대국민 담화를 통해 국민에게 공식적으로 국가 부도를 알렸다. 우리나라 경제는 IMF의 관리하에 운영됨으로써 경제 주권을 일시적으로 정지당한 셈이 됐다.

"시급한 외환 확보를 위해 국제통화기금의 자금 지원 체제를 활용하겠습니다. 이에 따른 다방면에 걸친 경제 구조 조정 부담도 능동적으로 감내해 나가도록 최선을 다할 것입니다. (중략) 지금은 누구를 탓하고 책임을 묻기보다 우리 모두가 다시 한번 허리띠를 졸라매고 고통을 분담해 위기 극복에 나서야 할 때입니다."

다음 날인 11월 23일 IMF의 실무협의단 1진이 한국에 도착해, 24일부터 실제 상황에 대해 본격적인 조사를 했고, 11월 26일 협의단장인 나이스(Hubert Neiss) 아시아태평양국장이 방한해 본격적인 협상을 한다.

3 관치금융의 한계

1997년에 발생한 외환 위기의 원인은 복합적이다. 근본적 원인으로는 적절한 부채 규모의 관리를 하지 않은 민간 기업들이 끼어 있는 도덕적 해이라고 할 수 있지만, 정부가 경제 개발을 위해 재벌들을 수단으로 해서 정경 유착이 일상화된 정치사회적 맥락도 고려해야 한다.

기업(재벌)의 경우 전형적인 이윤 추구 행위자이지만, 발전행정 시대에 정부가 기업을 키운 셈이기 때문에 정부가 이들에게 할 수 있는 수단이 많이 있었을 것이다. 다만 1980년대 이후 경제 운용 자율화에 대한 요구가 점차 높아지고 있는 상황에서 정부의 과거 직접적 관치금융 방식을 통한 기업 통제 방식은 점점 효력을 잃어 가고 있었다. 관치금융의 공백을 메꾸는 방법은 '돈장사'를 하는 은행이 기업 대출을 조절했어야 한다. 그러나 관료의 눈치를 보는 관치금융에 길들여진 금융 부문이 기업에 대한 견제와 감시 역할을 적극적으로 수행하는 데는 한계가 있었다.

이에 맞물려 관치금융으로서 정부에 잘 보여 저금리의 돈을 대출만 받으면 결국은 사업 확장을 통해 기업이 커지기 때문에 누워서 떡 먹기 같은 비즈니스가 성행했다. 심지어는 은행들도 정부가 규제하는 관치금융을 이용하려 정치인과 가까워지려 했고, 이에 대한 보답으로 정치인이 행사하는 압력에 적극 부응해 기업에 불법 대출도 해 주는 정경 유착이 이뤄질 수밖에 없었다.

많은 사람이 과도한 부채를 통해서라도 기업의 비즈니스 분야를 확장하는 '문어발식 확장'이 마치 성공의 비결인 것처럼 여기는 분위기가 있었다. 재벌은 재벌대로 계열사를 우후죽순으로 만들고, 이들 간의 복잡한 상호 출자 등 얽히고설킨 부채 규모는 정부조차도 알 수 없었다.

또 한쪽으로는, 결국 기업이 어려울 때 정부가 어떤 형태든 도와준다는 도덕적 해이도 생기게 된 것이다. 소위 '대마불사'라 해서, 기업의 규모가 너무 커 도산하면 한국 경제에 미치는 영향이 크기 때문에 정부가 빚을 안아 준다든지 어떤 방식이든 살려 준다고 보기 때문에, 재벌들이 무책임하게 몸집을 불린 것이다.

4 금융 위기의 시초로서 한보그룹

한보 사태는 과도한 은행 대출로 허구적인 사업을 하는 당시 우리나라 기업의 기형적 형태가 어느 정도였는가를 알 수 있는 대표적 사례다. 한보그룹은 한때 세무공무원이었던 정태수가 창업해 1974년부터 1997년까지 존재했던 건설·제조업 특화 기업 집단이다. 도시화 시대에 호황 업종인 건설업과 부동산업으로 창업해, 전성기에는 한양그룹·라이프그룹과 함께 '부동산 재벌 3인방'으로 불릴 정도였다. 1996년까지 승승장구해 재계 서열 18위에 오르기까지 했다.

그러나, 한보그룹의 속사정은 정반대였다. 자금 부족으로 1997년 1월 20일, 은행에 3,000억 원 추가 지원을 요청했으나 받아들여지지 않자, 1997년 1월 23일 50억 원의 어음을 결제하지 못해 주식 포기 각서를 내며 도산했다. 충남 당진에 소재한 한보철강이 졌던 빚만 해도 무려 5조 원에 달했다.

그러나 한보그룹의 경영 부실 문제는 한보철강 문제로 비롯된 것은 아니다. 이미 노태우 정부가 서울의 주택난을 해결하려고 대규모로 아파트를 공급하려던 수서 비리 사건에 연루될 때부터 시작됐다. 건설업에서 풍전등화와 같은 위협을 느끼던 정태수 한보그룹 회장은 철강산업에 눈독을 들인다. 새로운 철강산업에 투자하려면 많은 자금을 조달해야 하는데 당시 은행들은 정부와 긴밀하게 연결돼 있고, 은행을 통해 자금 조달을 하려면 정부와 어떤 형태로든 손을 잡을 수밖에 없다고 생각했다.

정태수 회장의 한보그룹이 김영삼 대통령의 차남인 김현철 등 정계 유력 인사에게 뇌물을 주고 관치금융을 이용하게 한 것은 화를 일으키게 한 첫 단추다. 이때 불법으로 받은 대출액은 약 5조 7천억 원이나 됐는데, 이것이 바로 IMF의 원초적 원인이라고 볼 수 있다. 1997년 정부 예산이 100조 3천억 원이란 점을 고려하면 (정부 예산 총액의 약 5.7%), 정경 유착이 얼마나 심했는가를 짐작할 수 있다. 한보그룹이 부도 처리를 받으면서 결국은 한보철강과 거래를 했던 최소 170여 개의 기업이 도산하는 도미노 현상이 나타났다.

1997년 5월 재판을 받고 정태수 회장이 수감됐고, 실제 감사를 해 보니 정태수 회장의 한보그룹이 은행에서 대출한 5조 7천억 중에서 겨우 2천억 원만이 당시 한보철강과 당진제철소 건설에 사용됐고, 실질적으로 다른 데에 불법적으로 사용한 비리가 드러났다. 즉, 대출도 불법이었지만 사용처도 다른 데에 썼다는 것이 커다란 파장을 일으켰는데, 이러한 관행은 그때 우리 기업의 정경 유착의 또 다른 단면을 잘 보여 주는 것이다. 당시 당진제철소는 당진지역 공장 건설 과정부터 건설 중단된 것이 많았고, 제철소의 핵심인 용광로는 매우 부실해 적합하지 않은 체제로서 2010년대에서야 새로운 고로를 설치하게 된다. 즉, 총체적인 부실이었다.

참고로 그 후의 한보철강에서 일어나는 변화는 다음과 같다. 주식회사 한보는 2002년 한보건설로 매각돼서 다시 한보건설 및 UK스틸로 분산됐고, 한보철강공업은 포항제철의 위탁 경영을 거쳐 2004년에 INI스틸과 현대 하이스코 컨소시엄에 인수됐다. 현대그룹은 현대자동차, 현대중공업 등에서 필요로 하는 철강이 필요했기 때문에 1977년부터 자체 제철소를 가지고 싶었지만, 정부가 포항제철을 밀어 주기 때문에 허가를 못 받고 있었다. 한보그룹이 부도나면서 한보철강을 인수해 현대제철로 거듭난 후 현재에 이른다.

5 부실기업의 도미노 현상

한보그룹의 부도로 관련 기업들도 연쇄 부도나면서 한국에 돈을 투자했던 외국 자본들이 한국의 경제를 의심하기 시작했다. 자기 돈을 지키려는 외국 채권자들은 한국 경제의 미래를 부정적으로 보고, 이에 따라 다른 기업(재벌)들에 대한 대출 연장도 거부하는 결과를 초래한 것이다. 경제는 신용인데, 신용이 추락한 것이다.

결국 삼미그룹, 진로그룹, 대농그룹, 한신공영, 기아그룹, 쌍방울그룹,

뉴코아그룹 등을 비롯한 다른 기업들도 줄줄이 부도가 나면서 1997년 IMF 금융 위기가 시작됐다. 부도난 기아자동차, 진로, 한보, 대우 등은 천문학적인 부채 위에 계속 사업을 확충했음이 밝혀졌고, 10대 재벌의 부채 비율은 500%를 넘었다.

당시에는 '종합 금융사'라는 것이 있었다. 이것은 해외 자금을 1년 이하의 단기로 차입해서 기업에 높은 금리를 받고 장기 시설투자자금으로 대출해 주는 방식으로 돈을 버는 금융기업이었다. 경제가 성장할 때는 아무 제재 없이 만기가 되면 자동으로 대출을 연장해 주기 때문에 전혀 문제가 없다. 눈덩이같이 빚이 늘어나지만, 공장은 계속 돌아가니 돈이 돈을 버는 착각을 일으키는 거품경제인 것이다.

하지만, 한국의 경제 위기 전조, 즉 노란불이 켜지기 시작하면서 상황은 완전히 달라진다. 단기 채권자들이 자금을 자동 연장해 주지 않고 회수하려고 하자 장기 시설투자자금으로 대출한 은행이 이제 외국에서 차입하거나 투자된 돈을 상환해야 하는 문제가 생긴다.

〈표 4〉 경제 상황 변화

구분 (전기 대비)	1997년 3분기	1997년 4분기	1998년 1분기	1998년 2분기	1998년 3분기	1998년 4분기
민간 소비 (C)	+1.0%	-1.0%	-13.6%	+0.2%	+2.1%	+2.3%
설비 투자 (I1)	-8.7%	-14.6%	-24.8%	-10.1%	+1.0%	+7.7%
건설 투자 (I2)	+3.9%	+0.7%	-9.7%	-6.5%	-2.9%	-0.7%
경제성장률 (지출 부문)	+0.8%	-0.6%	-7.0%	-0.6%	+1.5%	+2.3%

출처: 한국은행 경제통계시스템 ECOS.

국가적인 외환 위기 조짐은 1997년 1월 한보철강이 최종 부도로 쓰러지면서 감지된 것이고, 7월에는 태국 바트화가, 8월에는 인도네시아 루피화가 폭락하면서, 아시아 많은 국가가 외환 위기 소용돌이에 빠졌다. 이미 이런 측면에서 외환 위기에 대해 노란불이 켜졌다고 볼 수 있는데, 정부가 이때부터 획기적인 조치를 취하지 못하고 그냥 방치한다. 결과적으로 1997년 12월 3일 IMF에 구제금융을 요청하게 된다. 즉, 외환 위기의 조짐은 2년 전인 1995년 정도부터 보였다고 한다. 경제성장률이 7%대로 떨어진 것이 그 예다.

　국가신용 등급을 매기는 피치(Fitch) 사는 1997년 초부터 우리나라의 신용 등급을 AAA-에서 A-로 하향 조정하기 시작해 계속 하향시켜 1997년 말에는 투기 등급인 B-를 부여한다. 만약, 사태가 악화하기 이전 4~5개월만 미리 조금씩 대처했더라면, 충격이 그렇게 크지 않았을 수도 있었지 않았냐는 가설을 생각해 볼 수 있다. 다시 이야기해서, 원 달러 환율을 1달러당 800원대로 방어하고 대출금 상환과 수출 증대를 도모한 것이 오히려 한국은행에 있는 외환 보유액(달러)을 엄청나게 지불하는 결과를 초래했다. 환율 정책의 실패인 것이다. 12월에는 외환 보유액이 20억 달러밖에 남지 않게 됐고, 그래서 결국 1997년에 금융권의 금융 경제 주권을 포기하는 비극이 벌어진 것이다. IMF가 무엇을 하는 곳인가도 모르는 시대에, IMF에서 195억 달러의 대출을 받아 기업들이 빌린 돈을 갚을 수밖에 없는 상황에 이른 것이다. 행정의 무능이 국가적 위기를 초래한 부끄러운 역사인 셈이다.

Ⅳ. IMF 구제금융 체제의 극복 과정

1 최초의 여야 정권 교체

1997년 12월 18일에 치러질 대통령 선거를 앞두고, 여당인 신한국당이 우세하다는 분위기였다. 그러나 여당의 대통령 후보 법조인 출신 이회창의 아들 병역 기피 문제 등이 이슈가 됐다. 막상 뚜껑을 열어 보니 투표율 80.65%에 이르는 열기 속에서 예상을 뒤엎고 야당 후보인 김대중 후보가 2%의 차이로 승리한다. 여당의 경선에 탈락한 이인제 후보가 신당을 창설해 독자 출마해서 여당 지지표를 일부 잃었을 가능성도 있지만, 김대중 후보(DJ)가 박정희 대통령 시기 2인자이면서 충청권의 대부였던 김종필 후보(JP)와 연합해 단일화한 영향이기도 했다. DJP 연합은 적과의 동침과 같이 고도의 정치적 결단에서 이뤄진 것으로서, 김종필은 국무총리직을 맡게 된다.

〈표 5〉 15대 대통령 선거 결과

정당	후보명	득표(율)	순위
1 한나라당	이회창	9,935,718(38.4%)	2위
2 새정치국민회의	김대중	10,326,275(40.27%)	1위
3 국민신당	이인제	4,925,591(19.20%)	3위

역사상 처음으로 야당에 정권을 넘겨준 이유는 비록 전임자 김영삼 대통령이 과감한 개혁으로 재임 내내 인기가 높았지만, IMF 구제금융을 받게 됨에 따라 국민적 분노와 정부 불신의 감정이 커졌기 때문이었다고 볼

수 있다. 무능한 정권심판론이 설득력을 얻어 헌정 사상 최초로 여당→야당으로의 수평적 정권 교체가 이뤄진 것은, 바로 IMF 덕분이 아니었나라는 해석이 가능하다.

김대중 대통령은 오랜 야당 지도자로서 평등을 강조하는 진보적 성향의 정치철학을 가진 인물이었다. 젊은 시절부터 호남차별론을 개념화해 박정희 정권에 대한 반대 세력의 구심점이 됐다. 국정원 요원에게 납치돼 대한해협을 넘어가면서 수장될 뻔하기도 하고, 친북 성향 등의 여러 이유로 수감 생활도 오래 한 민주화 투쟁의 상징적 인물이다. 또한 오랫동안 정치적 라이벌인 김영삼과의 관계도 협조와 경쟁의 변주곡이 있었다. 박정희 대통령 서거 후 치러진 12대 대통령 선거에서 야권 후보인 김영삼과 단일화를 못해 야권 표를 나눔으로써 노태우 후보를 당선시켰다는 점, 13대 대통령 선거에서 여당으로 들어간 김영삼과 대결해 패하는 등 패배도 많이 맛봤다. 실망한 마음으로 한때 정계 은퇴도 선언한 바 있다.

대통령 선거에서 수없이 패배를 겪은 후 마침내 당선된 김대중 후보는 당선의 기쁨을 누리기도 전에 금융 위기 극복을 해야 하는 난제를 안고 있었다. 따라서 본인의 평소 경제철학인 평등 중심의 대중경제론에 충실하기보다는, 경제 위기를 극복해야 한다는 절대적 책무 때문에 오히려 자유시장주의적 개혁을 하게 된다(임도빈, 2020). 이를 총지휘할 책임자로 이헌재를 선택한다.

❷ 개혁의 시작

국제통화기금(IMF)의 중요한 미션 중의 하나는 한 나라가 신용 위기에 빠지지 않도록 예방하고 구원 투수의 역할을 맡는 것이다. 위기에 빠진 국가에 필요한 달러를 저리로 대출을 해 주면서 다시는 위기가 생기지 않도록 그 나라의 경제 개혁을 요구한다. 금융 위기에 빠진 나라는 IMF에서 빌린 돈으로 채권자들에게 빚을 상환해 신용을 회복한다.

우선 당시 임창열 경제부총리를 중심으로 한 한국 정부가 IMF 협상단과 위기 극복 방법에 기본적인 합의서에 서명한다. 그러나 그 구체적인 실행은 김대중 정부가 들어선 후 이헌재 위원장이 주도하게 된다. IMF는 우리나라의 외환 위기를 극복하는 데 도움을 주는 대신에 우리나라 정부에 경제의 체질 개선을 요구했다. 요구 사항은 다음과 같다.

그동안 외국에 폐쇄적이었던 은행, 주식시장 등 자본시장을 전면 개방하고, 정부가 관리하던 환율 변동의 폭을 자율화해 그 폭을 확대하도록 제도적 개편을 요구했다. 또한, 낮은 금리를 당장 올리고, 원화가 절하된 환율을 고환율로 바꿈으로써 돈이 현장에 투자되기보다는 은행으로 돌아오게 해서 산업 활동을 위축시키는 것을 주문했다.

사실 주요 채무자인 기업들의 부실화 위험이 사실이 돼 버린 상황이었기 때문에 극도로 확대된 신용 위험이 반영돼 한국계 기업이나 금융기관들의 차입 금리는 이미 크게 높아져 있는 상태였다. 국내 금융시장의 경우에도 은행으로부터의 자금 조달이 어려워진 기업들이 회사채 시장 등에서 초고금리 차입을 꾀하고 있었기 때문에 시장 금리도 이미 상승한 상태였다.

정부가 이러한 IMF의 주문을 '성실히' 받아들여 실천한 결과, 금리는 연 20%가 됐고, 원 달러 환율은 1,900원대로 급상승했다. 환율이 높아지면 수출 증대, 투자 자금 유치 등이 이뤄지지만, 반대로 기업의 투자를 억제하게 되고, 그 때문에 수출할 상품이 생산되지 않음으로써 수출 증대를 가져올 수 없는 딜레마에 빠지게 된다.

국제통화기금(IMF)은 달러를 빌려 주는 대신에 우리 정부에 금융 개혁, 기업 개혁, 공공 부문 개혁, 노동 개혁 등 4대 구조 조정을 요구했다. 이러한 조건 중 금융 개혁을 이헌재가 주도해 추진한다. 정부는 200조 원에 달하는 공적자금을 조성해서 부실화된 은행에 투입해 은행을 살려 주고, 일부 은행과 종합 금융사를 퇴출한다. 이런 과정에서 어느 은행을 살리고 죽일 것인가에 대해 이헌재가 결정적 역할을 한다. 물론 1998년 경제수석인 강봉균과 긴밀한 협력이 있었는데, 그 후 강봉균은 재경부 장관을 거치면서, IMF의 요구 조건인 공공 부문 개혁에 앞장선다.

이헌재의 시중은행 개혁은 1998년 5월부터 본격적으로 추진됐다. 그 목표는 생존할 수 없는 은행은 과감히 퇴출시키고 그렇지 않은 은행은 합병 등을 통해 자본을 충실화해서 시장의 신뢰를 회복하는 것이었다. 이런 구조 개혁이 일어나기 전에 이미 제일은행과 서울은행은 한보와 기아 등의 부도로 인해 재무 구조가 악화돼 1998년 1월 말에 이미 각각 1조 5천억 원을 정부가 출자해서 국영은행으로 바뀐 상태였다. 제일은행은 1998년 말에 미국계 투자 펀드인 뉴 브리지 캐피탈(Newbridge Capital)과 양해각서를 체결한 2000년 1월 20일에 5천억 원을 받고 정부 지분 51%를 매각한다. 반면 서울은행은 매매가 무산된다.

당시 26개의 시중은행 중 BIS 자기자본 비율[5]이 8% 미만인 은행은 14개였고(제일, 서울은행 포함) 은행 중 경영 정상화가 불가능하다고 판단한 것은 5개 은행이었다. 동화, 대동, 동남, 충청, 경기 5개 은행을 퇴출시키

---

[5] 국제결제은행(BIS)에서 권고하는 금융기관의 위험가중자산 대비 자기자본 비율을 의미한다. 위험가중자산은 빌려 준 돈을 위험 정도에 따라 다시 계산한 것으로 위험이 클수록 가중치를 높게 적용해 산출한다.

는데, 그 방법은 계약 이전 방식에 의해 재무 구조가 건실한 5개 은행이 흡수되는 것이었다. 인수 조건은 자산 부족액을 전액 예금보험공사가 보전해 주고, 우량 자산 인수 후 인수 은행의 귀책 사유 없이 부실화된 자산도 성업공사에 재매각할 수 있는 권리를 줬다. 따라서 인수된 은행의 부실 요인이 합병된 은행에 전가되지 않도록 한 것이다.

이들 부실은행이 퇴출당함으로써 주주들의 주식은 모두 소각됐고 경영진은 부실 책임을 지고 물러났으며 직원들의 50~70%가 정리해고됐다(강봉균, 2001: 95~105). 2000년에 2차 구조 조정이 이뤄지고, 부실했던 제2금융권에 대한 구조 조정도 추진된다. 이 과정에서 우리나라 금융 제도의 선진화를 가져왔다고 평가하는 사람도 있다(강봉균, 2001). 이러한 대대적인 구조 조정 결과로 '조상제한서'(조흥은행, 상업은행, 제일은행, 한일은행, 서울은행)라는 5대 시중은행이 합병되거나 해외 매각되는 등 사라진다. 이런 구조 개혁 과정에서 성장하게 된 대표적인 은행이 하나은행이다.

IMF가 요청한 부실기업을 퇴출하는 기업 개혁 방법은 각 기업의 부채 비율을 낮추고 인원을 해고하는 방식의 구조 조정이었다. 구조 조정 과정에서 엄청나게 많은 사람들이 일자리를 잃는다. 상환 능력도 없이 큰 액수의 대출을 받아 팽창을 꾀하던 기업들은 금융 개혁을 통해 아픔을 겪고 있는 채권은행들의 관리하에서 구조 조정을 한다.

우리나라에 기업 구조 조정이란 개념이 등장한 것도 이 시기다. 이전에는 기업 구조 개선 작업, 즉 자산 매각이나 워크아웃 등을 통해 몸집을 줄이는 구조 조정은 거의 없었다. 당시 가장 큰 사건은 4대 그룹 중의 하나인 대우그룹이 해체다. 대우전자, 대우건설, 대우조선 같은 큰 기업들이 브랜드 가치를 잃어버리고 사라지는 아픔을 겪는다. 예를 들면 대우전자는 유럽의 전자제품 회사인 톰슨에 상징적으로 1달러에 매각되는 수모를 겪게 된다. 이러한 기업 개혁의 이면에는 채권은행이 있고, 모든 은행은 이미 그 자체가 이헌재 팀에 의한 개혁 대상이었기 때문에 기업 구조 조정도 이헌재 팀에 의해 이뤄졌다고 볼 수 있다.

공공 부문 개혁으로는 포스코, 한국전력, 한국통신 등이 민영화됐고, 정부조직의 인력 규모를 10% 정도를 줄이는 개혁 작업이 이뤄졌다. 민간 컨설팅 회사가 투입돼 사기업에서 하는 조직진단 기법을 사용해 정부조직의 군살을 빼겠다는 거창한 슬로건을 내걸었지만, 실제는 민간 조직진단 기법이 효과를 본 것은 아니다(임도빈, 2007).[6] 어떻든 적어도 겉으로는 IMF가 요구하는 개혁 조건에 맞추려고 정부조직이 공기업 등 준공공기관으로 바뀌는 법적 지위 변경으로 축소되는 부분도 있었지만, 명예퇴직, 저성과자 퇴출 등의 뼈아픈 고통이 있었다.

노동 개혁은 고용 경직성을 완화하고, 불필요한 인력을 정리해고하는 방식으로 이뤄졌다. 이것은 경영자보다는 노동자 측의 지지를 받았던 김대중 대통령의 기본 철학에 안 맞는, 강요된 개혁이었다. 부도난 기업의 대표들이 경제범으로 처벌받고, 일자리를 잃은 가장들의 가정이 생계가 어려워졌고, 심지어 자살하는 경우도 많이 생긴다.

이헌재 팀의 이와 같은 뼈를 깎는 듯한 개혁 추진 속에서, 한국 경제는 엄청난 체질 변화를 하게 됐다는 것은 사실이다. 2001년 8월에 국제통화기금(IMF)에서 빌린 돈을 모두 상환함으로써 IMF 관리의 통치 체제에서 졸업하게 된다. 이것은 IMF 역사상 전례 없는 짧은 기간인 2년 반 정도만에 극복한 사례로서 기록된다. 이헌재 팀이 개혁의 지휘 역할을 한 것은 사실이지만, 이런 사회적 비용은 온 국민이 부담한 고통이었으며, 이

---

6) 당시 정부 조직진단을 통한 정부 개혁에는 진념 당시 기획예산처 장관이 지휘했다.

를 위해 피나는 노력이 이뤄졌고, 심지어 금 모으기 등까지 일심단결해 위기를 극복하게 된 것이다.[7] 정부의 무능이 낳은 위기를 온 국민이 동참해 극복하려는 의지의 표명이었다.

V. 이헌재식 외환 위기 극복에 대한 평가

1 긍정적 시각

단기간에 외환 위기를 극복한 데에는 국제통화기금(IMF)에서 요구한 개혁을 실행하는 과정에서 총지휘를 맡은 이헌재의 역할을 무시할 수 없다. 특히 강봉균, 이헌재, 진념 세 명의 역할이 크다. 이헌재의 결단, 강봉균의 비전, 진념의 추진력이란 3박자를 개혁의 성공 요인으로 보기도 한다. 특히 이헌재에 대해서는 "정확한 판단력과 신속한 결단으로 시장의 신뢰를 받았고, 경제의 구원 투수 역할을 톡톡히 해냈다"라며 "경제관료가 정책의 합리성과 그것을 시장에 납득시킬 수 있는 능력을 동시에 갖추기란 쉽지 않다"라고 평가하기도 한다(이향휘 외, 2016).

그의 철학은 시장에 문제가 생기면 정부가 즉시 개입해야 한다는 시장개입주의다. 즉, 시장의 자율회복성을 부정한다. 오히려 시장이 정부 정

---

[7] 금 모으기 행사는 달러화가 부족한 상태에서 달러를 확보하는 방법이 금이라는 사실에 착안해 약 351만 명이 참여한 운동이다. 각 가정에서 소지하고 있던 반지, 목걸이 등 금 귀금속을 꺼내어 은행에 가져오면, 적절한 가격으로 매입해, 약 227톤의 금으로 골드바를 만들어 외국에 판매하는 방법으로 18억 달러를 확보했다.

책에 대해 잘못 반응해 역효과가 날 경우를 대비해 전광석화같이 과감하고 급박하게 개입해야 한다고 주장한다(김종수, 2008). 시장이 스스로 균형점을 찾아가도록 도와주고 기다리는 방식에는 반대하는 입장이다. 그는 여러 나라 중에서 왜 한국만 성공했는가에 대한 이유로, 국민적 에너지, 금융 시스템, 관료 시스템 세 가지를 든다(박성현, n.d.).

그가 취한 개혁이 가져온 효과에 대해 긍정적 평가를 하는 시각은 다음과 같다.

첫째, 금융 시스템의 근대화다. 금융 위기 후 개혁을 거치면서 한국의 은행은 관치금융에서 벗어나 독자적인 경영이 이뤄지는 체제로 상당히 바뀌었다. 금융 시스템의 투명화 내지는 국제화, 개방화를 가져왔다고 볼 수 있다. 외국 은행이 물밀듯이 들어올까 봐 큰 우려를 했지만, 사실 결과적으로는 그렇게 큰 유입을 가져오지 않았다고 볼 수 있다.

둘째, 금융 시스템이 변함에 따라 기업문화도 바뀌었다. 기업들의 부채 비율이 상당히 대폭 낮아졌고 불필요한 문어발식 투자나 무리한 확장을 삼가고 책임성이 강화됐다. 무조건 매출액을 늘리려고 하는 과시적인 팽창보다는 수익을 중심으로 사업을 추진함으로써 정부로부터의 자율성도 독자성도 향상됐다. 금융 부문이 개혁됨으로써 삼성전자, 현대차, LG전자 등이 오늘날 세계적 기업으로 성장하는 데도 어느 정도 기여했다고 볼 수 있다. 주식시장 등 자본시장에서는 외국 자본의 유입과 글로벌 스탠더드 도입으로 금융시장이 선진화된 긍정적 결과도 있다.

외환 위기라는 뼈아픈 경험은 한국 정부에 큰 경종을 울렸고, 여러 가지로 대비법을 모색하게 됐다. 유사한 위기가 벌어지지 않도록 평소에 여러 나라와 보유한 외화를 빌려 주는 통화 스와프 협정을 맺은 것이 그것이다. 2008년 미국 리먼 브라더스(Lehman Brothers Holdings Inc)에 의해서 세계 금융 위기가 닥쳐왔을 때에도 이명박 정부가 잘 대응해 무사히 지난 것도 이러한 뼈아픈 경험 덕분이었다고 하겠다(이규성, 2015). 아르헨티나 등 여러 나라는 외환 위기를 한 번 겪은 게 아니고 여러 번 겪는 경우도 종종 있기 때문이다. 정치가 불안정한 국가일수록 그렇다. 즉, 국제통화기금(IMF)의 도움을 통해 경제 체질이 바뀌고 다시는 그런 일이 안 일어나도록 시스템을 바꾸는 것이 중요한데 그런 것이 안 되는 때도 있다. 외국 투자자가 우리나라 시장에 들어오고 그에 따라 시장이 투명해지면서 펀드나 파생상품 등 여러 새로운 금융시장이 생긴 것도 금융 위기 극복과 관련 있다고 볼 수 있다.

❷ 부정적 시각

위의 긍정적인 측면에 대해 반대의 시각도 무시할 수 없다. 가장 큰 비판은 한국의 특수성을 감안하지 않고 IMF의 요구를 너무 그대로 수용한 것이 아니냐는 것이다. 국제시장의 실태를 잘 모르는 김대중 정부의 경제팀이 외환 위기를 극복하는 과정에서 철저하게 국제 금융자본의 논리를 추종해 개혁을 한 결과 국내 산업자본을 희생시켰다는 점이다. 기업이 도산하고, 사람들이 실직했으며, 좌절로 자살로까지 가지 않았었을 수도 있다는 시각이다.

우리보다 경제 사정이 더 나쁜 태국 등 동남아시아 국가들은 IMF의 처방을 수용하지 않고 버텼는데, 그만큼 기업 도산, 실업자 속출 등의 아픔도 적게 겪었다. 물론 이들 나라의 사정이 우리와는 다르다는 재반박도 가능하다. 예컨대 태국 등의 경우 주력산업이 쌀농사 등 농업이었기 때문에 외환 위기의 영향은 산업화한 방콕 등 일부 지역에 한정됐다. 반면, 한국 경제는 농업 비중이 그리 크지 않은 상태에서, 자본 수요가 막대한 중화학공업 위주로 산업 구조가 심화돼 있었기 때문에 외화를 확보하지 못하면 생존이 어려웠다.

이미 차입한 외화를 상환하기 어려운 것이 문제의 핵심이었다. 1998년 전반기에, 국제통화기금의 처방에 따라 시중의 자금을 끌어들이기 위한 명분으로 이헌재는 시중 금리를 연 29.5%까지 올렸다. 금리 조정은 법적으로는 중앙은행 소관 업무이지만 실질적으로 정부(이헌재)의 역할이 절대적이었다고 봐야 한다.

결과적으로, 이자 부담을 감당할 수 없게 된 중소기업들은 도산이 잇따랐다. 대기업, 중소기업이 구조 조정을 광범위하게 하는 상황에서, 창업 등 개인기로 살아남아야 하는 자영업자들까지 위기에 처했다. 이 상황에서 이헌재는 사실상 항복 선언으로 볼 수 있는 금융시장 개방을 제안하면서, 국내 금융기관의 인수를 허용했다는 비판을 받는다.

이보다 더 근본적인 비판은 신자유주의에 대한 반대론이다. 전 세계에서 일어난 신자유주의적 개혁은 한국 사회의 양극화를 심화시켰다고 비판한다. 김대중–노무현 정부를 "왼쪽 깜빡이 켜고 우회전"시킨 인물 중 하나로 지적한다. 특히, 외환 위기에 가장 큰 책임이 있는 재벌에 대해 특별한 조치가 없었고, 우량기업을 외국 자본에 무분별하게 넘겨 줌으로써 대량 정리해고 사태를 촉발했다는 비판이 제기된다.

경제철학 또는 원칙이란 측면에서 보면, 이헌재는 서강학파의 선도자였다고 볼 수 있다. 궁극적으로는 자유시장의 원리를 실현하려는 목표를 가지고 있었는지는 모르지만, 그 목표를 달성하려는 수단은 반(反)시장주의였다는 비판이다. 예컨대, 구현우(2011)는 이헌재가 주도한 경제 개혁

(특히 재벌 개혁)은 시장 원리에 의해 이뤄진 것이 아니라 정부의 강요에 의해 이뤄진 것이었고, 따라서 기업의 자기 책임 원리도 지켜지지 않았다고 말한다.

더 큰 비판은 이헌재의 개인적 이해(정확한 표현은 아닌 것 같다)가 작용하지 않았느냐는 비판이다. 의사결정이라는 권력(?)을 행사하는 과정에서 혜택을 보는 측과 그렇지 않은 측이 생기는데, 결과적으로 특정 세력을 지원하지 않았냐의 의문이다. 은행의 구조 조정 과정에서 론스타(Lone Star) 등 외국 투기 자본의 등장에 항상 이헌재의 이름이 빠지지 않고 거론됐다(이정환, 2006).

대우그룹과 같이 국제적 브랜드 가치가 큰 회사도 역사의 뒤안길로 사라졌다. 백기승 전 대우그룹 구조조정본부 이사는 이헌재 경제팀이 대우그룹을 지원하기보다는 정리하는 것이 훨씬 이롭다고 본 것은 잘못된 것이라고 비판한다. 김우중과 대우에서 일하다 해고된 이헌재가 개인적 보복 심리로 대우그룹 해체를 했다는 주장도 있다. 싱가포르국립대학의 신장섭 교수는 당시 금융감독위원장으로 정책을 주도했던 이헌재 전 경제부총리와 대통령 경제수석비서관이었던 강봉균 전 재정경제부 장관에게 대우그룹 해체와 관련한 핵심 쟁점인 '부채 비율 200% 규제의 근거와 효용성', '제너럴모터스(GM)의 대우차 비밀 인수 의향서', '대우와 삼성의 자동차 빅딜 종용 배경', '대우그룹의 단기 차입금 19조 원 증가 원인' 등에 대해 해명하라고 공개 질의하기도 한 바 있다.[8] 즉, 그는 개혁 방법이 잘못됐다는 근거로 내세우는 논리는 대우그룹 해체 후에 살아남은 대우건

---

8) 김우중 대화록 저자, 이헌재·강봉균에게 공개 질의. (2014.08.26. (17:00)). KBS 뉴스.
https://news.kbs.co.kr/news/pc/view/view.do?ncd=2918780

설, 대우조선해양(현 한화오션), 대우무역(현 대우인터내셔널), 대우종합기계(현 두산인프라코어) 등 계열사들이 상당 기간 건재하면서 한국 산업 발전에 기여했다는 점이다(신장섭, 2014). 여기에 대한 재반박은 당시 대우는 너무 큰 기업이고 부실이 커서 도저히 살아남을 수 없는 상태였다는 것으로, 이헌재 위원장과 강봉균 경제수석과 같은 개인 차원의 판단이 아니고, '시장'이 버린 것이라고 답한 바 있다(이태명·주용석, 2014). 그럼에도 불구하고, 구조 조정 과정에 지불한 대가가 너무 컸다는 점은 부인하기 어렵다.

나아가서, 이헌재가 추진한 개혁이 완전 경쟁시장 모형으로 경제 체질을 근본적인 차원에서 바꿨다기보다는 어설프게 함으로써 오히려 기존 문제를 오늘날까지 가중시켜 오도록 했거나 방치했다는 비판도 있다. 아직도 우리나라에 관치금융이 잔존하고, 심지어 민간 금융회사 사장의 인사에도 정치가 개입한다는 비판이 그것이다.

이와 관련된 것으로는 소위 모피아(Mofia)[9]라는 특정 관료집단을 만드는 데 이헌재 사단이 공헌했다는 비판이 있다(이헌재, 2012).[10] 이헌재는 재무부 출신 경제관료 인맥, 즉 모피아 그룹의 대부로 여겨지며 금융행정 분야와 일반금융 분야에 지속적으로 영향력을 미치고 있는 것으로 알려져 있었다. 금융산업의 특성상 정부 규제에 민감할 수밖에 없고, 이를 통해 금융계에 관료들이 진출하는 소위 관피아가 생겼다는 비판이다.

지금도 대형 시중 금융기관 중 하나인 하나은행이 모피아의 영향력에

---

9) 재무부 출신 인사를 지칭하는 말로 재무부(MOF, Ministry of Finance : 현 기획재정부)와 마피아(Mafia)의 합성어다.
10) 이헌재 사단이라는 말이 어불성설이란 반박도 있다.

상대적으로 취약하다는 지적은 이러한 깊은 역사적 배경을 갖고 있다. 1980년대 후반까지 하나은행은 작은 단자회사로 존재하며, 주로 단기 자금을 중개하거나 대출해 주는 역할을 수행하고 있었다. 그러나 1991년 은행 면허를 획득한 후 지지부진하다가 하나은행은 1998년 외환 위기 이후 급격히 규모를 키웠다. 이러한 변화는 이헌재 사단의 강력한 영향력 아래에서 이뤄졌다고 비판한다.

금융감독원의 한 관계자는 "2000년대 초반에 이헌재 당시 금감원장과 최홍식(전 금감원) 원장이 지휘하는 지배구조개선팀에서 충청은행, 보람은행, 서울은행 등 세 은행을 하나은행이 흡수하도록 지속적으로, 전폭적으로 지원해 줬다"라고 설명했다(정희상, 2021). 이러한 노력으로 하나은행은 2015년에는 외환은행을 흡수함으로써 국내 4대 금융 지주그룹 중 하나로 급격한 성장을 이룬다.

반면에 외국 투자자들이 우리나라 주식에 투자해 큰 차익을 가져오게 되는 결과도 가져왔다. 외국 자본이 상업용 건물 등 부동산을 싼값에 사들여 국부 누출을 하게 된 것이고 (우리나라 국민뿐만 아니라) 외국인도 그때 싼 매물을 산 사람들이 큰 이익을 얻을 수 있었다. 즉, 희생자도 많이 만들었지만, 거꾸로 외환 위기를 계기로 돈을 번 사람도 많이 생겼다.

선진국이 요구하는 경제 개방 및 체질 개선을 함으로써 생긴 가장 큰 것은 무조건적 효율성을 중시하면서 생기는 양극화 현상이다. 대기업과 중소기업 중 수출기업과 내수기업 간의 격차가 심해진 것이 바로 이러한 구조 조정의 결과물 중의 하나라고 볼 수 있다. 외환 위기 당시에는 대규모 해고로 인해 자영업으로 몰리면서 자영업자들의 영업 환경이 상당히 악화했고, 지금도 이뤄지고 있지만 대졸자들이 고용의 안정성을 위해 중소기업을 외면하고 대기업과 공기업으로 몰리는 그런 상황이 벌어진 것이다. 청년 실업의 문제도 이런 체제 개혁의 한 산물이라고도 볼 수 있을 것이다.

❸ 영향력의 지속과 중단: 경제부총리 재직

이헌재는 외환 위기 극복 과정에 주역이었지만, 그의 역할은 거기서 그치지 않는다. 그 후 등장한 노무현 정권에서도 구원 투수로 계속 공직에 있으면서 영향력을 행사한다. 일반적으로 개혁가의 한계는 개혁 작업을 시작은 해 놓지만, 자리에서 물러나면 실질적으로 연속적인 추진력이 현저히 떨어진다는 계속성의 문제다. 이헌재는 개혁가이면서 이를 다음 정권에서 지속적으로 집행할 수 있었다는 운이 좋은 사람이었다.

이전 정부에서 시작한 개혁을 지속한다는 틀 안에서 이헌재는 부총리 재직 중에 경제 정책에 대해 종합적인 접근을 한 것으로 평가된다. 2000년대 초반 신용 불량의 종합 대책, 경기 부양 종합 대책, 벤처기업 활성화 등 1년 동안에 20여 개의 각종 경기 대책을 내놓았는데, 이것이 노무현 정부의 경제 활성화에 조금이라도 도움이 됐을 것이라는 긍정적 시각도 있다. 이런 점에서 잠시 정책에 간여했던 행정가라고 여기는 것보다는 이헌재 개인의 영향력을 더 강조해서 봐야 한다. 구체적인 내용은 생략하지만, 그는 외환 위기 극복 과정에서 쓴 자신의 처방을 계속 추진했다.

반면에 이헌재가 부총리로 경질된 것은 20년 전 이헌재 부인이 위장 전입이라는 수법으로 경기도 광주와 전라북도 고창의 땅을 매입했고, 이것으로 부족해서 광주 땅을 매입한 11명의 사람 중 1명이 덤프트럭 운전사인데도 농협으로부터 하루 만에 대출을 받았다는 사실 때문이었다. 이 과정에서 이헌재가 압력 행사를 했던 것이 아니냐는 의혹을 샀고, 또한 3·1절 행사에 불참하고 오후에 골프를 쳤다는 것 때문에 국가관을 의심받기도 하는 등 정치적인 의혹을 샀다.

여론몰이식 매스컴 보도에 노무현 당시 대통령은 이미 여론 재판이 끝났기 때문에 다른 대안이 없는 걸로 생각해 부총리를 경질한다. 20년 전에는 부동산 매입 과정에서 항상 이런 정도의 비리가 관행적으로 있었는데, 이 위반을 문제 삼았다는 것, 즉 국민 정서법에 위반됐다는 것이 의문이 든다(채수홍, 2005). 즉, 이헌재 부총리의 재직 당시에 능력과 업적을 중심으로 봐야지, 이전의 관행을 문제 삼는 것은 문제점이 있다. 그러나 적어도 공직자는 일반 국민의 윤리적 모범이 돼야 한다는 측면에서 본다면, 이헌재 부총리의 이러한 흠집은 아쉬운 점으로 남는다.

VI. 나오며: 행정가에서 정치가로 변신

독립운동가라는 명문 가문에서 태어나 정부에서 사무관으로 직업 세계를 시작했다는 점에서 이헌재는 행정가임이 틀림없다. 행정관료와 정치인이 어떻게 역할이 다른지는 사람마다 다르다. 정치행정일원론과 이원론이라는 논쟁이 있으니 더욱 그렇다. 정치인이 정해 준 정책 방향을 행정인이 어떻게 집행하느냐를 정책 형성과 정책 집행으로 구분해 보자. 젊었을 때부터, 특히 사무관으로 들어왔을 때부터 정치적 역할을 한다는 것은 쉽지 않다. 즉, 그는 집행 업무를 주로 하는 관료였다는 점에서 행정인이었다.

그러나 그는 이미 출생부터 정치적인 혈통(DNA)을 타고났는지도 모른다. 행정고시로 관직에 들어왔지만, 10년 정도 근무하고 공직을 떠난다. 만약 공직에 계속 근무했다면 승승장구 승진해서 장관까지 했을지는 잘 모른다. 제한된 정보이지만, 유학을 떠날 때부터 순수행정보다는 정무적 측면에 관심이 있었던 것으로 보인다. 그리고, 기회가 왔을 때 놓치지 않고 잡은 것이다. IMF 덕분에 김대중 대통령이 당선됐다는 해석과 똑같이 이헌재도 IMF 덕분에 공직에 돌아올 수 있었다고 할 수 있다. 한국 경제사의 비극이라고 할 수 있는 IMF 구제금융을 받는 시기에 이헌재는 개혁을 주도하는 위치에 있으면서 한국 경제에 획기적 전환점이 되는 역할을 수행했다.

그는 학문적으로는 경제학적 시각을 가지고 있었지만, 실제로는 현실 정치 밀착형 경제관을 가진 인물이다. 즉, 순수 경제학자가 아니라 응용 경제학도다. 이헌재는 자신의 저서인 『경제가 정치다』(2011)에서, "기득권이 해소될 때 비로소 새로운 체제로 나아갈 수 있는 전환을 맞게 된다"고 언급했다. 이러한 논리에서 박근혜-최순실 게이트를 한국 사회의 축복으로 진단하며, 정치와 경제의 긴밀한 연결성을 강조했다.

정치를 '잘됐다, 잘못됐다'라고 객관적이고 학술적으로 평가하기는 어렵다. 즉, 정치에는 정답이 없다. 서로 다른 해석이 있을 뿐이다. 이런 차원에서 볼 때 자신만의 가치관을 가지고, 큰 정책을 정하고 추진하는 정치적 감각은 아무나 갖고 있는 것은 아닌 것 같다. 이헌재가 어느 순간부터 정치인으로 완전히 변신했느냐가 궁금하다. 아마 IMF 위기 구원 투수로 들어갔을 때가 아니었을까 한다. 때를 만나는 정치인이 있고 평생 그 때를 만나지 못하는 사람도 있다.

이헌재에 대해 비판적 시각을 가진 사람은 정치가(좀 더 정확히 표현하면,

경제정책가)로서 이헌재가 추진한 결과에 대해 이헌재에게 전적인 책임을 물을 것은 아닌 것 같다. 이러한 성향을 가진 사람임에도 불구하고 그를 임용한 대통령의 책임이라고 해야 하기 때문이다. 대통령도 경제 지식이 넓고 깊은 것은 아니기 때문에, 그 당시 대통령이 인선하는 데 도움을 준 사람들의 책임이라고 할 수 있고, 이는 곧 대통령의 인복(人福) 문제이기도 하다. 즉, 인사는 잘 계산되고 의도된 것이라기보다는 우리나라의 운명이라고 할 수밖에 없을 것이다.

그러나 행정학적 입장에서 비판하고 교훈을 받을 점은 분명히 있다. 그것은 이헌재 개인의 공직관과 태도다. (정확한 사실은 알려지지 않았지만) 1979년 율산 사건에 연루돼 공직을 떠난 점도 이헌재가 개인 윤리적인 측면에서 문제가 있음을 부정하기 어렵다. 비록 검찰이 무혐의로 판정했지만, 옵티머스 사건에도 이헌재가 고문으로 있었다는 사실은 이런 의심을 가능하게 하는 측면이 있다. 비록 부인의 탓이라고 하지만, 부총리직을 떠나게 된 것도 그렇다. 당시 그렇지 않은 사람은 별로 없었다고 정당화할 수 있지는 모르겠으나, 지금 시각으로 보면 윤리적 비판을 면하기 어렵다. 급격하게 사회, 경제, 문화가 바뀌는 한국 사회에서 시간 변수를 고려해야 하는 문제가 있기는 하다. 그러나 아주 조심스럽게 후대 관료들에게 줄 수 있는 최소의 명확하다. "평소의 작은 비윤리적 행위는 후일 큰 정치적 희생양이 될 여지를 만드는 것이다."

한류와 문화예술행정의 관계는?: 정병국

I. 들어가며: 한눈 팔지 않고 문화에 정진한 행정가

　해방 후 한국의 문화예술 분야는 서구를 동경하고, 서구의 것을 소비하는 데 급급했다. 세계적으로 널리 알려진 한국의 문화예술이 없다고 할 정도였다. 이러한 문화 불모지가 완전히 탈바꿈하는 데 70여 년이 걸린다. 2022년 *US News*의 발표에 따르면, 이탈리아의 문화 영향력 지수가 100이라고 한다면, 한국은 64로 괄목할 만한 성장을 한다. 문화예술은 취미나 여가로 즐기는 데 그치지 않고 이미 산업화해 국가 경제에 중요한 부분이 됐다. 예컨대 2022년 한국콘텐츠산업의 수출 규모는 145억 달러를 넘어서서, 그동안 상위를 차지했던 통신기기, 전지, 컴퓨터 분야보다 더 큰 액수로서 명실공히 한국을 대표하는 주요 산업으로 성장했다.
　이러한 한국 문화, 즉 K-Culture는 정부의 역할이 없이 창의적인 문화예술인에 의해 저절로 성장할 수 있었을까? 지금은 정부의 규제 때문에 못 하는 것이 많아서 예술 분야에서는 정부가 차라리 없었으면 하는 부정적 시각도 있다. 이 부분이 논쟁의 여지가 있다고 한다면, 경제 수준이 낮아서 많은 국민이 의식주 해결이 주 관심이었던 과거에도 그랬을까. 역사는 물과 같이 흐르는 것으로 돌이킬 수 없지만, 정부가 문화 영역에서 아무것도 안 했다면 오늘날 모습이 어떻게 됐을까 상상하기 어렵다. 즉, 문화 분야에도 발전행정론이 적용된다는 것이다.

이러한 관점에서 한국의 문화예술행정을 이끈 대표적인 인물을 한 명만 고르라 한다면 수많은 문화예술계 인사와 정무직 장·차관들 중에서도 단연 고(故) 이어령 전 장관을 많은 국민은 떠올릴 것이다. 이어령 전 장관은 그 개인의 문화·예술적 업적은 별론으로 하더라도 1988년 서울 올림픽의 개·폐막식을 총괄 기획하고, 노태우 정부 초대 문화부 장관으로서 한예종 설립, 국립국어연구원 발족, 경복궁 복원계획 수립 등 문화예술행정 분야에서 지대한 영향을 미쳤다.

그러나 첫 단추를 잘 끼웠다고, 다음 단추도 저절로 끼워지는 것은 아니다. 오늘날 한류가 전 지구를 휩쓸고 있는데, 문화부 창설 이후로 현재에 이르기까지 과연 누가 한국의 문화예술행정을 바꾼 정책가(행정가)인가라는 질문을 던질 필요가 있다.

이 질문에 답하기 위해 역대 문화부 장차관을 검토한 결과 눈에 띄는 인물이 정병국이다. 인물의 선정에 대해 동의하지 못하는 사람도 있을지 모르지만, 여기에서는 정병국의 문화예술 분야 행정 업적과 정책 기여를 체계적으로 살펴보고자 한다.

구체적으로 정병국이 성장하고 교육받은 배경을 살펴본 후, 정치에 입문해 5선 국회의원, 문화체육관광부 장관 및 한국문화예술위원회(ARKO) 위원장으로 지낸 기간의 정책 방향, 그의 발언과 행동, 그리고 이에 따라 이뤄진 실질적인 변화를 조사하고 분석하고자 한다. 이러한 작업을 통해, 그가 한국 문화예술계에 미친 영향의 본질을 추출하고자 한다. 이를 통해 정병국의 행적이 한국 문화예술계의 현대적인 풍토를 어떻게 형성해 왔는지에 대한 깊은 이해를 제공하고, 그가 문화예술계 정책가(행정가)로서 기여한 측면을 이해하고자 한다.

이 장의 목표는 정병국이 한국 문화예술계에 미친 영향을 정성적으로 평가하고, 그가 이 분야의 정책적(행정적) 리더로서 많은 변화와 혁신을 이끌어 낸 것임이 확인된다면, 그의 행적은 향후 문화예술 분야 행정이 나아가는 방향을 잡는 도움이 될 것이다.

II. 인물 자료 분석방법론

연구의 방법은 문헌 연구법이다. 마치 전기(傳記)를 쓰는 것처럼 일단 가능한 모든 자료원을 통해 인물에 관한 모든 정보를 얻어 내는 과정을 거친다. 그런데 정병국에 관해서는 이 책의 다른 장에 비해, 좀 더 체계적인 방법을 사용했다. 생존 인물이므로 당사자의 특강, 사적인 대화에서 얻어 내고 확인하는 과정을 통해 문헌 자료에서 얻은 정보의 타당성과 신뢰성을 높이려고 했다.

구체적으로 그의 과거 행적을 문헌·인터넷 등을 통해 추적하고, 그가 인터뷰·강의 등에서 남긴 발언들을 근거로 작성했으며, 특히 네이버 포털에서 2000년부터 2023년까지 연도별로 '정병국 인터뷰'를 키워드로 검색해 그가 문화예술 분야에 계속해서 관심을 가져왔는지, 어떤 분야에 관심을 보이고 기여해 왔는지를 추적했다.[1] 이 방법을 통해 정치적인 내용을 제외하고 문화예술과 관련된 발언들을 발췌해 분석함으로써 그의 문화예술계 리더로서의 역할에 대한 평가를 진행했다. 물론 언론의 속성상 여론의 주목을 받을 인물을, 그때 상황에 따라 인터뷰하기 때문에 이 방법이 정병국의 모습을 정확히 보여 준다고 단언하기는 어렵다.

이런 한계에도 불구하고, 정병국이 문화예술에 대한 인터뷰에서 어떠한 발언을 했는지를 토대로 그의 문화예술계 행정가로서의 역할과 관심을 어느 정도는 확인할 수 있다. 이는 단순히 정치적인 입장이 아닌, 문화예술에 대한 심도 있는 이해와 지원을 얼마나 강조했는지 보는 것이다.

우선, 이 글의 분석 범주에 포함시킬 수 있는 언론 인터뷰의 숫자가 그리 많지는 않았다. 2000년에서 2005년까지는 문화예술에 관련해 그가 한 발언이 보도된 적이 전혀 없다. 2006년에 정치적 차원에서 그의 발언이 시작된다. 그런데 2011년부터 2023년까지의 12년 동안, 정병국의 문화예술계에 관한 관심과 참여는 다양한 변화와 굴곡이 있었다. 특히 2015년 이후, 5선 의원으로 활동하면서 당에서 맡은 직책이 상승하고 정치적인 역할이 강조되면서 문화예술에 관한 관심이 상대적으로 줄어든 것으로 생각된다.

정병국 본인은 문화예술에 대해 원래부터 지속적인 관심을 가졌다고 주장하지만, 언론이 보도한 그의 인터뷰에 나타나는 것은 적었다는 점을 주목할 필요가 있다. 과거와 현재의 발언을 비교해 보면, 정병국이 개인 차원에서 문화예술에 대한 가치관을 오랫동안 갖고 있었고, 공직 취임에

---

[1] 이 작업을 수행한 2023년 서울대 행정대학원 대학원생 박상민에게 감사한다.

서 기회가 오면 그것이 발휘된다는 점을 확인할 수 있다.

III. 정치 입문과 문화 충격: 성장 과정

1 고집 센 아이에서 민주화 투쟁으로

1958년 2월 10일 경기도 여주군에서 태어난 정병국은 어린 시절부터 끈기와 의지를 보여 주면서 성장했다. 어려운 환경 속에서도 교육에 대한 열망이 커서 서울로 전학가고 싶었으나 과정이 순탄치는 않았다. 서울 유학의 꿈을 갖고 있던 꼬마 정병국은 초등학교 5학년 때 서울의 중학교에 들어가려고 아버지에게 서울 유학의 꿈을 얘기했다가 거절당했다.

그는 "그때 처음으로 아버지와 자신의 갈 방향에 대해 대척점에 섰다"라고 회상했다. 그가 내놓은 수는 등교 거부였다. 여름방학이 끝나고 학교를 보내는 아버지를 피해 산으로 도망가 놀다 내려오고 피해 다니기를 한 달, '자식 이기는 부모 없다'더니 그의 아버지는 승복했다(오세중, 2015).

고등학교 3학년이었던 그의 형의 빨래와 식사를 챙기면서 시작된 정병국의 단칸방 서울 유학 생활은 그리 쉽지 않았다. 서울정덕초등학교, 용문중학교, 서라벌고등학교를 거쳐 성균관대학교 사회학과에 입학한다.

정병국의 정치적 활동은 대학 시절부터 시작된다. 그의 학창 시절은 당시의 어려운 정치적 상황 속에서도 민주화운동에 참여하며 정의와 진리를 추구하는 가치관을 다진 시간이었다고 볼 수 있다. 1978년에 성균관대학교에 입학한 그는 바로 학생운동에 가담하는데, 이 때문에 경찰에 수배됐고, 1980년 군사정부에 의해 체포됐다.

1979년 10·26 박정희 시해 사건 이후, 그해 12월 12일 전두환 쿠데타, 그리고 1980년 5·18을 거치는 시기에는 민주화 투쟁이 거의 정점에 달했었다. 매일같이 데모가 일어나고, 민주화운동에 적극 가담하는 운동권 학생은 그만큼 희생을 감수해야 하는 상황이었다. 체포되면, 감옥에 가든지 군대에 자진 입대하든지 중에 하나를 선택해야 하는 경우가 많았다. 군부정권의 입장에서는 일단 이런 학생들은 학교에서 분리해 군대에서 교화하는 과정을 거치게 하려 했다.

정병국은 해병대에 들어가 군 복무를 한 뒤, 다시 학교로 돌아와 학사학위를 받았고, 계속 활발하게 민주화운동에 참여한다. 군 제대 후 민주화운동에 적극 가담하는 가운데 이한우 열사가 시위 중 사망한 것을 계기로 더욱 격화된 1987년 6월 항쟁 때 결국 구속됐다.

당시 변호인단은 김영삼(YS)과 김대중(DJ) 전 대통령이 주도했던 민주화추진협의회에 의해서 구성됐고, 이후 정병국은 친구의 부탁으로 정치인 YS 캠프에 참여하면서 YS와 인연을 맺는다. 이 인연이 정병국이 정치인으로 입문하는 계기가 된다.

정치 활동을 시작한 그는 제13대 대선에서 홍보 담당 전문위원으로 참여하며 능력을 발휘했다. 비록 대선에 승리하지는 못했지만, 이후 김영삼 대통령의 인정을 받아 통일민주당 총재 비서관, 민주자유당 대표 비서관을 맡았다. 정병국이 도운 김영삼 대선 후보가 제14대 대선에서 승리한 것은 그의 인생에서 가장 큰 정치로의 문이 열린 것으로서, 36세의 나이에 청와대 제2부속실장에 임명된다.

❷ 전양자와 명동극장

정병국은 정치인으로서 YS에게 줄을 잘 서서 청와대에 들어갔고, 대통령과 가까우니 장관이 된 사람이다. 그가 문화행정과 무슨 관계가 있었는지, 그의 문화 분야 전문성에 대한 질문을 해야 한다. 문화행정가로서 자질과 준비가 있는가라는 의문이다.

정병국은 어려서부터 문화예술에 지대한 관심을 보였는데, 한 일화를 소개하자면 다음과 같다.

"초등학교 5학년 때 양평에서 서울로 전학을 왔었다. 그때 한 반이 80명이었는데, 월요일에 학교를 나가면 지난 주말에 영화를 봤다는 친구가 한두 명인데 부러움과 호기심이 생겼다. 음악회를 갔다 왔다는 얘기도 하는데, 영화가 뭔지 음악회가 뭔지를 본 적이 없으니까, 거기에 대화하는 데 끼어들 수가 없어 상대적 박탈감을 느꼈다. 그 얘기만 하면 쑥 빠져나와서 아웃사이더가 될 수밖에 없었다. 용문중학교 2학년 때 중간고사가 끝나고 나서 전 학년이 단체로 연극을 보러 지금 명동의 예술극장(당시 국립극장)에 갔다. 용문중학교 뒤에 고대병원이 있었지만, 거의 논밭이었다. 그때 명동을 나와서 휘황찬란함을 보면서 첫 번째 쇼크를 받았고, 두 번째는 큰 극장의 규모에 압도당했었다."

정병국의 문화적 감수성을 가장 자극한 것은 난생 처음 보는 연극이었다. 연극의 막이 열렸는데, 출연한 인물이 흑백 TV에서 보던 사람이었다. 그 시기에는 텔레비전이 집마다 보급이 안 돼 있어서, TV를 보려면 부잣

집에 가든지 만화방에서 돈 내고 연속극을 봐야 할 때였다. 그 당시에 우리나라 최고의 인기 탤런트가 전양자였는데 정병국이 무대에 선 전양자를 직접 본 순간, 전율을 느낀다. 그 연극은 '무녀도'였다.

정병국은 이 문화 충격 이후, 남한테 지기 싫은 경쟁심으로 문화예술 활동을 이어 간다. 기회가 있을 때마다 연극을 보기 시작했고, 영화를 보기 시작했으며, 결국 문화 향유가 그의 취미가 됐고 생활의 일부가 됐다. 정병국이 문화 쪽에 관심을 두게 된 것은 초등학교 5학년 때 서울로 전학을 온 후 받은 문화 충격, 특히 중학교 때 본 연극 한 편이 결정적이었다.

그의 문화예술에 대한 관심과 문화 향유는 여기서 그치지 않는다. 그가 결혼하고 아이를 낳은 후에도 아이가 자신과 같은 문화 소외라는 굴레에 빠지지 않도록 최선을 다한다. 자녀를 어렸을 때부터 자연스럽게 문화예술에 노출시키려 노력한다. 자주 극장에 데리고 가고, 공연장에 데려가고, 미술관과 박물관을 데리고 다녔다. 육아가 부부만의 책임이었던 과거 시기에 이런 취미 생활을 하는 것이 매우 어려웠다.

연극의 경우 당시의 공연장은 가족 친화적인 공간이 아니었다. 부부가 서로 각각 1막씩 보고, 한 사람은 애를 데리고 홀에서 노는 것이다. 1막, 2막을 각각 번갈아 가면서 보고, 연극이 끝나고 마지막 커튼콜 할 때 극장 측에 양해를 구하고 애를 극장 안에 데리고 가서 분위기를 느끼게 해준다. 이러한 방법으로 그의 자녀들도 문화를 즐기게 하는 삶의 일부가 돼, 문화 향유 습관을 세습하게 된다.

Ⅳ. 문화행정에 손을 대다: 베니스 비엔날레

❶ 청와대 제2부속실장 : 모두가 한 표다

정병국은 36세의 젊은 나이에 청와대 제2부속실장에 임명돼 영부인을 보좌하는 업무를 담당한다. 이때부터 정무적으로 두각을 나타낸 정병국은 미국 국무부 초청으로 IVP(International Visitors Program)에 참가했는데, 이 프로그램은 김영삼, 김대중 등 세계 각국의 차세대 지도자로서 성장 가능성이 있는 사람들만 참가할 수 있는 프로그램이었음을 감안한다면 당시 그가 얼마만큼 정무적 차원에서 인정받고 있었는지를 알 수 있는 대목이다. 그는 제2부속실에 근무하면서 더 큰 정치인으로 성장할 기회와 경험을 많이 쌓게 된다.

정병국은 김영삼 대통령 당선 이전에도 이미 부인 손명순 여사를 담당하게 됐다. 이 과정에서 당시 손명순 여사와 관련된 일화가 정병국의 일생을 통해 공직자로서 방향 잡기를 해 줬다.

(대선을 앞두고) "선거대책위원회는 손명숙 여사에게 위험 인물들 리스트를 주고 이들과의 접촉을 피하게 하라고 했다. 당시 정치환경은 복잡했고, 여러 사기꾼이 꼬이기 때문이었다. 선거대책위원회에서는 위험 인물로 판단된 명단을 내게 전달했고, 그 정보를 바탕으로 손명숙 여사의 접촉자들을 주의 깊게 관찰했다. 몇 차례 동일한 인물과의 접촉을 피하라고 여사님께 말씀드렸으나 듣지 않으셨다. 동일 인물을 세 번째 만나는 상황에서 다시 말씀드리니

여사님은 나에게 '정치에서 모든 사람, 좋은 사람이든 나쁜 사람이든 똑같이 한 표다'는 점을 강조하셨다."(서울대학교 행정대학원 특강, 2023년 10월)

이 경험은 정병국에게 큰 충격을 줬으며, 그의 정치철학과 원칙을 형성하는 계기가 됐다. 그 이후로 그는 모든 유권자를 동등하게 대하고, 사람들과의 관계에서도 일관된 태도를 유지하기로 결심한다. 여야를 막론하고 공평한 정책을 펴야 한다는 점, 나중에 공직을 맡았을 때 전 국민에게 혜택이 돌아가도록 하는 정책 태도 등이 여기서 길러지지 않았나 생각된다.

❷ 백남준과 베니스 비엔날레 한국관

청와대 제2부속실장으로 있었을 때, 정병국은 처음으로 문화 정책에 간여하게 된다. 가장 큰 규모이기도 했고, 우리는 꿈도 꾸지 못했던 베니스 비엔날레에 관한 것이다. 지금은 많은 종류의 비엔날레가 있지만, 당시에는 베니스 비엔날레가 거의 유일하게 우리에게 알려진 국제 미술행사였다.

베니스 비엔날레는 각국의 미술 작품을 세계에 알리는 매우 중요한 플랫폼이다. 거기는 국가별 전시관이 26개가 있는데 원래 한국관이 없었다. 그 이전까지는 한국관이 없었는데, 1995년에 가장 마지막으로 들어간 나라가 되는 데 정병국이 결정적 기여를 한다.

1993년도에 백남준이 독일관의 초대 작가로 선정돼서 작품을 전시했는데, 마침 황금사자상을 받는다. 한국인이 이 정도의 주목을 받는 것은 매우 이례적이었다. 중심의 미술계에서 백남준이 이 정도의 주목을 받게 된 것도 그가 미국에서 활동했기 때문이기도 하다.[2)] 수상을 기념하기 위해 베니스 시장이 수상자들과 공식 만찬을 하는데, 한국 정부를 대표해 참석한 정병국이 같은 테이블에 앉는다. 백남준이 갑자기 베니스 시장에게 베니스 비엔날레장에 한국관을 짓자고 건의한다. 그러나 베니스 시장은 공간 문제로 더 이상 국가관은 안 짓는다는 원칙을 얘기한다. 유럽은 모든 면에서 매우 보수적이어서 현상 변경을 잘 안 하는 편이다. 더 이상 짓고 싶어도 못 짓는다는 시장에게 백남준은 이렇게 말한다. "지금 세계에서 유일한 분단국가가 대한민국인데 이걸 지어 주시면 남북이 공동으로 2년마다 여기서 전시하도록 하겠습니다."

> 베니스 시장은 '이거 가지고 잘하면 노벨 평화상 받을 수 있겠다'는 야망이 있어서 오케이한 것이다."

이것은 정치인으로서 감각이 있는 정병국의 추측이기는 하다. 한국관 설치는 기인(奇人)에 가까운 예술인 백남준이 식사 자리에서 즉흥적으로 던진 얘기가 시작점이다. 비록, 어려운 한국관 설치를 이탈리아 측으로부터 허락받았어도 건축비 등 막대한 예산이 소요되는 이 계획을 한국 정부로부터 어떻게 공식적으로 승인받느냐는 또다시 넘어야 할 산이었다. 우리나라의 경제 수준이 낮아 문화예술 분야는 국정에서 관심을 끌기 어려

---

2) 서구의 예술계(미술 포함) 지배 현상은 오늘날에도 변함이 없다. 우리에게는 백남준이 비디오 아트의 선구자로 알려진 인물이지만, 서구 미술사에서 아직도 크게 부각되지 못하는 실정이다. 이런 측면에서 본다면 K-Culture의 영향력도 미미해 아직은 서구 문화예술계에서 주류의 일부로 자리 잡지 못하고 있다. 지배적이라고보다는 일부에게 관심을 일으키는 정도라고 보는 것이 나름 현실적인 평가일 수 있다.

운 시기여서, 이런 문제는 주요 정치인이나 여론도 관심 밖이었기 때문이다. 여기서 또 한 번 정병국의 역할이 두드러진다. 일단 대통령부터 설득해야 했다. 마침, 한국 사람이 국제 무대에서 유명한 상을 받는다는 것이 매우 드문 시대에 백남준이 베니스 비엔날레에서 황금사자상을 받고 정명훈이 국제 피아노 대회에 나가 대상을 받은 것이 매스컴이 대서특필한다. 이를 축하하기 위해, 한국 정부는 두 사람에게 신한국인상을 수여하기로 한다.

수상식은 오늘날과 같이 TV 중계와 같은 대중을 상대로 홍보하는 것이 아니고, 청와대에서 대통령이 직접 수여하는 방식이었다. 이때, 정병국은 김영삼 대통령 부속실장이었다. 백남준이 잘 맞지도 않는 양복에 넥타이도 상갓집 가는 검은색 넥타이를 매고 청와대의 대기실로 왔다.

"내가 오늘 대통령 만난다니까 정장을 해야 한다고 그래서 남대문 시장에서 산 거야."라고 하는데 정병국의 눈에는 옷이 잘 맞지 않고 옆이 불룩하고 어색해 보였다. 수상을 마치고 나와 차를 마시면서 백남준은 "아, 답답해서 혼났네"하면서 넥타이를 풀었다. 백남준은 이렇게 퍼포먼스를 하면서 김영삼 대통령한테 이탈리아로부터 한국관 설립 허가를 받았으니까, 정병국에게 예산을 마련해 달라고 했다. 이러한 정병국의 역할 덕분에 베니스에 한국관 건축이 1995년도에 완공됐다.

2025년은 비엔날레 한국관 설립 30주년이다. 정병국은 2023년 한국의 문화예술 지원을 총괄하는 한국문화예술위원장이 된다. 정병국은 건축전을 하기 위해 증축이 필요한데, 5년 전부터 요구한 증축 허가를 안 해 주고 있는 베니스 시청 측으로부터 민원을 해결한다. 2023년 방한했을 때, 증축 허가를 해 주겠다고 공개적으로 축사를 하게 만든 것이다.

베니스 비엔날레 한국관을 처음에 지어야 한다는 아이디어 수준일 때,

청와대에서 백남준, 정명훈을 안내했던 정병국이 문화부 장관이 되자 한국관 건축을 완공시키고, 다시 문화예술위원장이 돼서 그걸 또 증축하게 됐다. 요컨대, 정병국은 베니스 한국관을 만들어 낸 중심 인물이다. 2024년에는 건축전을 했는데 건축전은 별로 조명을 받지 않는 게 아쉽기는 하다. 비엔날레에서 건축전보다 중요한 것이 미술전이기 때문이다. 정병국을 포함한 한국 정부 인사들은 통상적 30주년 기념으로서의 한국관에서 전시를 넘어 좀 더 큰 행사에 입찰해 성사시킨다. 이는 한국관에서 행사와 더불어 별도의 공간을 빌려서 특별전(베니스 비엔날레 재단이 인정하는 병행 전시)을 하는 것이다.

2025년은 지난 30년 동안 한국관을 거쳐 왔던 작가들의 전시를 전체적으로 모아서 한국 미술의 흐름을 전 세계인들에게 보여 주는 기획전이다. 한국이 세계적으로 예술 강국이라는 점을 홍보하는 행사다. 요컨대, 베니스 비엔날레에 한국관이 지어지고, 한국 예술가들의 국제적 활동을 넓힌 것은 우연이 아니다. 정병국이 문화 분야에 씨를 뿌리는 순간에서부터 한국관 30년을 총정리를 하는 순간까지 직간접적으로 간여했기 때문이다. 예술의 중요성을 알고 있는 정병국 개인의 정무적 감각과 행정력의 뒷받침이 있었기 때문에 가능한 일이었다. 공직의 자리를 옮기면서, 이런 인연이 지속되는 행운이 깃든 것이다. 오늘날 세계를 강타하고 있는 K-Culture가 저절로 된 것이 아니고, 이미 이 시기에 정병국을 비롯한 이러한 인사들이 이미 그 당시에 한국 문화의 국제화 작업의 씨를 뿌리기 시작한 것이다.

V. 정치개혁과 문화예술

1 정치를 뒤엎는 젊은 피

청와대 근무를 마친 정병국은 2000년 42세의 나이로 16대 국회의원으로 당선된 후, 21대까지 5선 의원이 됐다. 초선 국회의원 정병국은 그동안 쌓여 온 한국 정치의 고질병에 과감히 도전해서 보스 중심의 파벌정치를 과감히 벗어나기 위한 운동을 주도한다. 국민이 주인이라는 민주주의 원칙에 충실하려는 소신이 있었기 때문이다. 군사정권으로부터 민주화는 됐지만, 정치인들이 구태정치를 벗어나지 못하는 데에 도전장을 낸 것이다.

정치 입문 초기부터 정치를 같이했던 몇 사람이 힘을 합하게 된다. 원희룡, 남경필과 함께 '원남정'으로 불리는 소위 '젊은 피'였다. 이들은 공천권을 가진 보스에 맹종하지 않고 개혁적이고 소신 있는 언행을 서슴없이 했으며, 당시 한나라당의 쇄신을 끈질기게 요구한다. 이후에는 원희룡, 남경필이 도지사로서 지방정치 무대로 자리를 옮긴 데에 반해 정병국은 중앙정치 무대에서 계속해서 활약한다.

정병국은 평소에 민주주의의 꽃인 선거를 공정하게 해야 한다는 생각을 가지고 있었는데, 박사학위 논문으로 '선거 공영제'를 다룬 것도 우연이 아니다. 이 논문이 후에 '오세훈 법(2004년 통과,「정치자금법」·「정당법」·「공직선거법」을 묶어 일컫는 말로 불법 정치자금 모금을 방지하고 돈을 들여서 할 수 있는 선거운동과 사전선거운동을 획기적으로 제한)'의 기반이 된다. 그가 국회의원으로서 모든 실무 작업을 했으나, 선거 출마 시기여서 당시 불출마를 선언한 오세훈 의원에게 법안 작업을 마무리하도록 했기 때문에 정병국 법이라는 별칭을 얻지 못했다. 정치개혁 특위에서 실질적으로 입법 과정에 주도적 역할을 했으며, 오세훈이 대표 발의해 정치개혁 법안을 마무리한다. 이 법의 핵심은 선거운동 과정에서의 지출을 제한하고, 일정 비율 이상의 득표를 얻으면, 정부의 지원을 받을 수 있는 선거공영 제도다. 돈을 투명하게 관리함으로써 깨끗한 선거를 할 수 있게 한 것이다. 특히 돈이 없는 후보라도 일정 수준 이상 득표하면, 선거 비용을 돌려받을 수 있게 함으로써, 유능한 정치인은 돈 걱정을 하지 않고 출마할 수 있게 한 획기적 제도다.

재선이 계속되면서 중진이 된 정병국은 한나라당 사무총장을 역임하는 등, 정치적으로 중요한 역할을 한다. 특히, 이명박 정부에서 문화체육관광부 장관으로 임명된 정병국은 한국 문화의 세계화를 위해 다양한 정책을 추진한다.

이후, 2016년에는 박근혜 대통령의 탄핵 주도에 앞장서 원칙을 지킨 정치인으로 인정받았다. 그는 박근혜 대통령의 행위가 대한민국 헌법 1조 1항을 위반한 것으로 판단했고, 이를 바탕으로 탄핵운동에 참여했다. 여당이 바뀌어야 한다고 생각해 바른정당을 창당해 초대 당대표가 된다. 이후, 바른정당은 국민의당과 2018년 통합해 바른미래당이 됐으나 바른미래당은 여러 내부 갈등으로 새로운 보수당과 국민의당 등으로 다시 분열됐고 민생당으로 합당한다. 이때 정병국은 새로운 보수당으로 당적을 옮겼으며 이후 2020년 미래통합당을 거쳐 국민의힘으로 당적을 유지하고 있다.

5선 국회의원이 된 이후에도 소장파로서 계속해 온 정치 개혁을 주장했다. 자신의 주장이 받아들여지지 않자, 지역구인 양평에서 5선 의원이지만 과감히 22대 총선에 불출마 선언을 한다. 그의 이러한 원칙적인 태도와 행동은 많은 사람으로부터 인정받게 하는 요인이 된다.

중진 의원이 된 이후에는 건전한 정치인을 길러야 한다는 소신에 따라 청년정치학교를 만들어서 정치인이 되고자 하는 젊은이들에게 다양한 커리큘럼으로 정치 교육을 시키고 있다. 진보적 시각을 갖고 있는 전문가도 부르고 보수적 시각을 갖고 있는 전문가도 불러서 다양한 정치적 입장을 접하게 하고 판단은 학생들이 하도록 하는 교육과정이다. 제8회 전국동시지방선거에서는 청년정치학교 출신의 광역·기초의원을 7명 배출하는 등 성과를 내고 있다.

❷ 문화관광 상임위[3]에서 쌓은 전문성

정병국 의원은 초선 때부터 11년간 국회의 '문화' 상임위 소속으로 일했다. 2000년 당시 문화관광위원회는 지원하는 의원이 '미달'일 정도로 인기가 없는 상임위였다. 국회의원은 자신의 정치력을 높이고, 재선 가능성을 높이려고 인기 상임위에 속하기 경쟁을 하기 때문이다.

정병국은 다른 의원과는 달리 인기 없는 상임위에 계속 지원해 "한눈팔지 않고 문화에 정진했다"라고 강조한다. 이와 같이 국회에서 문화에 대한 실천적 지식이 축적된 것이 2010년 국회 문화체육관광방송통신위원회 위원장을 거쳐 2011년 대한민국의 문화를 총괄하는 문화부 장관까지 오르게 된 동력이 됐다(오세중, 2015). 국회 내에서 문화에 관한 전문성을 인

---

3) 문화관광 상임위는 그 구체적 명칭이 변화해 왔기 때문에 이렇게 표현한다.

정받은 것이다. 그가 문화체육관광위원회에 있으면서 문화예술 분야에 기여한 입법 활동, 공청회 등을 소개하면 다음과 같다.

먼저 정부 산하기관이었던 문예진흥원을 민간 자율기구인 문화예술위원회로 전환했으며, 발전 방향을 모색하기 위해 공청회를 열고 「문예진흥법 개정안」과 초안 마련 및 통과를 위해 노력했다.

또한, 문화예술이 우리 사회에 없어서는 안 되는 중요한 정책 분야라고 판단해 많은 예술인이 열악한 여건에서 창작 활동을 하는 것을 도와주기 위해 고용·산재보험 등 최소한의 사회보장 활동을 받을 수 있게 하는 「예술인복지법」을 제정하는 데 큰 역할을 한다. 「예술인복지법」은 근로자로 인정되는 예술인들에게 고용·산업재해 보상보험을 적용하는 내용, 국가와 지방자치단체에 예술인 지원 단체·시설에 대한 재정적 지원 의무를 부과하는 내용 등이 주요 골자로 하는데, 그동안 예술계에서는 예술인의 권리 향상을 위해 끊임없이 요구해 왔던 사안들이었다.

그리고 방송·통신이 융합한 시대에 과거 규제로는 막강한 방송 권력을 제대로 규제하기 어렵다고 판단해 「미디어법 개정안」을 발의했다. 이후 문체부 장관직을 수행한 뒤부터는 자신이 장관으로 이끌었던 문체부 직원들을 감독하는 상임위에 계속 남아 있는 것이 바람직하지 않다고 생각해 외교통상위원회로 자리를 옮긴다. 정병국은 국회의 인기없는 상임위에 자원해서 오랫동안 일하다가 관련 행정부의 장관으로 재직한 후 상임위를 떠나는 양심을 보여 줬다.

Ⅵ. 언론 인터뷰 내용을 통한 활동 분석

❶ 국회의원 시기

그렇다면 정병국이 얼마나 문화예술계의 전문가였는가를 객관적으로 평가해 볼 필요가 있다. 공직자는 외부 인터뷰에 응해서 다양한 주제로 다양한 발언하는 점에서 한 방법론을 착안했다. 인터뷰 중에서 문화예술에 대한 발언을 얼마나 했는가를 살펴봄으로써 그의 문화예술계 행정가로서의 역할과 기여를 확인하고자 한다.

우선, 정병국의 문화행정 정책가로서의 활동을 정확히 파악하기 위해 국회의원 임기(2000~2020) 중, 문화체육관광부 장관을 하기 전(~2010)까지의 언론기관이 그를 인터뷰한 내용을 보기로 한다. 인터뷰 검색은 네이버 검색을 통해 했으며, 검색어는 "정병국 인터뷰", 기간은 1년 단위로 검색했다.

언론 인터뷰는 문화예술 분야와 관련해 특정 매체와 대담 형식(여러 주제에 관해 인터뷰)으로 길게 한 것과 전화 통화, 짧은 언론 인터뷰 등으로 간단하게 한 것들이 있다. 그중에서 대담 형식으로 길게 한 것은 '대담'으로 별도 표시했다.

초선 의원 시절에는 다른 의원들과 마찬가지로 언론 인터뷰 수가 거의 없었다. 이후에도 상임위원장이 되기 전까지는 정치적·정무적 인터뷰 외에는 거의 찾아보기 어려웠다. 다만 인터뷰의 범위, 문화예술의 범위를 어디까지 볼 것인지는 모호한 면이 있기 때문에, 이러한 설명에 대해 이견이 있을 수 있다.

〈표 6〉 국회의원 초기의 언론 인터뷰

연도	보도 매체/일자/대담 여부	비고
2000	-	
2001	-	
2002	-	
2003	-	
2004	-	
2005	-	
2006	노컷뉴스/8.23/대담	바다이야기, 게임산업 등 관련
	YTN/11.24	신문법 개정 관련
	YTN/2.10	도박 중독, 사행산업 관련
	YTN/2.14	경품용 문화상품권, 사행산업 관련
2007	뉴스앤뉴스, 프레시안, 문화일보 등/12.26.	MBC 민영화 관련(평화방송 인터뷰 인용)
	한겨레/12.28.	MBC 민영화 관련(국회 인터뷰 인용)
2008	-	
2009	-	
2010 (상임 위원장)	머니투데이/12.12./ 대담, 미디어오늘 /12.13.	문화 콘텐츠 관련(머니투데이 인터뷰 인용)
	MBN/12.10	종합편성채널 관련
	PD저널/10.27.	KBS수신료 인상 관련(CBS 인터뷰 인용)
	매일경제/7.16./대담	종편 관련
	경인일보/6.8.	상임위원장 취임 인터뷰
	미디어스/6.21, PD저널/6.22.	종편 관련(경향신문 인터뷰 인용)
	미디어스 / 11.23.	KBS수신료 인상(평화방송 인터뷰 인용)
	경향신문 /12.30., 뷰스앤뉴스/12.30.	종편 관련(CBS라디어 인터뷰 인용)
	시민일보/10.27., 프레시안/10.27. 경향신문/11.2. 내일신문/10.28. PD저널/10.27	종편 관련(CBS라디오 인터뷰 인용)

2010 (상임 위원장)	MBN/12.11.	사찰 화재 방지 예산 관련
	미디어스/8.16., 뷰스앤뉴스/8.16., 동아일보/8.16.	종편 관련(KBS1라디오 인터뷰 인용)
	한국경제/6.20.	문화 콘텐츠 개발 관련
	한겨레/6.17.	종편 관련(국회방송 인터뷰 인용)
	뷰스앤뉴스/6.25.	종편 관련(서울신문 인터뷰 인용)
	기자협회보/6.21.	종편 관련(YTN FM 인터뷰 인용)

* 뉴스 보도 내용 중 상임위 도중 발언한 내용을 '인터뷰'라고 인용해 작성한 경우는 해당 매체에서 정병국 의원에게 별도로 인터뷰를 한 것이 아니므로 제외, A 매체에서 인터뷰한 것을 B, C, D 매체 기사에서 인용했을 때 보도 매체는 B, C, D를 적시하고 A 매체는 비고에 적시해 1건으로 처리

정병국의 인터뷰 내용들을 보면, 초선 의원 시절에는 문화·예술과 관련된 인터뷰는 거의 없었음을 확인할 수 있다. 이후, 바다이야기 등 사행성 사업과 게임산업과 관련된 사회적 이슈들에 대해 인터뷰하는 내용들이 등장했으며, 상임위원장 시절에는 종합편성채널과 관련된 인터뷰들이 많았다. 넓은 의미의 문화 범주에 포함될 수 있는 내용들이었지만 좁은 의미의 문화예술, 그리고 예술인의 권리, 복지 등에 관한 인터뷰들이 있었다고 보기는 어렵다.

정병국 장관 본인은 어렸을 때부터 문화예술에 대해 계속해서 관심을 가져왔다고 말하기는 했지만, 언론과의 인터뷰 내용에서는 찾아볼 수 없다. 이런 매체에서는 그에게 사회적 이슈, 쟁점들에 대해서만 물었기 때문에 이에 대해 답할 수밖에 없는 상황이었을 수도 있었음을 감안할 필요는 있다.

이후, 문체부 장관 시절(2011년 1월~9월)의 인터뷰 내용은 양이 상당히 방대해 별도로 다음 장에서 후술하기로 하고, 장관 임기가 종료되는 2011

년 9월부터 5선 의원 시절까지인 2020년까지의 인터뷰 수를 정리하면
〈표 7〉과 같다.

〈표 7〉 장관 퇴직 후 국회의원 시기

연도	보도 매체/일자/대담 여부	문화예술 관련 인터뷰 수
2012	–	0
2013	–	0
2014 (경기도지사 출마 시점)	경기일보/8.17./대담	병영문화 개선, 청소년 인성교육, 문화재 반환 등
	폴리뉴스/3.20./대담	경기도지사 후보 공약(문화예술 포함)
	CNB저널/1.27/대담	경기도지사 후보 공약(문화예술 포함)
	뉴시스/3.5./대담	경기도지사 후보 공약(문화예술 포함)
	스포츠월드/1.5./대담	문화적 리더십 강조
	뉴데일리/2.11./대담	경기도지사 후보 공약(문화예술 포함)
	주간경향/2.26./대담	경기도지사 후보 공약(문화예술 포함)
	EBS/5.26.	청소년 인성교육 관련
	MBC/1.25.	경기도지사 후보 공약(문화예술 포함)
	채널A/1.29.	경기도지사 후보 공약(문화예술 포함)
	시민일보/3.20.	종합편성채널 관련
	노컷뉴스/3.19.	종합편성채널 관련
	기호일보/2.6./대담	경기도지사 후보 공약(문화예술 포함)
2015	–	0
2016	–	0
2017	–	0
2018	–	0
2019	–	0
2020	–	0

표에서 확인할 수 있듯이 경기도지사 출마를 선언한 해를 제외하고는 문화예술과 관련된 인터뷰는 거의 찾아보기 힘들었다. 아무래도 중진이 된 이후로는 좀 더 정무적·정치적인 판단과 그에 따른 인터뷰를 소화해야 하는 상황이 된 점, 상임위를 외교통상위원회로 옮긴 점, 박근혜 전 대통령 탄핵 이후로 정당을 옮기면서 여러 정치적 풍랑 속에 있었던 점 등을 고려할 필요는 있다.

❷ 문화부 장관 시기

2011년 1월에 정병국은 문화체육관광부 장관으로 취임해 9개월간 재직했다. 현대건설 사장을 한 후, 서울시장을 거쳐 제13대 대통령을 한 비즈니스맨 출신 이명박에게 발탁된 것이다.[4] 짧은 재임 기간이었기 때문에, 보통 사람 같았으면 전임자의 남긴 과업을 처리하는 등 소극적으로 끝날 수도 있다. 하지만, 이 짧은 재임 기간에 국회 상임위에서 오랫동안 쌓아 온 전문성을 바탕으로 문화체육관광부 장관으로서 눈부시게 많은 성과를 남긴다. 특히 그동안 관례로 돼 온 관료제의 병폐와 정책 과정을 혁신하는 데 큰 노력을 기울인다. 우리나라 행정조직이 가진 여러 가지 고질적 관행을 타파하는 방식으로 문화부를 뒤흔드는 시도를 한다.

---

[4] 김영삼, 김대중 대통령과 마찬가지로 이명박 대통령은 문화를 산업화하는 데 중점을 둔다(임도빈, 2020).

<표 8> 장관 재직 시

2011 (장관 재임기)	패션저널/7.27., 한경비즈니스/8.10., 에이빙뉴스/7.12., MBN / 3.25.,6.23.7.1.,7.11.,6.16., 7.14. 연합뉴스/4.4., 6.7. 6.8., 6.13.,1.30., 3.27.아주경제/1.29. 내일신문/4.7., 경인일보/1.3. 2.27. 7.7., 천지일보/7.13. 강원일보/7.1. 미디어스/5.2., 서울경제/4.10., PD저널/5.2.MBC/2.27., YTN/7.2., 5.29.,7.8.,7.1. 동아일보/7.1. 한국경제TV/5.23. EBS/4.14. 등등	다수

그의 재임 기간(2011년 1월 27일~동년 9월 19일)을 중심으로 문화체육관광부 홈페이지 검색(2024.1.27.)을 통해 발표된 보도 자료(2546번~2961번, 총 416건) 중 주요 내용을 살펴보면 2018 동계올림픽 유치 노력과 관련된 내용이 4건(2552번, 2548번, 2841번, 2861번), 현장 중심의 정책 업무 보고와 관련된 내용이 11건(2558번 패션 정책, 2562번 콘텐츠 정책, 2571번 미디어 정책, 2575번 관광 정책, 2577번 저작권 정책, 2579번 해외문화홍보 정책, 2585번 체육 정책, 2588번 도서관 및 독서 정책, 2589번 대한민국역사박물관 건립 관련, 2590번, 정책홍보 토론회, 2621번 아시아문화중심도시 조성사업 대국민 보고회), 외규장각 의궤 관련 2건(2711번, 2750번) 등이다. 9개월이란 짧은 재임 기간을 고려했을 때 다른 장관들의 재임 기간에 수행한 통상적인 활동과는 다르게 문화예술에 관한 활동을 했음을 알 수 있는 키워드들이다.

정병국은 장관 재임 기간 중 문화예술계 인사들과 활발한 소통을 했다. 2954번의 종교인 소통, 2925번의 문화예술계 인사 만찬, 2881번의 외신 기자 소통이 그것이다. 그리고 문화 콘텐츠 관련 산업 승진(2953번 콘텐츠 산업 매출·수출 폭 관련, 2946번 한국 문학 콘텐츠, 2935번 패션 한류 콘텐츠, 2932번 외국인 대상 한류 영문소개서, 2903번 세계 한국문화원 관련, 2901번 중국 시장 내 출판 한류 등등)도 상당수 있었다.

이는 그의 적극적인 현장 소통 성향과 K-Culture의 산업적인 잠재력에 주목하는 그의 가치관을 다시 한번 확인할 수 있는 부분이다. 아울러 사회적 배려층의 문화예술 향유, 문화예술 참여 증진과 관련해서도 노력한 부분을 엿볼 수 있는데 2923번(대한민국 지적 장애인 미술대전), 2853번(소외계층 교양도서 지원 확대), 2801번(시각 및 중증장애인, 도서 대출 택배 무상 이용) 등이 그러하다.

VII. 혁신형 문화부 장관

1 행정 조직 내부의 민주화와 정책 혁신

장관 정병국은 평소에 느꼈던 한국 행정의 고질적인 병인 관료제적 타성을 과감히 고치는 작업을 한다. 관료들이 오직 상관을 위해서 각종 보고용 자료집을 만드는 데 많은 시간을 소모하고 내용은 안 바꾸고 제목만 바꿔서 내는 등 관료적 행태를 잘 알고 있었다.[5] 시행령 등 법령을 만드느라고 시간을 낭비하는 것도 많이 봐 왔다.

장관 임명 후 처음 업무 보고부터 다른 장관과는 색다른 접근을 한다. 실·국장들이 신임 장관에게 업무 보고를 하겠다고 일정을 잡아달라고 하는데, 국회의원으로서 이미 다 알고 있으니 업무 보고할 필요가 없다고 거절한다.

---

5) 이런 문화는 오늘날에도 계속되고 있다(노한동, 2024 참고).

"괜히 시간 낭비하지 마라. 그럴 때마다, 그래도 인수인계를 받으셔야 됩니다. 또 그러는 거예요. 그래서 좋다. 그럼 업무 보고를 반대하지 않는데, 나 혼자한테 하지 말고 정책 고객인 국민을 상대로 하자. 그때 업무를 정하자."

당시 문화부에 15개 실국이 있었는데 그중에서 종무실(정책 고객이 종교인: 스님, 신부, 목사)과 언론국(기자들이 고객)을 빼고 13개 실국은 정병국의 지시대로 공개 정책 보고회를 갖는다. 해당 실국의 정책 고객이 모인 곳에서 그 담당 실국장이 그해의 사업을 어떤 방향으로 할 것인지 15분 내로 압축적으로 프레젠테이션한다. 실국에서 써야 할 예산이 얼마고 어떤 분야에 어떤 방식으로 써서 어떤 목표로 달성할 것인지 업무 보고를 하는 형식이다.

업무 보고 장소도 문화부 청사에서 하는 게 아니었다. 그 실국이 관련된 사업을 하는 사업체 중에서 시설이 양호한 공간을 찾아 나가서 공개적으로 하는 것이다. 이것은 정책 고객이 정부 청사에 들어오는 사람들이 느끼는 거리감과 위압감을 없애기 위한 것이었다. 정병국은 관료들이 무엇보다도 현장의 목소리를 듣는 것이 가장 중요하다고 본 것이다.[6]

전문 패널들을 한 대여섯 명을 지정하고 원하는 일반 사람들은 다 오게 하는 공개회의다. 담당 실장이나 국장이 업무 보고를 하고 패널들이 그것

---

6) 류재민(2023년 3월 13일). '문화 선진국' 꿈꾸는 정병국 위원장 "이제는 우리가 선도할 때." 서울신문. https://www.seoul.co.kr/news/life/2023/03/13/20230313500193
김재민(2019년 6월 9일). 정병국, 학교 미세먼지 문제 해결 위한 현장 실사 나서. 경기일보. https://www.kyeonggi.com/article/201906091066815
뉴스핌TV(2023년 9월 6일). ②정병국 위원장 "문화예술 정책은 현장 목소리 듣는 것부터 시작"[영상]. 유튜브. https://www.youtube.com/watch?v=N3LuNDYla1w

에 대해 의견들을 말하고, 일반 민간 참석자 의견들을 전부 청취하는 방식이다. 13군데의 업무 보고를 끝내고 나니, 현장에서 건의된 사안이 248건이었다. 정병국이 248건을 실국장들에게 실현 가능성 유무를 검토하라고 하니, 모두 다 실현 가능한 것으로 보고했다.

문제는 장관의 바쁜 일정 때문에 248건을 일일이 장관이 진행 상황을 확인하는 것이 불가능하다는 것이다. 낙하산이든 아니면 전문가이든 외부인이 장관으로 오면, 관료들에게 포획당해 탁상행정이 되기 쉬운 이유다.

관료 세계를 잘 아는 정병국은 이런 탁상행정을 근절시키려는 방안을 고안한다. 장관실에 있는 모니터에다 248건을 일련번호를 매겨서 전부 올려놓고, 아침에 출근하자마자 무작위로 두세 개를 뽑아서 그 담당 과장을 불러 그 사업 진행 상황을 점검한다. 그런데 실제 집행되는 것이 하나도 없으니, 질책을 한다. 당시로는 매우 획기적인 방법이었다.

정병국이 원한 것은 관료들로부터 스스로 이런 관료병을 해결할 수 있는 자극을 주고자 한 것이었다. 어느 오후에 노조 위원장의 면담 신청이 와서 만나니, 불평이 쏟아졌다.

"장관님 못 살겠습니다. 장관님 지시 사항이 너무 많아 다 못하겠습니다. '내가 뭘 지시했는데 그랬더니' 아, 이거 현장 간담회 해서 계획 세운 거요. 오늘 오전에 과장님이 장관님께 보고하다가 엄청나게 깨졌다면서요. 장관님이 오시고 나서 일이 5배를 늘었습니다. 자정까지 일을 해도 못 합니다."

정병국 장관의 대답은 탁상행정을 근절하기 위한 강한 의지를 나타낸다. 공개 업무 보고에서 나온 248개의 사안에 대해 실현 가능하다고 스스로 답했으니, 지시한 것은 아니라는 점을 지적한다.

정병국은 업무 계획서를 실국장한테 다시 되돌려 주고 248개 정책에 대해 원점부터 검토하도록 지시한다. 불가능한 과제, 장기 과제, 단기 실현 가능 과제 등으로 분류하고 그 이유를 제시하도록 요구한다. 그리고 불가능한 과제와 장기 과제의 경우, 그것을 건의했던 민간인(문화예술계)들한테 직접 그 안 되는 이유를 설명하도록 한다.

관련 고위공무원에게 건의한 정책에 대해 안 된다고 설명을 들은 현장 사람들은 화를 내기보다는 오히려 감사하게 생각하는 경우가 많았다. 왜냐하면 현장의 사람들도 자기가 건의는 했지만, 쉽게 안 되는 거라고 알고 있었는데, 담당 관료가 성의를 가지고 왜 안 되는지 이해를 구하고 나니까, 정치적 효능감을 느끼게 된 것이다.

단기 과제, 중기 과제, 장기 과제로 분류한 것 중 문화부 직원들도 단기 과제에서부터 그 진행 과정을 지속해서 체크하니, 문화예술의 현장이 실제로 변화하기 시작한다. 분명한 목표가 설정되니 일을 하는 동기가 부여된다. 즉, 행정조직이론으로 잘 알려진 목표관리제(management by objectives)를 자생적으로 도입한 것이다. 목표를 문화부가 만든 게 아니라 정책 고객이 제시한 것이기 때문에 현장의 문제와 밀착돼 있다는 의미가 있고, 정책의 집행 과정에서 제안한 정책 고객과 계속 교감하고 상호작용을 해야 하니 일하는 관료들의 스타일이 변화되는 것이다. 이전에는 관료가 일방적으로 집행하는 권위형이었다면, 유기적으로 교감해야 하는 관민 협력형 정책 집행을 한 것이다.

이러한 장관 리더십의 변화는 이전 장관 재직 시의 방식에 비해 정책의 효과, 고객만족도 면에서 엄청난 차이를 가져온다. 권위주의적 방식은 정책 고객이 수시로 찾아오는 것이 아니고, 현장의 문제가 너무 커서 아무래도 도저히 안 되겠는 것을 오랫동안 망설이다가 부처를 찾아오는 것이 현실이다. 그럼에도 불구하고 과장은 얼굴 보기도 어렵다. 담당 주무관이 그것도 일어나서 맞이하는 것도 아니고 책상에 앉아서, "어디서 오셨어요?" "어디서 왔는데요?" "그러면 안 돼요." 식으로 끝나는 경우가 흔했다. 많은 경우, 정책 고객은 이런 말을 듣고 되돌아서 행정에 대해 좌절감을 느끼고, 자존심이 상하는 것이다.

정병국 장관 이후 달라진 부처 조직문화는 행정학적으로 엄청나게 중요한 사례다. 정부가 자세히 직접 깊이 간여하는 것이 아니라, 문화예술인들이 자율적으로 일할 수 있도록 환경과 조건을 갖춰 주는 것이 중요하기 때문이다(성연재, 2010). 관료들이 그들을 찾아다니고 의논하면서 그 과제를 풀어 가야 하니까 현장에서도 반응이 뜨거워진 것이다. 어떤 행사장이나 현장에서 예술인들을 만나면 문화체육관광부가 잘 돌아간다는 평이 나오는 이유였다. 아쉬운 것은 정병국은 장관을 9개월밖에 못 했다는 점이다. 법으로 국회의원 선거에 나가는 공직자는 선거 몇 개월 전에 사임해야 하기 때문이다. 정병국이 장관 자리를 떠나면서, 그때까지 진행 상황을 확인했더니 목표치의 24%가 완료됐다고 한다. 관료 사회가 관행적으로 이뤄지는 것들을 그 지휘자인 장관이 책임지고 처음부터 끝까지 컨트롤하지 않으면 굉장히 쉽지 않다는 것을 보여 준 혁신 사례다.

❷ K-Culture를 위한 문화 정책: 이수만, 문화산업, 그리고 문화복지

정책 입안자들이나 정치권이나 모든 사람이 다 결과에만 중점을 두는

데, 예산 당국 관료들은 더욱 심하다. '아웃풋이 안 나오는데 왜 투자합니까?'라는 방식이다. 기재부의 대표적인 사고방식이기도 하다. 참고로 2023년 문화 콘텐츠 산업 분야에는 정부가 1년에 약 1조 4천억 원을 지원한다.

그러나 순수 예술은 투자해서 그 결과물이 당장 나오는 것이 아니다. 정병국은 투자가 성공해서 영향력이 생기는 때에는 그 효과를 측정이 안 될 정도로 커진다는 것을 잘 알고 있었다. 문화행정을 문화산업이라는 개념으로 접근한 것이 정병국 장관이었다.

그 대표적인 방향이 콘텐츠 개발이다. 정부에서 하는 행정은 민간 부문에 비해 다르다는 점을 알고 있었다. 정병국은 기업 하는 사람들은 돈이 되니까 투자해서 빼내 가기 때문에, 기업이 할 수 있는 것에 지원하는 것은 줄여야 한다고 믿는다. 정부가 특정 부문을 좀 더 발전시키기 위해 노력한다고 하면 인큐베이팅 쪽의 인큐베이팅 시드머니(종잣돈)를 제공하는 정도면 된다고 믿는다.

"저는 이렇게까지 투자하지 않아도 된다고 보고 자, 그 돈의 10분의 1이라도 더 여기에다가, 순수 예술 쪽에다 하는 것이 지속 가능해진다. 과거로부터 좌파 정권이든 우파 정권이든 어느 정권도 정권에서 문화예술에 손을 대면, 대는 만큼 안 되더라."

이러한 철학으로 예술에 접근한 것이 K-POP의 진흥이다. 정병국이 장관 재직 시 가장 인기 있는 그룹은 소녀시대였다. 해외 출장에서 문화 관계자들을 만나면 특히 유럽에서 관심을 많이 표명했다. 아이돌 K-POP 가수들이 유럽에 와서 직접 공연하게 해달라는 요구가 있었다. 한국에 돌아와서 그 당시에 제일 큰 회사인 SM의 이수만 회장에게 유럽에서 한번 콘서트를 하라고 말했는데 돌아온 답은 다음과 같다.

"장관님 저휜들 시장 조사를 안 했겠습니까? 파리에 제일 큰 실내 공연장이 7천 명이 들어가는데, 그래서 이제 거기에서 공연하는 걸 전제로 해서 계산을 해 보니까 한 번 가서 공연하는 데 14억이 든다는 거죠. 표를 한 장당 10유로씩 받아도 그게 10억밖에 안 돼서 수지가 안 맞아서 못합니다."

정병국은 차액 4억을 정부 돈으로 대 주고, 그 대신 대외적으로 지원 사실을 비밀로 하기로 했다. 그런데 예약 시작 25분 만에 7천 장 표가 매진됐다. 오픈하자마자 표를 못 산 사람들이 데모한 것이 보도됐다. 이와 같이 유리 피라미드가 있는 루브르박물관 광장에서 한 콘서트 공연이 전 세계에 이슈가 됐었다. 그래서 한 번 더 공연을 할 정도로 성공적이었다.

정병국은 두 번째 파리에서의 공연에 직접 가 본다. 펜클럽 대표자들을 만나서 "어떻게 케이팝을 알게 됐냐?" 물었더니 제일 먼저 그걸 시작했던 사람은 한국어 강좌를 듣는 사람이었다. 곧 언어가 문화의 힘이라는 것이다.

이 말을 듣고 정병국은 세종학당을 개혁하기로 하고 세종학당의 매뉴얼을 만들고 시스템을 근본적으로 혁신한다. 이렇게 바뀐 세종학당이 전 세계에 250여 군데 있는데, 과거에는 한국어 강좌를 듣는 사람들이 8만 명이었으나 오늘날에는 1년에 100만 명씩 나오고 있다.

문화예술 분야는 정부가 했다고 하면 거부감이 드니까 간접적으로 보이지 않게 하는 것이 필요하다는 원칙을 가지고 있었다. 그래서 베니스 비엔날레 한국관을 지원했던 것도 이런 바탕을 깔아 주는 것이 정부의 생각 때문이었다.

정병국이 문화 정책에서 하나의 획을 그으며 도입한 것이 문화 향유 측면에서의 문화복지 개념이다. 정부 예산이 700조 원 가까운데, 순수 문화예술에 지원되는 예산이 4천억 ~ 3천 800억 원 정도다. 그중에서 2천 700억 원은 문화누리카드라는 제도를 통해서인데, 이것이 문화복지 정책이다. 기초생활수급자와 차상위 계층의 사람들에게 6세에서부터 모든 사람한테 약 13만 원 정도의 카드를 주는 복지 제도다. 정부가 직접 서비스를 공급하거나 규제하는 것이 아니고, 국민이 선택할 수 있는 바우처 제도라는 당시로서는 새로운 제도를 도입한다.

바우처 제도의 혜택을 보는 사람들은 2006년 26억 원의 예산이 소요되고 16만 명이었는데 비해, 2023년 현재 270만 명이 됐고 2천 200억 원의 예산으로 확장된다. 이 점에서 전 세계적으로 앞서 있는 나라다. 문화적 격차를 해소하기 위해 잘살든 못살든 모든 사람이 문화를 누릴 수 있게 한 것이다.

정병국은 무엇보다도 한국 문화 정책의 세계화에 공을 세운다. 프랑스에 귀화한 박병선 여사의 도움으로 루브르박물관 수장고에 있었던 대한민국의 국보급 문화재인 외규장각 의궤를 145년 만에 프랑스로부터 환수(법적으로는 영구 임대)하는 데 공헌했다.

정병국은 또한 한류의 확산과 문화 강국 이미지 확산을 위해서는 해외에 전담조직을 강화해야 한다고 생각한다. 역할이 절실히 필요하다는 것을 인식한 그는 재외 한국문화원을 24개로 확대했다. 이것은 오늘날 K-POP, K-드라마 등 한류를 세계에 확장하는 데 이바지하는 기반이 됐다.

❸ 최초의 동계올림픽 유치

우리나라는 정병국이 장관에 취임하기 전 동계올림픽을 유치하는 것을 목표로 해 여러 번 도전했다가 실패한 바 있었다. 정병국은 우리나라 최초로 2018년 평창동계올림픽을 유치하는 데 큰 공을 세웠다. 동계올림픽은 원래 하계올림픽만 열리다가 1924년 생모리츠에 별도로 열리면서 시작됐다.[7]

올림픽은 쿠베르탱(Pierre de Coubertin) 백작의 창시철학에 부합해 비정치적(따라서 비정부적)으로 운영되는 것이 원칙이어서, 개최의 주체도 중앙정부가 아닌 개최지 지방(정부)이 하도록 돼 있다. 그러나 실제 올림픽 역사를 보면 중앙정부가 관여하는 경우가 많다. 우리나라는 1988년 하계올림픽을 개최한 후, 지방자치가 실시되면서 여러 지방단체장 후보들이 동계올림픽 유치를 공약으로 경쟁적으로 내세운 바 있다. 특히 강원도 김진선 지사(3연임)는 올림픽 유치를 집요하게 내세웠다(Chappelet & 임도빈, 2017). 물론 그리 춥지 않은 날씨와 적설량 때문에 우리나라 유치가 바람직하지 않다는 반대 의견도 많았다.

우리나라와 같이 중앙집권적 행정 체제를 갖춘 나라에서 올림픽과 같은 초대형 행사는 중앙정부의 도움 없이 유치하거나 치러질 수 없는 것이 현실이다. 이전 올림픽 개최지가 러시아의 소치로 결정됐을 때, 국민의 반대 여론도 좋아져서 모든 국민이 아쉬워했다. 한국은 올림픽 유치 3수생으로서, 삼성 이건희 회장, 피겨스케이트 여왕 김연아 등 유명 인사들

---

[7] 올림픽은 그 거버넌스 체제가 매우 복잡하다. 스위스의 국제올림픽위원회와 각 나라의 올림픽위원회를 비롯해, 여러 행위자가 개입되도록 분화되고 있어 현재에는 적어도 28개 이상의 조직이 연결된 네트워크 형태의 조직 운영을 하고 있다.

이 총력전을 벌여서 유치가 확정됐다(통일한국 편집부, 2011).

이렇게 전면에 나서는 사람들의 이면에는 정병국 문체부 장관을 비롯해, 각국 대사관 등 외교 라인이 평소부터 투표 전날까지 적극적으로 득표 활동을 한 것이 크게 작용했다. 정병국은 장관으로서 전 세계를 세 바퀴 돌면서 유치전을 폈다. 즉, 올림픽 개최지를 결정하는 투표에서 정부의 역할이 지대했다. 2018년 문재인 대통령이 개회 선언을 한 평창올림픽은 한국을 전 세계에 홍보하며, 우리나라 동계 스포츠를 발전시키는 데 크게 이바지했다.

VIII. 문화행정가의 활동은 계속된다: 한국문화예술위원회

정병국은 윤석열 대통령이 취임한 이후 2023년에 한국문화예술위원회 위원장직을 맡는다. 위원장은 문화예술위원회 위원들의 호선으로 이뤄지는데 그가 선출된 것이다. 위원장으로 취임한 이후, 그가 평소에 가지고 있던 철학과 원칙에 따라 문화예술 정책과 행정에 본격적으로 관여하고 있다는 점은 이 연구의 가치를 더해 준다(조정화, 2023).

정병국을 진정한 문화예술 전문가로서 인정할 수 있는가는 그동안 관심의 변화가 있었는가를 보면 잘 알 수 있다. 10년 전의 인터뷰 내용과 최근의 발언이 상당히 일치하는 점이 눈에 띈다. 이는 문화예술 행정 전문가로 그가 시간이 흐름에 따라 변하지 않고 일관된 가치와 관심을 가지고 있다는 것을 시사한다. 정병국은 이미 문화예술 분야에서 훌륭한 성과를 냈으며, 이를 토대로 한국문화예술위원회 위원장의 중요한 역할을 이어 간다.

문화예술위원회는 김영삼 정부에서는 문예진흥원이었다. 김영삼 정부 때 문예진흥원에서 문화예술위원회로 바꾼 것은 정부 지원 정책의 공정성을 높이기 위한 개혁이었다. 문화의 정치적 중립성을 지키고자 탄생한 기구다. 그러나 김대중 정부 이후 진보-보수 정권이 교체되면서, 위원장이 특정 정치적 성향의 사람들로 임명된다는 비판이 끊이지 않고 있다. 위원장이 바뀌면서, 실제로 엘리트 예술과 민중예술 간의 지원이 정권에 따라 명암이 바뀌는 것이 예술인들 사이에 만연된 불만이었다. 소위 블랙리스트, 화이트리스트가 대표적인 예다.

먼저 김대중, 노무현 정부에서 문화예술계의 변화를 겪는다. 소위 민중예술계의 인사들이 등장해, 그동안 보수적 성향이었던 문화예술 정책의 방향을 튼 것이다. 이후 등장한 이명박 정부에서는 유인촌 장관(2008년 2월~2011년 1월 재임)이 소위 '문화 권력 균형화 전략'이라는 문건, 즉 블랙리스트를 만들어, 그동안의 진보 성향의 문화예술인들에 대한 배제 방법을 고안했다고 알려져 있다. 박근혜 정부에서 논란이 된 문화계 블랙리스트는 더 큰 결과를 초래했다. 임기가 남은 공공기관장들에게 사임을 강요하는 것은 사실 정권 때마다 생기는, 관례에 가까운 한국 행정문화가 됐다. 다른 공공 기관도 그렇지만, 문화예술계의 경우 이런 이념적 성향이 더욱 크게 작용하는 분야다.

윤석열 정부에서 다시 돌아온 유인촌 문화부 장관 밑에서 정병국은 문화예술위원회를 맡아 직무를 수행한다. 그는 정부의 지원 없이는 안 되는 순수 예술로의 지원이 문화예술위원회의 미션이라고 생각했다. 그리고 이념의 문제는 '정책 고객 중심'으로 정책을 추구하면 문제가 될 게 없다고 믿고 있다.

정병국은 2023년 위원장이 된 후, 장관 시절과 마찬가지의 방법으로 현장 중심의 행정을 수행한다. 2월과 3월 동안 14차례에 걸쳐서 현장 업무 보고를 하게 했다. 온라인/오프라인상으로 정책 고객인 예술인들이 어떤 애로 사항이 있고 지금의 이런 지원 시스템을 어떻게 바꾸기를 바라는가를 청취한다. 거기에서 나온 의견들을 전부 다 취합해 전문가들과 함께 방향을 정하고, 다음 연도 사업을 구상한다. 심사 제도는 어떻게 바꿔야 하고, 그것에 따라서 우리 조직은 어떻게 바꿔야 하며, 그것에 따라서 그것을 홍보하는 그 플랫폼을 어떻게 만들어야 하는가를 개혁한다.

지원사업은 원래 41가지였다. 원칙적으로는 창작인들과 예술인들이 원하는 것에 맞춰야 하지만 의도하지 않게 정부가, 거꾸로 문화예술위원회가 지향하는 방향대로 예술인들이 따라오는 것이다. 즉, 관제화되는 것이다. 예컨대, 지원사업이 너무 세분돼 문화예술인들이 무슨 지원사업이 있는지 잘 찾기도 힘들었다. 정병국은 이 문제를 해결하기 위해서 플랫폼을 하나로 통합하고 사업도 41개를 19가지로 통합한다. 심사위원회와 같은 조직도 통폐합해 심사를 기계적으로 하는 것보다는 탄력적으로 심사를 한다. 전혀 의도하지 않은 방향인 것도 선택될 수 있는 여지를 만들자고 하는 게 그 취지다.

문화예술 프로젝트를 평가한다는 것은 매우 어려운 작업이다. 행정과 문화 전반에서 전문으로 하는 사람들이 함께 들어와서 종합 평가를 통해 선정할 수밖에 없고, 평가 기준도 그때그때 선정위원회가 구성되면 선정위원들이 협의를 거쳐서 하도록 했다. 선정위원 풀(pool)도 원점을 돌려서 다시 검토하고, 각계의 추천을 받아 숫자도 늘렸다. 합리적인 의사결정을 위한 방법론적인 개혁을 한 것이다.

언론에 보도된 그의 인터뷰(김금영, 2024)를 보면, 취임 1년간 투명성 확보를 위해 문화예술 지원사업에 대한 심사 제도를 전면 개편하고 적극적인 문화예술 후원 활성화와 예술인들과의 직접 소통 '아르코 익스프레소(ARKO Ex-presso)' 등을 진행해 왔다고 밝히고 있다. 또한 지방과 수도권 사이 문화예술 격차를 줄이기 위한 작업과 제3회 '프리즈 서울' 준비 등을 통해 한국 내부적인 문화예술 부흥과 더불어 세계 속의 K-Culture 홍보 등을 추진하고 있는 모습을 볼 수 있다. 프리즈와 같은 아트페어도 순수 민간 예술 비즈니스 같지만, 정부가 뒤에서 많은 역할을 한다.

정병국은 많은 국민이 양질의 문화예술을 향유하고 예술인들에게 좋은 창작 환경을 지원해야 한다는 신념을 가지고 있다. 지원은 하되 간섭하지 않는다는 소위 '팔길이 원칙(arm's length principle)'을 지키고자 방법론적인 혁신을 시도한다. 결과적으로는 공평한 지원이 될지, 아니면 진보 계열 예술인들이 차가운 겨울을 보낼지 판단하는 것은 시기상조다.

IX. 나오며: 그는 전문행정가였는가?

방탄소년단(BTS)이 전 세계의 젊은이들을 사로잡고, 영화 '기생충'이 6개 부문의 상을 휩쓰는 것을 보고, 우리 한국인들은 기뻐한다. 우리의 기사식당이 뉴욕에 문을 열고, 미국인들이 줄을 선다는 것을 보고 의아해한다. 그동안 우리는 서구 문화를 소비하는 소비자로서 역할에 너무 익숙해져 있기 때문이다. 이런 한류의 성공은 우리나라를 전 세계에 알린다는 의미도 있지만, 우리 국민의 문화적 자부심을 높였다는 데 더 큰 의의가 있다. 이제 정부 없이도 뛰어난 작품만 만들면 성공하는 시대가 된 것 같다. 특히 한류의 성공은 기획되지 않은 자생적이고 자발적인 요인이 보는

학자들이 많이 있다.[8]

　그러나 오늘날 우리나라의 전 지구적 문화 영향력이 정부 없이 형성되고 발현된다고 보기에는 반증이 너무 많다. 정병국의 일생을 보면, 문화 불모지에서 문화 강국으로 발돋움하는 데에는 정부가 있었다는 점을 깨달을 수 있다. 1990년대 한국의 위상으로 생각하면 베니스 비엔날레와 같은 국제 무대에 한국관이 추가로 지어진 것의 상징적 의미가 매우 크다. 전 세계에 한국 문화의 집을 넓히고 한글을 보급하는 것도 정부가 기초를 제공한 부분이다. 문화 콘텐츠를 개발하는 데 정부가 앞장서서 지원하는 등 문화산업을 진흥시킨 것도 중요하다. 문화를 돈으로만 본다는 비판적 시각도 있지만, 수출도 하고 일자리도 창출한다는 점에서 발전행정적 접근은 유효하다. 그러나 장기적 관점에서 해야 하는 정부의 지원은 기업의 투자 방식과는 다르다는 점도 정병국은 잘 알고 있었다.

　정부의 역할 중 정병국 장관이 가진 생각에 주목할 것은 문화의 기초를 튼튼히 한다는 원칙이다. 소위 순수 예술의 지원에 중점을 두면, 이를 응용하는 파생 효과가 있다는 것이다. 팔길이 원칙과 더불어 실천 면에서 어려운 일이지만, 적어도 이론상으로는 설득력이 있다. 아울러, 재능 있는 인재들이 문화예술 활동을 할 수 있도록 지원하는 문화복지 개념의 도입이다. 문화 향유에서 문화 바우처 제도를 도입한 것도 소비 차원에서 문화복지라고 하겠다.

　인물론 측면에서도 주목할 점이 많이 있다. 정병국은 23년간의 공직 여정을 통해 우리나라 문화예술에 큰 역할을 한 정책가로 보인다. 그는 어렸을 때 문화 충격을 받은 이후, 국회 상임위 선택에서부터 전문성을 축

---

8) 예컨대, 김정수(2011). (신)한류에서 배우는 문화정책의 교훈. 『한국행정연구』, 20(3): 1–34.

적했다. 김영삼과의 인연으로 정치계에 일찍 발을 들였지만, 장관이 됐을 때, 그리고 문화예술위원회 위원장일 때, 유능한 문화행정가로 변신했다. 장관 자리에 정치인이 좋은가, 행정인이 좋은가라는 질문에 정병국을 넣어 답을 해 보면, 평소에 준비가 된 전문가가 공직 취임 기회의 창이 열리면 성과가 나타난다는 것이다. 정병국이 정치인→행정인으로 변신한 사례라고 한다면, 많은 경우는 거꾸로 관료→정치인(장관)이 되는 경우다. 정치인이 장관으로 임명되면 행정과는 겉도는 정치인(외계인)으로 머물다가는 경우가 많다. 정병국은 이의 예외인 경우라고 하겠다.

그가 문화예술 분야에 전문성을 갖춘 행정인이라는 점을 부인하기 어렵다. 그리고 한국 행정사에 족적을 남긴 인물로 인정한다면, 그 요인을 찾아볼 필요가 있다.

첫째, 그의 정치인으로서의 소신이다. 정치 초년생부터 정의감에 불타고, 기존 정당정치의 역기능에 편승하지 않으려 했다는 점이 문화예술계의 공직에 진출할 때도 도움이 됐을 것이다. 공직에 취임했을 때, 상하좌우의 사람들도 그의 원칙론자로서 개성을 고려해 반응했을 것임을 추측할 수 있다. 즉, 특정 당파에 갇힌 정치인보다는 소신 있는 정치인이 공직에 취임한 이후 업무 수행의 자율성이 더 커질 수 있다. 만약 코드 인사, 캠프 인사를 하더라도, 개인의 평소 철학이 균형 잡힌 사람이라면, 공직 취임 후에도 행정적 합리성을 추구하는 정책을 추진할 수 있다.

둘째, 국회 '문화' 관련 상임위에서 오랫동안 있었다는 점이 그의 문화 분야 전문성을 부정할 수 없게 한다. 더구나 인기가 없는 상임위에 자원했다는 점은 주목해야 한다. 실제로 그가 여러 기회를 통해 말한 것을 종합해 보면, 국회 상임위에서 문화부 관료들의 보고도 받고, 국정감사 등을 하면서, 문화부에 대한 지식과 정보를 축적했음을 확인할 수 있었다.

국회의원으로서 장기간 활동하면서 문화예술 분야 행정에 전문성을 취득한 것이다.

셋째, 일반행정가로서의 전문성이다. 부처와 관계없이 생기는 관료제의 타성을 미리 파악하고 있었다는 점도 매우 중요하다. 장관 첫 부임 시 업무 보고를 실·국별로 돌려가면서 1:1로 하지 않고, 현장에 가서 정책 대상집단과 함께 공개적으로 한다는 점은 매우 획기적인 것이다. 탁상행정이 만연했던 시기임을 고려하면 더욱 그렇다. 목표관리제의 실천도 마찬가지 예다. 이것은 청와대 근무, 그리고 국회의원으로 있으면서, 문제의식을 느꼈기 때문에 가능한 것이었다. 즉, 넓은 의미에서 공직 사회를 경험한 사람이 올바르게 행정을 이끌 수 있다는 교훈을 얻을 수 있다. 공공 기관을 전혀 경험하지 않은 사람, 예컨대 외국인이나 순수 민간인들은 이런 준비가 없기 때문에 취임 즉시 좋은 행정을 펼치기에는 어려움을 겪을 가능성이 큰 것이다.

본인은 문화에 지속적인 관심을 가졌다고 주장하지만, 인터뷰에서 나타나는 것은 적었다는 점은 의문으로 남는다. 그러나 과거와 현재의 발언을 비교해 보면, 개인 차원에서 문화예술에 대한 가치관을 오랫동안 갖고 있었고, 공직 취임에서 기회가 오면 그것이 발휘된다는 점은 확인할 수 있다.

8

지루한 줄다리기, 한미 FTA 협상: 김종훈과 김현종

I. 들어가며: 끈질긴 협상 끝에 얻은 행정의 승리

자원 빈국이면서 수출 의존형 경제 구조를 가진 우리나라에 미국의 무역장벽은 특별한 의미가 있다. 미국은 전 세계 무역량의 70% 정도의 영향력이 있는 수퍼파워 국가이고, 우리나라는 경제의 70% 정도를 무역에 의존하는 국가다. 세계 최고 부자 국가인 미국 시장은 우리 경제에 결정적 변수가 된 지 오래다. 따라서 무역장벽을 낮추는 것이 중차대한 과제였다. 당시만 해도 미국은 유럽연합(EU), 그리고 북미자유무역협정(North American Free Trade Agreement: NAFTA)이라는 권역별 자유무역협정을 체결했고, 개별 국가와 맺은 것은 없는 상태였다. 우리나라의 입장에서는 물론이고, 장벽을 낮추는 문제는 기존에 없는 새로운 차원의 접근이었다.

한국의 고도성장기 경제는 미국 시장에 비교적 잘 접근할 수 있었기 때문에 가능했다고 할 수 있다. 한국 경제가 생존하는 데 미국 의존은 필수적인 전제 조건이었다고 해도 과언이 아니다. 따라서 우리나라로서는 매우 중요한 협상이었다.

국가 간 재화의 이동에 부과하는 관세는 양국이 자국 시장의 손익을 계산해서 하는 것으로 나름의 역사와 관련 무역 산업들의 이해관계가 걸려 있는 문제다. 대체로 한쪽에 유리한 것은 다른 한쪽에 불리한 것으로 모순(trade off) 관계에 있어서, 각국 국내 여론이 민감하게 바뀌는 정치 사안이다. 관세를 완전히 철폐하는 것이 자유무역협정이다.

한미자유무역협정(韓美自由貿易協定, United States-Korea Free Trade Agreement) 또는 약칭으로 한미 FTA(KORUS FTA)는 대한민국과 미합중국이 양국 간 무역 및 투자를 자유화하고 확대할 목적으로 체결한 자유무역협정(FTA)이다. 한미자유무역협정의 정식 명칭은 '대한민국과 미합중국 간의 자유무역협정'이다. 이 협정으로 인해 대한민국은 미국으로부터 수입한 제품에 대한 관세를 점차 감면하고, 미국은 대한민국으로부터 수입한 제품에 대한 관세를 완전히 제거했다.

이 장은 통상 정책 혹은 외교 정책 분야의 연구 주제이기도 하지만 한국 행정학에도 매우 중요하다는 점을 인식하고, 구체적인 협상 과정에 초점을 맞춘다. 외국 대표와 맞닿아 협상하는 자체는 외교 활동으로서 외교학의 연구 분야일지 모르나, 협상을 준비하고 구체적인 사안에 하나하나 합의를 끌어 나가는 것은 한국 정부 내에서 이뤄지는 전형적인 정책결정 과정이고, 수많은 행정관료가 뒷받침해야 가능하다는 점에 주목하고자 한다.

이러한 행정 과정을 총지휘하는 통상교섭 대표로서 두 인물을 동시에 탐구한다. 시간상으로 수년간에 걸쳐 일어나는 정책 과정이기 때문에, 한 사람으로 국한해 연구하면 바람직하지 않기 때문이다. 정권이 바뀜에도 불구하고 정책의 목표일관성을 유지하고 추진한 결과, 한국 경제에 지대한 영향을 미칠 성과를 이뤄낸 것에 대한 조명을 하고자 한다.

협상이란 상대가 있는 것이고, 협상에서 이기려면 상대방이 무엇을 원하는가를 알아야 한다. 미국이 원하는 것이 무엇이고, 협상의 고비마다 어떤 것을 주고받았나를 연구하는 것은 협상론의 일이다. 이러한 관점에서 여기서는 한국 정치의 맥락에서 불안정한 정치 변화를 무릅쓰고, 한미자유무역협정이 어떻게 체결됐는가를 보고자 한다. 정치행정이원론과 일원론이라는 이론적 상반된 측면을 밑바탕으로 삼아 접근하고자 한다.

II. 경제 대국과의 협상 시작

1 강자의 논리: 선결 요건

1989년 미국 국제무역위원회(USITC)의 보고서 「아태지역[1] 국가들과의 FTA 체결에 대한 검토 보고서」에서 미합중국에 바람직한 FTA 대상 국가로 싱가포르, 대한민국, 중화민국을 언급한다. 여러 가지 정책 아이디어가 많은 미국적 시각에서 자국 이익이 될 상대국을 검토한 것이다.

작은 나라인 한국은 이 보고서를 보고 환호하며 한미 FTA에 대한 내부 논의를 시작한다. 여러 가지 아이디어 차원의 논의가 이뤄진 후, 2006년

---

[1] 아시아 동부의 태평양과 접하는 지역들과 남아시아와 호주 대륙을 비롯한 오세아니아와 남태평양의 여러 섬나라 및 섬 지역을 뜻한다.

2월 3일에야 양국이 한미 FTA 협상 출범을 공식 선언한다. 협상은 2007년 4월 2일부터 본격적으로 시작해, 14개월간의 긴 협상을 마치고 최종 타결했다. 그러나 양국에서 거쳐야 할 승인 절차가 있어서, 2011년 11월 22일에야 한미 FTA 비준안이 대한민국 국회 본회의를 통과했다. 그리고 구체적인 준비 과정을 거쳐 2012년 3월 15일에 발효됐다. 미국 USITC 보고서가 나온 지 23년, FTA 협상이 시작된 후 6년이 지난 후에 공식적으로 발효를 하는 기나긴 과정을 겪었다.

14개월간의 긴 협상 과정은 큰 시장이라는 무기를 가진 미국이 자국의 이익을 지키기 위한 조건을 우리가 어떻게 수용하거나 설득하느냐의 과정이었다. 구체적으로 미국 측이 제시한 4대 선결 조건이 있었다.

2006년 2월 3일, 당시 대한민국 제16대 대통령 노무현은 미국과의 FTA를 본격화하기 위해 야당 및 여론의 반대에도 불구하고 미국 측이 요구한 소위 '4대 선결 조건'을 수용하기로 결심했다. 우리나라가 주변 강국의 영향력에 수동적으로 적응하지 말고, 적극적으로 외국과 동등한 위치에서 자주 외교를 하자는 노무현 대통령이 이를 전격 수용한 것은 당시 여론으로는 의외인 사안이었다.

미국이 협상 테이블에 앉기 전 충족돼야 하는 선결 조건이라고 했기 때문에, 협상이 시작된 것 자체가 선결 조건을 받아들였다는 뜻인데, 국내 언론에는 안개 작전을 썼다. 초기에는 선결 조건을 수용했다는 것이 반대파들의 말 지어내기라고 부인한 것이 그 예다. 그러나 미국 측 대표가 협상 중 관련 사항을 언급한 후 결국 인정함으로써, 소위 '4대 선결 조건'은 사실로 드러났다. 4대 선결 조건은 다음과 같다.

- 미국산 쇠고기 수입 재개

- 자동차 배출가스 강화 기준 2009년까지 철폐[2]
- 스크린 쿼터 축소
- 약값 재평가 제도 철폐

　미국은 작은 정부를 지향해 자유시장주의를 내세우지만, 농업 부문만은 정부가 많이 보호한다. 우루과이 라운드에서 문제가 됐던 쌀 문제, 그리고 한미자유무역협정에서 큰 문제가 된 쇠고기 수입이 그것이다. 보잉 비행기 등 엄청난 액수의 상품에 비해, 쇠고기는 그리 쟁점이 될 것 같지 않지만, 미국 여론 정치에서는 매우 중요한 문제다. 우리나라는 무역량으로 보면, 농업보다는 공산품의 수출이 훨씬 더 큰 이해관계가 있다.
　협상의 기나긴 여정에 한국에서 정권이 바뀐다. 따라서 정책의 일관성이나 협상의 목표 달성이란 측면에서 중요한 의미가 있다. 외교 현장의 협상은 정치적인 것이라고 할 수도 있지만, 단순히 상징적 차원이 아니라 실제 양국의 산업 발전에 깊이 관련된다는 측면에서 볼 때, 행정학적 의미가 큰 행정 과정이라고 할 수 있다. 행정관료가 하는 일 중에 권위주의적 집행보다는 협상을 통해 상대방을 설득하고, 때로는 양보하는 전략이 필요하기 때문이다. 이를 협상론적 측면에서 볼 필요가 있다. 협상에는 전략이 필요하다(이달곤, 2006).
　본격적인 협상은 2007년 4월에 시작됐다. 양국은 서로의 시장에 대한 접근을 확대하고 양자 무역을 증진하기 위해 다양한 분야에서 협상을 진행했다. 그러나 여러 가지 난항을 겪으면서 중단되는 과정이 반복된다.

---

[2] 미국 차 수입을 억제하고 국산 자동차가 국내 시장에서 잘 팔리기 위해 자동차 배출 기준을 강화한 것이다.

양국의 정치 상황이 맞물려 있기 때문이다. 국회의 승인은 공식적 절차이지만, 그 이면에는 여론의 지지를 받아야 했기 때문이다. 각국의 사정 때문에 협상이 중단되고, 지연되는 과정을 겪어야 했다. 대체적 과정은 다음과 같다.

① 첫 번째 협상 중단(2008년): 2007년 초기 협상이 시작된 후, 양국 간에는 여러 논란이 제기됐다. 특히 미국에서는 자동차 및 쇠고기 등 농산물 분야에서의 무역불균형과 관련된 문제 등이 논의됐다. 이에 따라 2008년에 협상이 일시 중단됐다.

② 협상 재개 및 협상 완료(2010~2011년): 2008년의 중단 이후, 양국 간에 다시 협상이 시작됐고, 2010년에는 다수의 이슈에 대한 합의가 이뤄졌다. 2011년 3월 15일에 미국 대통령 오바마(Barack H. ObamaⅡ)와 대한민국 대통령 이명박이 참석한 가운데 워싱턴 D.C.에서 한미 FTA에 서명한다.

③ 의회 승인(2011년): 협정은 각국의 의회에서 승인받아야 했다. 국제협약은 국가 간 정치 외교의 영역이지만, 국회와의 관계를 보면 국내 정치의 문제이기도 하다. 대한민국 국회는 2011년 11월 22일에 협정을 승인했고, 이후 미국 의회에서도 승인해 발효됐다.

❷ 협상 테이블의 선수들

1) 양측 대표

2006년 2월 3일, 양국이 FTA 협상을 공식화하면서 대한민국은 김현종 외교통상부 통상교섭본부장을, 미국 측은 포트먼(Robert J. Portman) 미국

무역대표부(USTR) 대표를 협상 대표로 선임한다. 협상 실무자 수석대표로는 대한민국은 김종훈 대표, 미국은 커틀러(Wendy Cutler) 미 무역대표부 한국·일본 APEC 대표보가 맡았다. 커틀러는 여러 가지 역할로 변신하는 협상의 전문가라고 알려진 인물이다.

포트먼(1955년생)은 변호사이면서 공화당 정치인이다. 2005년부터 2006년까지 제14대 미 무역부(US Trade) 대표직을 맡았으며, 이어서 2006년부터 2007년까지 제35대 관리예산처(the Office of Management and Budget: OMB)장을 지낸 인물이다. 부시(George H. W. Bush) 대통령 정부의 사람이다.

커틀러는 1979년 조지워싱턴대학교 엘리엇 국제대학에서 국제관계학 학사학위를, 조지타운대학교에서 외교학 석사학위를 취득했다. 대학원 과정을 마친 후 대통령 펠로로서 연방정부 인턴 같은 방식으로 공직 생활을 시작한 후, 직업공무원 경력을 화려하게 쌓은 인물이다. 즉, 1983년부터 1988년까지 상무부에서 무역 관련 문제를 담당한 후, 미국 무역대표부(USTR)에 들어가 30년 가까이 외교관 및 협상가로 활동한다.

커틀러는 한미자유무역협정, 환태평양경제동반자협정, 미·중 무역 관계, WTO 금융 서비스 협상, 아시아태평양경제협력체(APEC) 포럼, 미국-인도 무역정책 포럼 등 아시아태평양이 관련된 다양한 협상 및 이니셔티브에 참여하는 등 통상 관련 협상전문가다.

여기서 좀 더 시대적 맥락을 볼 것은 미국은 경제 대국으로서 소위 '수퍼 301조'를 통해 고압적인 자세에서 외국을 압박하는 방법을 사용해 왔다는 점이다.[3] 담당자가 자주 바뀌는 우리나라와 비교해, 커틀러는 이 분

---

[3] 1974년도 「무역법(Trade Act of 1974)」의 301조 규정이 1988년도 「종합무역법(Omnibus Trade

야에서 계속 활동해 협상 전문가로 일한 인물이다. 따라서 한국으로서는 매우 부담스러운 존재였다.

한미 FTA는 양국 간의 무역 및 경제적 관계에 관한 중요한 사안이었으므로 수년 동안의 협상 과정에서 많은 사람이 간여했다. 2006년 통상본부장으로 김현종이 첫 단계에서 한미 FTA를 주도했다면, 본격적인 협상은 김종훈에 의해 이뤄진다. 외신 기자들은 이런 협상을 "웬디와 종훈의 전쟁(Battle rounds by Wendy and Jong-Hoon)"으로 불렀다. 김종훈 수석대표만 외무고시 출신의 직업 외교관이며, 나머지 셋은 모두 미국 변호사다. 이후 2007년 8월 김종훈 대표가 통상교섭본부장으로 승진, 협상 대표가 됐고, 이명박 대통령 취임 이후에도 협상의 연속성 등을 고려해 유임됐다. 이명박 정부 시 한미 FTA의 본격적인 협상 작업 당사자로서 대한민국을 대표해 주도한 핵심 인물이다.

2) 미국 변호사: 김현종

원래 한미자유무역협정이란 아이디어는 노무현 대통령 때 시작됐다.

---

and Competitiveness Act of 1988)」에 의해 강화됐다. 일반적으로 301조라 함은 1974년도 「무역법」상의 제301조부터 제309조까지의 조항을 포괄적으로 지칭한다. 301조 규정은 교역 상대국의 불공정한 무역행위로 미국의 무역에 제약이 생기는 경우 광범위한 영역에서 보복할 수 있도록 허용하고 있다. 「무역법」 301조는 1988년 미국 의회가 종합무역법안을 제정하면서 한층 강화됐고, 강화된 규정은 수퍼 301조라는 별칭으로 불리게 됐다. 수피 301조에 따르면, 미국 무역대표부(the US Trade Representative: USTR)는 불공정 무역국가를 선별해 우선협상 대상국가(Priority Foreign Countries)로 지정할 수 있으며 이들 우선협상 대상국가에 대해서는 일정 기간 동안 집중적으로 시장 개방 협상을 하도록 했다. 1980년대 말 일본과 한국 등이 수퍼 301조에 의한, 불공정한 무역에 대한 시정과 시장 개방 압력을 종용받기도 했다. 수퍼 301조는 1989년부터 1990년까지 2년 동안 한시적으로 운용되다 부시(Geore H. W. Bush) 행정부 아래서 폐기됐지만 1994년 클린턴 대통령의 행정명령(executive order)에 의해 부활됐다. 자료 출처: 외교부.

김현종과 노무현 대통령의 관계는 노무현 대통령이 당선인이었던 시절부터 시작됐다. 당시, 김현종은 통상 분야에 대한 전문성을 인정받아 노무현 대통령 당선인에게 브리핑을 진행하게 된 것으로 보인다.

김현종은 개인적으로 노무현 대통령의 스타일과 정치적 방향성에 깊은 호감을 느꼈으며, 노 대통령에 대한 강한 신뢰와 충성심을 갖게 된다. 노무현 대통령도 김현종에 대해 높은 신임을 보였다. 특히 한미 FTA와 같은 중대한 정책에서 노 대통령은 김현종의 정책을 처음부터 끝까지 지지했다. 한미 FTA는 정치적 리스크가 높은 사안임에도 불구하고, 노무현 대통령은 이를 추진하는 데 필요한 강력한 지지와 함께 김현종에 대한 굳건한 믿음을 보였다.

국민 투표로 선출된 좌파 대통령으로서 평소 탈미(脫美), 등거리 외교[4]를 주장한 자신의 정치 이념에 비춰볼 때 한미 FTA는 부담스러운 결정이었을 것이다. 흥미롭게도 노 대통령은 FTA 추진의 필요성을 강조하며 적극적으로 추진한다. 이 시기에 김현종 통상교섭본부장이 중요한 아이디어맨으로 실무 차원의 정부 업무를 이끌었다.

김현종은 1959년 서울에서 태어났다. 그의 아버지인 김병연은 코리아헤럴드 내외경제신문 회장으로서 교육 및 외교 분야에서 활동한 인물인데, 그의 영향으로 김현종은 어린 시절에 외국에서 거주하는 경험을 한다. 김현종은 1977년에 컬럼비아대학교에 진학해 정치학을 전공했고, 이어서 로스쿨에서 법학박사 학위를 취득했다.

1985년에 미국 대형 로펌에서 4년간의 경력을 쌓은 후 군 복무를 마치고 완전히 귀국해 법률사무소에서 국제 상사 중재 및 국내 기업의 해외투

---

4) 한 나라에 치우치지 아니하고 각 나라에 같은 비중을 두면서 중립을 지향하는 외교.

자 법률상담 등을 담당한다. 이어서 1993년에 홍익대학교 경영대학 조교수로 임용됐고, 1995년에는 외교통상부 'WTO 분쟁 해결 대책반' 고문변호사로 위촉돼 다양한 국가 및 국가연합과의 자유무역협정(FTA) 협상에 참여한다. 2003년에는 세계무역기구(WTO) 수석 변호사로 선정돼 노무현 대통령 당선인에게 세계 통상 현안에 대한 브리핑을 한 뒤 노무현 정부에서 한・미 FTA 협상을 담당한다. 이후에도 다양한 국가와의 FTA 협상을 진행하며 그 경험을 쌓아 갔다. 2009년부터 2011년까지는 삼성전자 해외법무 사장으로 활동했으며, 2017년에는 문재인 정부에서 통상교섭본부장으로 재임명됐고, 2019년에는 국가안보실 제2차장으로 일하는 등, 다양한 분야에서 활약한다.

출판 활동과 국제 사회에서의 수상 경력 등도 그의 다양한 활동 영역을 보여 준다. 더불어민주당에 입당한 후에는 정치 활동에도 참여하고 있으며, 현안에 관한 토론 활동과 블로그를 통해 의견을 나타내기도 했다.[5]

---

[5] 김현종에 대한 선행 연구는 다수 존재한다. 김현종의 1995년과 1998년 연구와 그의 자서전 『김현종, 한미 FTA를 말한다』(2010)는 그의 통상 정책에 대한 깊은 통찰력을 제공한다. 손기윤(2011)의 연구는 참여정부 시기 한국의 통상 정책 결정 과정과 정부, 국회, 산업계의 역할을 분석함으로써, 김현종이 참여정부에서 행정가로서 경험한 도전과 환경에 대한 이해를 돕는다. 유종일(2006)은 참여정부의 경제 정책을 비판적으로 검토하고, 특히 한미 FTA의 분배 정책과 개혁 정책의 부재에 대해 논한다. 송태은(2017)은 2008년 미국 쇠고기 수입 협상과 2011년 한미 FTA 협상 과정에서 시민들의 요구와 정치적 참여가 어떻게 결합했는지 분석해, 김현종이 직면했던 성지석 요구와 압박을 이해하는 데 기여한다. 박기혁(2011)은 정책 옹호 연합 모델을 사용해 한미 FTA 체결 과정을 분석하고, 그 과정의 합리성을 평가한다. 정인교(2008)는 글로벌 통상 환경의 변화와 한국의 FTA 추진 로드맵을 분석하고, 특히 한미 FTA에 대한 구체적인 평가를 진행한다. 해외 연구에서는 매닌과 쿠퍼(Manyin & Cooper, 2007)가 한미 FTA의 제안된 내용을 검토하고, 한국의 외교 전략이 미국 측에서 어떻게 해석되는지 분석한다. 쇼트(Schott, 2007)는 이와 관련한 간략한 평가를 제공하며, 허(Heo, 2008)는 이 협정의 외교적 영향과 한국의 전략에 대한 추가적인 관점을 제공한다. 이러한 국내외 연구들은 김현종의 행정적 역할과 정책결정 과정에 대한 종합적인 이해를 제공한다.

⟨김현종 약력⟩

~ 1981년: 컬럼비아대학교 국제정치학 학사
~ 1982년: 컬럼비아대학교 대학원 국제정치학 석사
~ 1985년: 컬럼비아대학교 로스쿨 법학 박사

1985년 10월: 미국 밀뱅크트위드 법률사무소 변호사
1986년 10월: 미국 스카텐아르프스 법률사무소 변호사
1989년 11월: 김신유 법률사무소 변호사
1993년 8월: 홍익대학교 경영대학 무역학과 조교수
1995년 5월: 외무부 고문변호사
　　　　　외교통상부 통상교섭본부 통상전문관
　　　　　세계무역기구 법률국 법률자문관
2003년 5월 ~ 2004년 7월: 외교통상부 통상교섭조정관
2004년 7월 ~ 2007년 8월: 제3대 외교통상부 통상교섭본부 본부장
2005년 11월: 아시아태평양 경제협력체 합동 각료회의 공동의장
2005년 12월: 제6차 세계무역기구 한국 측 수석대표
2007년 8월: 제21대 유엔(UN) 주재 대사
2007년 10월: 유엔(UN) 아주그룹 의장
2008년 1월: 국제연합경제사회이사회 부의장
2009년 3월 ~ 2011년 12월: 삼성전자 해외 법무 사장
　　　　　한국외국어대학교 LT 학부 교수
2017년 7월 ~ 2019년 2월: 산업통상자원부 통상교섭본부장
2019년 2월 28일 ~ 2021년 1월 20일: 국가안보실 제2차장
2021년 1월 21일 ~ 2021년 4월: 대통령실 외교·안보 특별보좌관

3) 외무관료: 김종훈

김현종 본부장은 그 전문성 때문에 이명박과 박근혜 정부에서도 계속 일해 줄 것을 타진받은 것으로 보인다. 소위 그동안 통상 관계에서 갑질을 해 온 미국과의 관계라는 연장선에서, 한미 FTA 협상을 진행하는 것은 매우 어려운 과제였다. 누가 더 세밀한 사항까지 준비했느냐, 그중에서 양보할 것은 양보하고 얻을 것은 얻어 내는 전형적인 협상가로의 전문성이 필요했다(최원목, 2008). 이러한 맥락에서 새 정부가 참여 의사를 물었음에도 불구하고, 김현종은 "장군이 어찌 두 주군을 모시겠는가"라는 이유로 참여를 거부했다. 직업공무원인 김종훈이 발탁된 이유이기도 하다.

김종훈은 제8회 외무고등고시에 합격해 1974년에 외무부에 들어왔다. 이후 통상적인 외무공무원의 경력을 차곡차곡 쌓아 간다. 주미국 한국대사관 근무를 비롯해 2005년 아시아태평양경제협력체(APEC) 대사를 역임하는 등 주요 보직을 거친 후, 노무현 정부부터 FTA를 담당하며, FTA 협상 업무를 수행한다.

비록 김현종이 정권이 바뀜에 따라 통상본부장 자리를 떠났지만, 김종훈은 이미 김현종 본부장 밑에서 실무 역할을 담당했다는 점에서, 계속성이 담보된 두 사람의 역할로 '행정'의 연속성이 잘 발현된 사례다. 김현종은 처음부터 끝까지 계속해 2008년 한미 FTA 협상을 체결해 낸 주역이다. 이후 칠레, 유럽 등과도 자유무역협정을 추진한다. 즉, FTA 협상의 국내 최고 전문가라고 할 수 있을 정도가 됐다.

김종훈은 외교통상부의 통상교섭본부 본부장을 역임하는 등 외무관료로서 비교적 오래 협상 업무를 수행했기 때문에, 오바마(Barack Obama, Jr.) 대통령도 방한할 때마다 찾는 인물이었다. 협상가로서 강약을 조절해 협상하다 보니, '버럭' 소리를 지를 때도 있었다. 이를 빗대어서 'Barack' Obama 대통령의 이름을 연상시키는 별명으로 '버럭 김종훈'으로 불리기도 했다.

〈김종훈 약력〉

경북대학교 사범대학 부설중학교 졸업
경북대학교 사범대학 부설고등학교 졸업
연세대학교 경영학 학사

1974년 5월 : 제8회 외무고시 합격
1974년 11월 : 외무부 입부
1979년 : 주프랑스 대한민국 대사관 3등서기관
1981년 : 주어퍼볼타대사관 2등서기관
1985년 : 서울올림픽조직위원회 파견
1987년 : 주캐나다 대한민국 대사관 참사관
1990년 : 외무부 특전담당관
1991년 : 외무부 의전담당관
1993년 : 주미국 대한민국 대사관 참사관
1996년 : 외무부 의전 심의관
1997년 : 외무부 국제경제국 심의관
1998년 : 주제네바 대한민국 대표부 공사
2000년 ~ 2002년 : 외교통상부 통상교섭본부 지역통상국장
2002년 ~ 2004년 : 주샌프란시스코영사관 총영사
2004년 8월 ~ 2007년 8월 : APEC 고위관리회의 대표
2005년 : APEC 대사

2006년 6월 : 한미자유무역협정 한국 측 수석대표
2007년 8월 ~ 2011년 12월 : 외교통상부 통상교섭본부장
2008년 4월 : 제64차 UN 아시아태평양 경제사회위원회 총회 의장
2010년 5월 : 제66차 UN 아시아태평양 경제사회위원회 총회 의장
2017년 ~ : SK이노베이션 사외이사
2017년 1월 ~ : 재단법인 한미동맹재단 이사(외교)
2019년 4월 ~ : 보다나은미래를위한 반기문재단 운영위원
2020년 3월 ~ 2023년 3월 : SK이노베이션 이사회 의장
대한체육회 명예 대사 겸 국제위원장
현 SK이노베이션 사외이사후보추천위원회 위원장
현 SK이노베이션 사회공헌위원회 위원장

    직업 외무관료로서 공직을 시작해 장관급인 통상교섭본부장직까지 수행한 김종훈은 정치인으로 변신한다. 행정관료로 승진해 그 전문성을 바탕으로 하고, 정무 감각을 키워 정치인으로 변하는 전형적인 관료의 경력 발전 과정을 밟는다. 행정부 종사 이후 의회로 진출하는 정치인으로의 변신이다. 구체적으로 2012년 5월 ~ 2016년 5월까지 제19대 국회의원(서울 강남을)으로 재직하면서 주로 국제 분야에서 의정 활동을 한다. 새누리당에서 박근혜 대통령 선거 대책을 하는 등, 정치인으로서 변신하는 데 성공한다.

III. 기나긴 협상 여정을 지나다

❶ 5년 간의 협상 불 지피기

한미 자유무역에 관한 아이디어 차원의 논의는 보호무역주의가 전 세계적인 패러다임이었던 1989년으로 올라간다. 그해 발간된 미국 국제무역위원회(USITC)의 보고서에서는 미국의 관점에서 바람직한 FTA 대상국으로 싱가포르, 대한민국, 중화민국을 꼽았다. 주한미국상공회의소는 클린턴(Bill Clinton) 대통령에게 한미 FTA 체결을 촉구하는 서한을 보내고, 미국 시장에 대한 큰 이해관계를 가지고 있는 우리나라는 큰 관심을 둔다. 우리 정부도 준비 작업에 들어간다. 이후 구체적으로 전개된 과정을 시간적 차원에서 서술하면 다음과 같다.

1999년 6월: 주한 미국상공회의소(AMCHAM)는 미국 클린턴 당시 대통령에게 한미 FTA 체결을 촉구하는 서한을 송부함.
2000년: 미 상원의원인 보커스(Max Baucus)는 USITC에 한미 FTA의 경제적 효과에 대한 연구보고서를 의회에 제출하도록 요청
2001년 1월: 제14차 한미 재계회의에서 양국은 BIT와 FTA의 조속한 체결 촉구
2003년 8월: 'FTA 추진 로드맵' 마련: 중장기적 과제로 미국 등 거대경제권과의 FTA 추진을 상정
2004년 5월: USTR 부대표, 한미 FTA 체결에 관심 표명
2004년 11월: 한미 통상장관회담에서 FTA 추진 가능성 점검을 위한

사전실무점검회의 개최에 합의(칠레)

이상과 같이 1989년 첫 아이디어가 등장한 후 5년 만인 2004년 11월 칠레에서 열린 APEC 회담에서 한미자유무역협정을 위한 실무회의를 개최하기로 합의해 비로소 물밑에 있던 의제가 정부의제로 등장한다. 2005년 9월 미국이 한국 등 4개국을 협상우선국으로 선정하고, 2006년 협상개시를 선포하면서, 미국 연방정부의 정식 어젠다로 등장한다.

협상의 진행 과정은 준비 과정(1989~2005년), 협상 과정(2006~2012년)을 거쳐, 2019년 다시 개정하는 과정을 거친다. 주요 연대기를 보면 다음과 같다.

〈표 9〉 한미 FTA 일지

일시	일정	비고
2019.01.01	한미 FTA 개정의정서 발효	3차에 걸친 개정 협상 개최(2018.1~3).
2017.08.22	한미 FTA 공동위원회 특별회기 개최	미국 USTR, 한미 FTA 공동위원회 특별회기 개최 요청에 따름 (2017.07.13., 서울).
2012.03.15	발효	
2011.11.22	비준동의안 국회 통과	한미 FTA 비준안을 포함한 14개 이행법안 등 모든 법안 표결 종료 (재적의원 295명 중 170명 참석, 찬성 151명, 반대 7명, 기권 12명).
2011.02.10	추가 협상 합의문서 서명 및 교환	
2010.12.03	추가 협상 타결	통상장관회의 개최(메릴랜드주 컬럼비아시)
2007.06.30	서명	워싱턴 D.C.
2007.04.02	협상 타결	통상장관회의 개최(서울)
2006.02.03	한미 FTA 추진 발표	워싱턴 미 상원의사당

2005.09	미 행정부, 한국 등 4개국을 FTA 우선 협상 대상국으로 선정	
2004.11	한미 통상장관회담에서 FTA 사전실무점검회의 개최 합의	APEC, 칠레
2004.08	USTR 부대표 한미 FTA에 대한 관심 표명	
2003.08	정부 'FTA 추진 로드맵' 마련	

출처: 한미 FTA 홈페이지(https://www.fta.go.kr/us/info/2/)

의회가 정치의 중심인 미국에서는 연방정부가 의회와의 유기적인 협조 하에 국가의 주요 정책을 추진한다(임도빈, 2025b). 우리나라는 행정부에서 거의 독점적으로 주도해 조약을 협상하고 체결한다는 점에서 행정부 중심국가다. 결국, 대통령의 의지가 중요한 변수이고, 이를 반영한 실무협상자의 역할이 결정적이다. 그렇지만 국회가 승인해야 발효되기 때문에, 사후적으로나마 국회의 동의가 관건이 된다.

❷ 협상의 진행 과정: 김현종

예상을 뒤엎고 대통령에 당선된 노무현은 2003년 2월 25일 취임해 2008년 2월 24일까지 재임한다. 김현종은 2003년 5월 외무부 통상교섭조정관 자리에 외부 인재로 영입되면서 노무현 정부와 인연을 맺게 된다. 고시 등 공무원 시험을 통해, 평생을 관료로 머무는 직업공무원제가 지배적인 당시 상황에서 예외적인 공직 취임 경로를 거친다. 그는 미국에서 변호사 자격을 획득하고 뉴욕의 로펌에서 근무한 뒤, 세계무역기구(WTO) 국제통상 자문 변호사로 활동하며 풍부한 민간 경력을 쌓은 사람이었다.

오늘날에도 이런 행정문화가 남아 있지만, 공직에 외부 민간인 영입이 드물었던 당시에는 한국 관료제의 조직문화와 위계질서가 그와 조직에 큰 부담이 됐을 것이다. 김현종의 미국식 사고방식과 비전통적인 행동양식은 조직 생활에 큰 어려움을 겪게 하는 요인이었다. 젊은 차관보급 인사가 외부에서 온 것 자체에 대한 불편함도 있었을 것이다.

김현종이 조정관으로 내정된 날, 통상교섭본부 간부들이 모두 조기 퇴근한 것도 이러한 불편한 심기를 드러냈다는 증거다. 그리고 김현종은 조정관으로 임명됐지만, 주요 업무인 도하개발어젠다(Doha Development Agenda: DDA) 다자 협상팀에 끼지 못한다. 그가 DDA 다자협상에서 배제된 이유 중 하나는, 한국 협상단이 직전에 WTO 사무국에서 근무했던 직원의 지시를 받아 협상을 진행하게 될 경우, 협상 상대방과 WTO 사무국 직원들이 한국 협상단을 얕보게 될 것이라는 우려 때문이었다(김현종, 2019: 33).

김현종은 한미 FTA가 한국-미국 간 1:1 관계 차원이 아니라 중국, 일본, 미국, 러시아 등 주변국과의 다면적 전략적 사고(multilevel strategic thinking)로 접근해야 한다고 생각했다(김현종, 2019: 19-20). A국에서 얻어 낼 것은 B국 또는 C국과의 관계를 활용해 얻을 수 있다는 사고다. 당시 외교관료들의 1:1 협상이라는 일반적 사고방식을 바꾸는 데 홀로 싸운 것으로 보인다.

외부인으로서 관료제적 병폐를 고치려고 한 점은 다음 인용에서 엿볼 수 있다(김현종, 2019: 36).

"가끔 DDA 협상에 대해 보고받을 때면 수세적이고 특별한 비전 없이 진행된다는 느낌을 받았다. 더 화나게 만드는 것은 DDA 다자

협상 각료회의 결렬에 대해 한국을 비난한 라미(Pascal Lamy) EU 집행위원장의 파이낸셜타임스 기고에 대한 늦장 대응이었다. 외교부는 기고가 나온 후에도 사흘 동안 무대책으로 있다가, 토요일에 3시간 동안 회의를 열어 반박하기로 했지만, 국내외 어떤 언론사도 기사를 실어 주지 않았다. 일반적으로 반박 기고문은 24시간 이내에 이뤄져야 효과가 있다."

김현종은 통상교섭본부장으로 외교부의 폐쇄적 조직문화의 차별과 텃세에 시달렸다. 그러나, 외교통상부 직원들과 밤샘 회의를 하는 등 모든 노력을 기울인다. 특히 최고 권력자인 대통령과의 관계를 잘 활용한다. 대통령이 개인적으로 관심을 두는 사항이기 때문에, 직접 보고하는 기회를 적극 활용해, 주위 사람들에게 자신의 권위를 만들어 내고, 정책을 추진해 나갔다. 이 과정에서 후술하는 김종훈도 실무자로 참여한다.

2004년 이전을 협상을 시작하기 이전의 물밑 작업이라고 한다면, 2005년 3월과 4월, 2회에 걸쳐 워싱턴 DC를 방문하는 공식적인 협상이 시작된다. 즉, 공중 의제(public agenda)화돼, 협약 체결이라는 공동의 목표를 향해 상호 조율하는 과정이다. 본격 협상이 시작된 첫해의 협상 내용을 시간 순서로 보면 다음 상자글과 같다.

이 과정에서 김현종은 성과주의 조직 운영 방식을 견지했다. 정선구(2007)에 따르면, 김현종은 직원들이 근무 중 자신 앞에서 열심히 일하는 척하는 행태를 보이면 직설적으로 이를 지적했다고 한다. 이러한 점에서 많은 사람이 김현종을 한국적인 관점이 아닌 '미국 스타일' 행정가였다고 말한다. 여기서 '한국적'이란 전통적인 관료제 사회에서 보이는 계서주의적이며 집단주의적 행정문화를 말하는데, 반면 '미국 스타일'은 미국적 능

> **〈 2005년의 협상 일지 〉**
>
> 2월 3일: 한미 FTA 사전실무점검회의 제1차 회의 개최(서울)
> 3월 28~29일: 한미 FTA 사전실무점검회의 제2차 회의 개최(워싱턴 DC)
> 4월 28~29일: 한미 FTA 사전실무점검회의 제3차 회의 개최(워싱턴 DC)
> 5월 2일: OECD 각료이사회 계기 한-미 통상장관회담(파리)
> 6월 3일: 한-미 통상장관회담(APEC 회의, 제주)
> 9월: 미국 정부, 한국 등 4개국을 FTA 우선 협상 대상국으로 선정
> 9월 20일: 한미 통상장관회담(워싱턴 DC)
> 10월 11일: 한미 통상장관회담(제네바)
> 10월: 한미 FTA 4대 선결 조건인 약값 재평가 제도 개정 중단 선언
> 11월: 한미 FTA 4대 선결 조건인 배출가스 강화 기준 수입차 적용 유예안 발표
> 11월 16일: APEC 계기 한-미 통상장관회담(부산)

력주의, 즉 실력과 성과를 중시하는 태도를 의미한다.

2006년은 FTA의 본격적인 협상 단계에 들어가는 해다. 협상을 개시하기 전 10월과 11월에 미국이 내건 4대 선결 조건인 자동차 배출가스 강화도 중단하고 약값 재평가 제도 개정도 중단하기로 함으로써 미국이 내건 협상의 선결 조건을 모두 충족시킨다.

노무현 대통령은 신년 담화에서 한미 FTA의 필요성을 강조하면서 미국이 선결 조건으로 내세운 미국산 쇠고기 수입 허용과 스크린 쿼터제 축소 등을 발표한다. 즉, 2006년 1월 FTA 4대 선결 조건인 미국산 쇠고기 금수 조치를 해제하는데, 당사의 상황은 우리나라 축산 농가를 보호해야 한다는 사회적 분위기가 지배적이었다.

원래 쇠고기 소비가 많은 우리나라는 미국산 쇠고기 수입국이었다. 맛으로 월등한 한우가 선호되는 상황이었지만, 미국산 쇠고기가 가격이 싸기 때문에 소비가 많이 이뤄진다. 그런데 2003년 미국에서 광우병이 발생해, 미국산 쇠고기의 수입을 전면 중단한다. 문제가 생길 소지가 있는 것은 한미 FTA 협상을 위해 그동안 거의 3년간 전면 금지했던 쇠고기 수입을 '30개월 미만, 뼈를 제거한 쇠고기'라는 조건으로 정부가 선제적으로 수입 재개 조치를 한 것이다. 이를 계기로 광우병에 관한 관심이 커지고 언론 보도가 증가한다.

스크린 쿼터제를 146일에서 73일로 축소한다. 스크린 쿼터제는 프랑스에서 미국산 영화가 선호되면서 자국의 영화를 보호하기 위해 시작한 제도다. 극장에서 국산 영화를 의무적으로 상영해야 하는 연간 일수를 부여함으로써 영화산업을 보호하는 제도다. 넷플릭스도, 인터넷도 없던 시대에 영화의 성패는 소비자를 직접 상대하는 극장이 얼마나 상영해 주느냐에 따라 산업이었기 때문에 이 제도의 정책 효과가 컸던 시대였다.

미국이 내세운 4대 선결 조건에 대한 의견을 어느 정도 정리한 이후, 정부는 3월부터 비공식 준비 작업을 시작한다. 그리고 6월부터 공식적인 협상에 들어간다. 6월 제1차 공식 협상을 시작해, 다음 해인 2007년 3월까지 총 8차의 협상을 워싱턴 DC와 서울을 오가면서 협상을 진행한다.

김대중에 이어 진보 진영의 노무현이 대통령에 취임하면서, 우리나라는 민주화 운동의 물결에서 갈등이 더 많은 시기였다. 따라서 미국과의 FTA 협상은 단지 정부의 한미 협상 당사자들이 무엇을 했느냐에 국한해서 보면 안 되고 국내 정치 요인도 봐야 한다. 예컨대 우루과이 라운드에서 농업 보호가 중요한 의제였던 것과 마찬가지로, 쇠고기 수입을 둘러싼 축산업자들의 이해관계가 걸려 있었다. 또한 민주화 과정에서 정치적으로 반미 입장에 선 사람들을 비롯한 국내 반대 여론이 협상의 중요한 변수였다.[6] 자유무역협정 체결을 위한 협상 동안 국내에서는 반대 의견을 주장하는 시민들의 집회와 시위가 계속됐다.

미국과의 자유무역협정 문제를 놓고 우리나라 국론이 통일된 것은 아니었다. 전국경제인연합회, 대한상공회의소, 한국무역협회, 중소기업중앙회, 전국은행연합회 등 국내 주요 경제단체들은 한미 FTA 타결을 환영하며 긍정적인 기대감을 나타냈다. 가장 중요한 것은 한국이 세계 무역의 주역이 된다는 한반도 중심 세력화 논리다. 즉, 이 협정은 대한민국을 동북아시아의 중요한 허브로 발전시키는 발판이 될 것이라는 예측이다.

반면 농업인, 일반 국민, 그중 특히 진보계 사람들은 우려와 반대의 의견이 컸다. 관세 감면의 실질적 이득이 크지 않고, 양국 간의 거대기업 소유 비중이 크기 때문에 불평등이 커질 수 있다는 것이다. 특히, 미국 대기업들이 한·미 FTA를 지지하고 있으니, 이는 한국의 이익보다는 그들의 이익을 위한 움직임으로 인식했다. 이에 따라 한미 FTA가 불평등한 조약으로 인식됐다.

민주노총, 전국농민회총연맹 등 300여 개 시민사회단체가 모여 한미 FTA저지범국민운동본부를 결성한다. 이들이 한미 FTA 반대 여론을 형성하는 데 앞장서고 전국 각지에서 시위를 주도한다. 다행히 폭력을 사용한 공격적 시위는 자제했고, 주로 피켓 시위 등의 비폭력적인 방식을 채택한다. 정부는 반대 시위를 허가하지 않았고, 따라서 불법시위 현장에

---

6) 2002년, 6월 13일 당시 경기도 양주군(현, 양주시 광적면) 국도를 걷고 있던 미선, 효순이란 두 여중생이 훈련 중인 주한미군 군인이 조종하던 미 장갑차 M60 AVLM에 깔려 숨지는 사고가 일어나, 전국에 시위가 일어나고, 반미 감정의 여론도 높았을 때(반미 또는 중립적 외교를 내세운) 노무현 대통령이 당선됐다.

〈 한미 자유무역 협상 일지 〉

2006년 1월 18일 : 노무현 대통령 신년 연설("우리 경제의 미래를 위해서 앞으로 미국과도 자유무역협정을 맺어 나가야 합니다.")

2006년 2월 3일 : 한미 FTA에 관한 첫 협상 선언(워싱턴 DC)

2006년 3월 6일 : 한미 FTA 1차 비공식 사전 준비 협의

2006년 4월 17~18일 : 한미 FTA 2차 비공식 사전 준비 협의

2006년 6월 5~9일 : 한미 FTA 1차 공식 협상(워싱턴 DC)

2006년 7월 10~14일 : 한미 FTA 2차 공식 협상(서울)

2006년 9월 6~9일 : 한미 FTA 3차 공식 협상(시애틀)

2006년 10월 23~27일 : 한미 FTA 4차 공식 협상(제주도)

2006년 12월 4~8일 : 한미 FTA 5차 공식 협상(몬태나주)

2007년 1월 15~19일 : 한미 FTA 6차 공식 협상(서울)

2007년 2월 11~14일 : 한미 FTA 7차 공식 협상(워싱턴 DC)

2007년 3월 8~12일 : 한미 FTA 8차 공식 협상(서울)

2007년 3월 19~22일 : 한미 FTA 고위급 협상(워싱턴 DC)

2007년 3월 26일~4월 2일 : 한미 FTA 통상장관회의(워싱턴 DC)

2007년 4월 2일 : 한미 FTA 협상 타결, 16대 노무현 대통령 대국민 특별담화문 발표

2007년 5월 25일 : 타결된 협상문 원문 공개

2007년 5월 29일~6월 6일 : 법률검토회의(워싱턴 DC)

2007년 6월 21~22일 : 추가 협의(서울)

2007년 6월 25~26일 : 추가 협의(워싱턴 DC)

2007년 6월 29일 : 추가 협상 타결

2007년 6월 30일 : 한미 FTA 서명(워싱턴 DC)

2007년 9월 7일 : 한미 FTA 비준동의안 대한민국 17대 국회 제출

전투경찰 병력을 동원해 시위를 진압했다. 이를 진압하는 과정에서 물리력 충돌이 일어나는 일이 드물지 않게 벌어졌다. 예컨대 협상이 거의 마무리돼 가는 2007년 3월 10일에 광화문 사거리에서 열린 시위대를 강제 해산하면서 취재 기자가 폭행당하는 등 문제가 일어났다.

국민의 거친 반대는 자유무역협정 체결을 위한 협상이 지루하게 진행되는 과정뿐만 아니라, 협상이 결국 타결된 이후에도 계속됐다. 예컨대 협상이 타결됐다는 소식을 듣고, 2007년 4월 1일 택시 기사 허세욱이 서울 하얏트 호텔 정문 부근에서 분신해, 4월 15일에 사망했다.

미국에서는 시위를 제재하지 않아서 백악관 앞에서도 시위가 벌어졌다. 하지만, 그 규모가 크지 않았고, 반대 여론도 우리와는 달리 크지 않았다. 미국은 의회 중심으로 정책결정이 이뤄지는 나라이고, 의사당에는 로비스트들이 출입해 의원들에게 의견 투입이 될 수 있는 문이 열려 있기 때문이기도 하다. 즉, 미국의 이해관계를 협상자들이 잘 지키리라는 일반적인 정부 신뢰도 있었겠지만, 의견 표시 방법이 다르게 이뤄지는 정치행정 체제의 차이 때문이기도 하다.[7]

3 정권 교체와 광우병 파동: 김종훈

2007년 6월 한미 FTA 협정문에 양국이 서명하고, 그해 9월 우리나라 정기국회에 제출됐으나 국회는 갈등으로 동의에 이르지 못한다. 12월에 대통령 선거가 치러지고 이명박 후보가 당선됨으로써, 국회 승인은 다음

---

[7] 미국의 정치행정 체제가 가진 특성에 대해서는 임도빈(2025b), 『비교행정학』, 박영사를 참조.

해 2월 25에 출범하는 정부의 몫으로 돌아갔다. 국회의원들은 표를 의식하기 때문에 FTA와 같이 반대 여론이 분명히 있는 사안에 대해 동의함으로써 여론의 비난을 받으려 하지 않는다.

협정 서명이 이뤄지기 전 이미 국회는 찬반의 논란으로 합의가 어려운 상태였다. 국회 통일외교통상위와 농림해양수산위는 FTA 협상을 정치 이슈화하기 위해 청문회를 열자는 주장도 했다. 2007년 4월 4일이 열린 국회 청문회에서, 의원들이 미국에 일방적으로 양보하는 것이 아니냐를 태도를 보이자, 예컨대 김종훈은 쌀 개방을 요구하려면 「존스액트(Jones Act)」[8]를 폐지하라고 해서 미국으로부터 쌀 개방을 막아 냈다고 증언한다.

국회 내에서는 2006년 6월 30일 '한미자유무역협정(FTA) 체결 대책 특별위원회'를 구성하고 20여 차례 회의한다. 김종훈에게는 미국 정부를 상대로 한 협상이 일단락되면서 국회로 활동이 넓혀진 것이다. 미국과의 협상 과정을 국회에 보고하는 것은 국회 역사상 처음 있는 일이었기 때문에 쉽지 않았지만, 정부 측에서는 통상 문제에 관해 기본적인 사항에서부터 최선을 다해 세세하게 특위에 보고하는 자세를 취한다. 당시 FTA 기획단장으로 실무를 담당한 외교부 이혜민 단장의 말에 따르면, 국민을 대표하는 국회가 행정부와 매우 협조적인 자세에서 공조한 것으로 보이며 이는 입법-행정부 간의 관계를 보여 주는 좋은 사례였다(최원목, 2008).

---

8) 「존스액트(Jones Act)」는 1920년에 제정된 미국의 「Merchant Marine Act」의 제27조를 지칭한다. 이 조항은 미국 영토 내를 운항하는 선박은 미국 내를 소재 또는 미국민이 소유하거나 운영하는 항구나 시설 등을 이용해야 한다는 규정이다. 타 국가의 선박을 차별하는 조항이기 때문에 WTO 협상 시 많은 논란이 제기된 바 있지만 국가 안보에 해당한다는 이유로 예외 조항이 됐다. 많은 강대국이 자국의 안보를 빌미로 선박 운항권을 제한해, 자국 산업을 보호하는 데 사용되는 법이다.

2007년 12월 대선에서 승리한 기업인 출신 이명박 제17대 대통령이 취임한 2008년 초, 미국에서 암소를 학대하는 동영상이 유포됐고, 진보 진영을 중심으로 한미 FTA 협상에 대한 반대 기류가 형성되기 시작했다. 야당으로의 정권 교체가 되면서, 이전 정부 지지자들 중 새 정부의 모든 정책에 대해 반대하는 사람들이 많이 있었던 정치적 맥락도 있었다. 즉, 한미 FTA는 이미 노무현 정부가 서명한 것으로 진보 진영에서 반대할 명분은 약했지만, 정치적 이유로 반대에 부딪친 것이다.

이러한 여론 변화를 읽지 못한 이명박 정부는 2008년 4월 18일에 '뼈와 내장을 포함한 30개월 이상, 대부분의 특정 위험 부위를 포함한 30개월 미만'의 미국산 쇠고기를 수입하는 협상을 체결한다. 이 내용은 노무현 정부에서 미국이 내세운 협상 선결 요건과 같은 것이었지만, 미국산 쇠고기 수입 전면 개방으로 받아들여진다.

2008년 4월 29일 문화방송 PD수첩에서 미국산 소의 위험성을 다룬 '긴급 취재, 미국산 쇠고기, 과연 광우병에서 안전한가?'를 방영한 후 이른바 '광우병 논란'이 대규모 시위를 비롯한 반정부운동이 거세게 일어났다.[9] 2008년 5월 2일 첫 집회 이후 연일 수백에서 수십만 명이 참가했으며, 6·10 민주항쟁 21주년을 맞아 시위 이래 사상 최대인 경찰 추산 8만 명(주최 측 추산 70만 명, 전국 합산 100만여 명)이 참가하는 촛불 대행진이 개최됐다. 7월 이후에도 주말 집회가 계속됐다. 추후 제1차 촛불문화제라고 명명될 정도로 역사적인 사건이 됐다. 진압 과정에서 폭력 사태도 많이

---

9) 대법원은 미국산 쇠고기를 먹으면 우리 국민이 광우병이 걸릴 가능성이 높다는 보도는 허위 보도라고 판결하고, MBC는 2011년 9월 5일 공식 사과문을 발표한다. 이 사례를 통해, 언론의 정치적 중립 문제가 계속 주요 정치 이슈로 등장하고, 정권의 언론 장악 문제를 중심으로 여론이 나뉘는 상황이 이어진다.

발생했고, 900여 명이 벌금형을 받는 등 전국을 뒤흔든 정치집회였다. 기업인 출신으로 새로 취임한 이명박 대통령은 이 인파에 충격을 받은 것으로 보이며, 여러 가지 정책에서 추진력을 잃거나 방향 수정을 할 수밖에 없었다.

혼란스러운 정국과는 별개로 일단 서명한 한미 FTA 내용에 관해 물밑 작업으로서 3년 동안 지루하고 끈질긴 협상 과정은 계속된다. 특히 이 과정에서 통상교섭본부장인 김종훈은 미국 측 상대방인 커틀러(Wendy Cutler)와 줄다리기식 협상을 한다. 양국을 오가며 시차의 어려움을 극복해야 하는 것은 물론이고, 강대국이라는 우월적 입장에서 임하는 미국을 상대해 얻을 것을 얻어 내야 하는 어려운 임무였다. 창문도 없는 좁은 숙소에서 밤낮을 구분하지 못하기도 했다고 한다. 양측은 여러 사람이 있는 곳에서는 대체로 예의를 지켰으나, 숫자가 적은 회의나 상황에서는 다양한 전술과 연출도 한 것으로 보인다.[10]

예컨대, 협상을 '과학적 근거와 원리'에서 하자고 하는 커틀러에게 광화문 광우병 시위 장면을 찍은 사진을 보여 주면서, "그럼, 이 사진을 당신이 말하는 과학적으로 설명해 봐라."고 했다고 한다. 당연히 그녀는 설명을 하지 못했다. 협상이란 합리적인 측면만으로 이뤄지는 것이 아니고, 정치적인 면도 있다는 것을 설득한 것이다.

하지만 김종훈의 정치적 감각은 매우 우수하지는 않았던 것 같다. 예컨대 2010년 12월 13일 한미 FTA 관련 세미나에서는 FTA에 가장 강력하게 반발했던 농민에 대해 김종훈은 "정부 관리를 매수해 농업보조금을 타

---

[10] 협상 장소에 가는 엘리베이터에서 커틀러에게 우리는 검투사(Gladiator)라고 하면서, 검투사는 하나가 죽는 운명이지만, 이번엔 우리 둘이 살아남는 게임을 하자고 했다.

는 다방 농민"이라고 비판했다. 이에 대해 민주당 부대변인 김현은 김종훈 통상교섭본부장의 발언을 숭미사대주의라고 비판하며, 농민들의 아픔을 간과하고 있다고 지적했다. 진보신당도 한미 FTA로 인한 농민들의 고통을 강조하며 김종훈의 자질을 비판했다.

자유무역협정은 양국 의회에서 비준해야 비로소 효력을 갖는다. 현실적으로 양국 의회가 같은 시각에 동시에 비준할 수 없으므로 시차가 필요한데, 이 경우 미국 의회가 2011년 10월 12일 우리보다 먼저 비준한다.

〈한미 자유무역협정 협상 – 의회 비준 일지〉

2008년 10월 8일: 한미 FTA 비준동의안 18대 국회 제출
2008년 12월 18일: 한미 FTA 비준동의안 대한민국 국회 외교통상통일위원회 상정(2009년 4월 22일 통과)
2010년 11월 8~10일: 한미 FTA 통상장관회의(서울)
2010년 11월 12일: G20 서울 정상회의 종료. 오바마 미국 대통령이 자동차 문제가 최종 쟁점임을 시사
2010년 11월 30일~12월 3일: 한미 FTA 통상장관회의 개최(미국 메릴랜드주 컬럼비아시)
2010년 12월 3일: 재협상안 타결(2011년 2월 10일 재협상 합의문서 서명 및 교환)
2011년 5월 4일: 한국어 오역 논란으로 대한민국 국회 외교통상통일위원회 한미 FTA 비준동의안 철회
2011년 6월 3일: 한미 FTA 비준동의안 대한민국 국회 제출
2011년 9월 16일: 한미 FTA 비준동의안 대한민국 국회 외교통상통일위원회 상정
2011년 10월 3일: 한미 FTA 이행법안의 미국 의회 제출
2011년 10월 5일: 미국 하원 세입위원회 한미 FTA 이행법안 통과

> 2011년 10월 11일: 미국 상원 재무위원회 한미 FTA 이행법안 통과
> 2011년 10월 12일: 미국 하원 전체 회의 한미 FTA 이행법안 통과(찬성 278,
> 반대 151, 기권 5), 미국 상원 전체 회의 한미 FTA 이행법안 통과
> (찬성 83, 반대 15)
> 2011년 10월 21일: 버락 오바마 미국 대통령 한미 FTA 이행법안 서명
> (미국 측 비준 절차 완료)
> 2011년 11월 22일: 한미 FTA 비준안 대한민국 국회 본회의 통과

우리 국회에서 국제협약의 비준은 국회법상 재적의원 과반수 출석과 출석의원 과반수 찬성이 필요하다. 오랜 과정을 통해 2011년 11월 22일에 재적의원 170명 중 151명이 찬성해 비준안이 통과됐다. 그러나 비준안 투표가 헌정 사상 최초로 비공개로 이뤄졌으므로, 민주노동당 국회의원 김선동이 최루탄을 터뜨리는 등 혼란도 일어났다. 이후에도 민주노동당 대표 이정희의 트위터 메시지를 통해 국민이 국회 상황을 알게 됐고, YTN이 생중계를 통해 비준안 찬성 국회의원 명단을 공개했다.

이명박 정부 시 과거 노무현 정부의 몇몇 인사는 한미 FTA에 대한 소신을 바꾸며 관심을 끌기도 했다. 예컨대, 법무부 장관 출신인 천정배는 한미 FTA 합동 담화문에 서명한 후에 태도를 바꿔, 2011년에 FTA 비준에 반대하는 기고문을 미 의회 소식지에 기고했다. 진보 진영의 영향력 있는 논객인 유시민은 노무현 전 대통령 집권 전후에 자신의 한미 FTA에 대한 태도 변화를 공개적으로 인정했다.

IV. FTA 협상의 결과, 그 이후

1 무엇을 얻어 냈는가

한미 FTA의 실질적인 영향에 대해서는 찬반 양측 모두 다양한 의견이 있었다. 적어도 아시아 무대에서 한반도가 중심이 될 것이라는 논리와, 중심이 아니라 미국에 종속된다는 종속론이 국내 정치의 차원에서 대립한다. 실리적 측면에서도 상반된 의견이 대립하는 것은 마찬가지다. 찬성 측은 수출 기회 확대, 경제 성장, 동북아 허브 국가로의 도약 등 긍정적인 영향을 강조하는 반면, 반대 측은 공공서비스 요금 인상, 기업 간 불평등 심화, ISD[11]의 불평등성 등 부정적인 영향을 우려했다. FTA 독소 조항에 대한 비판도 있으며, 이는 한국이 미국 기업에 대한 규제를 거의 할 수 없게 만드는 내용을 포함하고 있다고 우려했다.

최종 협상 결과, 두 나라는 모든 상품 100%에 대해 관세를 철폐하기로 하고, 약 94%의 품목은 3년 이내에 조기 철폐하기로 합의했다. 미국 시장에 대한 접근이 우리나라에는 연간 1조 7천억 달러(약 2,000조 원)로 확대되는 효과가 있다.

법률시장 등 서비스업의 개방은 가장 우려했던 분야다. 한미 FTA는 경제적 이익 외에도 제도 개선 효과가 크며, 지식 재산권의 보호 수준을 높

---

11) 투자자-국가 간 분쟁해결 제도(Investor-State Dispute Settlement)는 투자 유치국 정부가 협정상 의무, 투자 계약 또는 투자인가를 위반해 투자자에게 부당하게 손실이 발생하는 경우에 투자자가 투자유치국 정부를 상대로 국내법원이 아닌 제3의 공정한 국제중재기관에 구제를 요청할 수 있는 제도다(출처: 한미 FTA 홈페이지).

였다. 노동 및 환경 분야 협력도 강화되며, 행정 절차의 투명성이 개선될 것으로 예측했다. 이러한 제도적 개선은 기업 경영과 관련된 불필요한 규제를 줄이고 예측 가능성을 높일 것으로 기대된다.

그렇다면, 실제 효과가 있었는지를 시간이 지난 후 사후 평가를 해 보는 것도 필요하다. 구경현 외(2022)의 연구는 한미 자유무역협정(FTA)이 체결된 지 10년이 지난 2022년의 시점에서 볼 때, 양국 간의 무역은 상당한 성장세를 보였다는 긍정적 평가를 한다. 2022년 한미 간 무역액은 1,691억 달러로 집계돼, 2012년 FTA 체결 당시 대비 66.1% 증가한 수치를 기록했다. 이는 전년 대비로도 28.5%의 성장률을 나타낸다.

특히, 한국의 대미 수출은 눈에 띄게 증가했다. 한국의 대미 수출액은 959억 달러로, 10년 전 대비 29.4% 증가했다. 이 중 자동차, 자동차부품, 반도체, 컴퓨터, 석유제품 등이 주요 수출 품목으로 꼽히며, 이는 한국 제품이 미국 시장에서 경쟁력이 있음을 의미한다.

반대로, 미국으로부터의 수입도 증가했다. 미국에서 한국으로의 수입액은 732억 달러로, 전년 대비 27.3% 증가한 수치를 보였다. 이 증가는 원유, 반도체 제조용 장비, 천연가스, 액화석유가스(LPG), 자동차 등 다양한 품목에서 호조를 보인 결과다.

한미 FTA 특혜 관세 품목에 대한 수출은 특히 눈에 띈다. 이 품목의 수출액은 412억 7,000만 달러로, 2012년 대비 220.4% 성장했으며, 전체 수출에서 차지하는 비중은 43%에 달한다. 서비스 부문에서도 양국 간 교역이 활발하게 이뤄졌다. 2020년 기준 한미 간 서비스 무역액은 431억 달러로, 전체 서비스 교역의 22.3%를 차지했다. FTA 발효 이후 연평균 서비스 무역액은 462억 달러로, 발효 이전의 450억 달러 대비 2.6% 증가했다.

투자 측면에서도 긍정적인 결과가 나타났다. FTA 발효 이후부터 2022년 3분기까지 한국의 대미 투자는 1,129억 9,000만 달러에 달하며, 이는 발효 전 10년 동안의 295억 8,000만 달러와 비교해 282.0% 증가한 수치다. 미국으로부터의 투자 유치액도 482억 달러로 98.0% 증가했다.

이러한 수치는 한미 FTA가 양국 간 무역과 투자를 활성화하며, 경제적 협력을 강화했음을 보여 준다. 오늘날 우리나라가 경제 강국 순위가 계속 상승하는 것도 FTA 협정 덕분인지 모른다. 물론 이런 성과의 100%가 한미 FTA 때문이었다는 인과관계를 증명하기는 쉽지 않다. 중국과의 관계, 국제 경기 부침 등 다른 요인이 있을 수 있기 때문이다.

2기 트럼프 정부가 미국우선주의를 내세우며, 보호무역주의를 택하는 것은 한미 FTA에 위협 요인이다. 만약 미국의 무역적자가 한미 FTA 때문이라는 판단을 하게 되면, 전면 폐지나 재협상을 하게 될 것이다.

2 더 큰 틀에서 보기: 제도화 효과

한미자유무역협정의 의미는 단지 무역 이익 등 경제적 측면에 국한해서 보면 안 된다. 좀 더 크고 장기적인 시각에서 의미를 찾아봐야 한다. 이를 법규범 제도라는 측면과 경제 체제에 관한 제도화라는 두 가지 측면에서 바라볼 수 있다.

먼저, 법학적인 측면에서 살펴보자. 물론 협정의 조문이 잘됐는가에 대한 평가는 쉽지 않다. 그 평가 방법 중의 하나가 법조문의 상관성 분석이다. 법조문이 점점 진화한다는 가정하에, 특정 법조문이 과거의 것보다는 미래의 것에 더 연관성이 높다면 더 미래 지향적(즉, 앞서 갔다는 의미)이다.

〈표 10〉 후속 협정문과의 상관도 분석

FTA	발효 연도	(1) WTO_Plus	(2) WTO_X	(3) WTO_Plus (법적 구속력 조항)	(4) WTO_X (법적 구속력 조항)	(3)+(4)	한미 FTA 유사도
구성 요소 최대 점수		14	38	28	76	104	한미 FTA=1
1. 칠레	2004	14	7	24	11	35	0.747
2. EFTA	2006	13	4	26	8	34	0.717
3. 싱가포르	2006	12	9	24	7	31	0.641
4. ASEAN	2007	12	11	22	14	36	0.366
5. 인도	2010	14	11	26	6	32	0.587
6. EU	2011	13	9	23	11	34	0.733
7. 페루	2011	13	18	25	20	45	0.646
8. 미국	2012	13	13	23	14	37	1
9. 튀르키예	2013	12	5	17	5	22	0.619
10. 호주	2014	13	19	23	12	35	0.773
11. 캐나다	2015	13	16	23	12	35	0.802
12. 중국	2015	13	15	20	9	29	0.773
13. 뉴질랜드	2015	13	19	23	12	35	0.732
14. 베트남	2015	13	19	26	18	44	0.554
15. 콜롬비아	2016	14	20	26	9	35	0.726

1) WTO_X는 WTO 협정에 구성되지 않은 요소, WTO_Plus 는 기존 협정에 존재하거나 추가적인 내용이 부가된 구성 요소를 의미.
2) 각 구성 요소에 대한 점수는 구성 요소가 없는 경우 0점, 구성 요소가 있는 경우 1점, 법적 구속력이 있는 경우 2점 부여.
출처: World BankDB(2017), 재인용: 조문희 외(2017).

〈표 10〉과 같이 선진국과 맺은 협정과의 관계성이란 측면에서 볼 때, 한미 FTA는 이전과는 다른 차원의 의미가 있다. 한미 FTA와 전후 협정과의 연관성 분석을 해 보면 과거 협정문보다 그 이후 현재의 것에 더 관

련도가 높은 것으로 나온다. 즉, 오랜 기간을 통해 숙성된 만큼, 미래 지향적으로 잘 만들어졌다는 의미다.

두 번째의 의미는 보이지 않는 차원에서 장기적으로 나타나는 효과다. 즉, 한미 FTA의 가장 중요한 의미는 제도화(institutionalization)다(최원목, 2008). 제도는 행위자 간 상호 작용이 반복되는 과정에서 지불해야 하는 비용을 줄이는 효과가 있다. 그동안 중요한 무역 파트너로 한국과 미국은 계속 분쟁과 협상이 이어져 왔다. 과거 1970년대 이후의 협상에서는 기본 출발점이 달라서 시간의 소요 등 많은 어려움이 있었지만, 이제는 한미 FTA를 통해 한미 경제통상 관계에 법적인 틀(legal framework)을 갖게 됐다. 이전까지는 미국이 세계무역기구(WTO)에서 규정하는 사항 외의 문제에 대해서는 통상 압력을 넣었지만, 그 이후부터는 모든 사항에 대해 한미 FTA를 통해 하게 됨으로써, 공통적 기반이 마련됐다. 결론적으로 한미 FTA는 거래 비용을 줄이는 효과를 가져왔다.

전 세계 경찰을 자처하는 미국이 전쟁에 개입해 매번 패전하고, 그 나라는 미국과 멀어진 경우가 많다. 한국만은 예외다. 국제협력 수혜국에서 원조국으로 바뀐 기적의 나라다. 이런 맥락에서 볼 때, 미국으로서는 한국을 버리기 쉽지 않을 것이다. 특히 세계적 공장으로서, 각종 공산품을 질 좋게 제조하는 국가로서, 미국 소비시장의 공급자로서, 한국은 매력 있는 국가다. 그렇기 때문에 미국 정책결정자가 자유무역협정의 대상으로 한국을 꼽은 것은 그리 이상한 일이 아니다. 김종현, 김송훈의 결성석 역할로 한미 FTA를 통해 양국이 제도화된 무역공동체가 된 것은, 미국이 경제 대국으로 있는 한, 우리에게는 긍정적인 것이다.

V. 나오며: 행정인으로서의 협상가

　한미자유무역협정(FTA)은 단순한 정치적 결정을 넘어서 국민 경제에 직결되는 중대한 이슈다. 이는 행정적 대응을 요구하는 실질적인 문제임에도 불구하고, 한국의 정치문화 내에서 정치 과열화 요인이라는 상징적 차원의 논의가 지배적이었다.

　한미 FTA 협상의 역사는 대한민국 정치 구도의 변화와 밀접하게 연관돼 있다. 2002년 16대 대선에서는 보수적 정치 이념을 대표하는 이회창 후보와 진보정권의 연속을 상징하는 노무현 후보 간의 치열한 대결이 벌어졌다. 이회창 후보 아들의 병역 문제 논란, 네티즌의 열성적인 선거운동, 정몽준 후보와의 단일화 등의 요소가 노무현 후보를 승리로 이끌었다. 이로써 김대중의 집권으로 시작된 진보정권은 10년간 지속하게 됐다.

　그러나 2007년 17대 대통령 선거에서는 역대 최저 투표율을 기록하며 보수 정당의 이명박 후보가 당선됐고, 또다시 수평적 정권 교체가 이뤄졌다. 한미 FTA 협상은 노무현 정부 시기에 시작됐으나, 이명박 정부로의 정권 교체와 함께 광우병 마케팅에 의한 진보 세력의 FTA 반대 등 정치적 소용돌이 속에 말려 들어갔다. 미국산 쇠고기 수입이 국민적 감정을 자극하는 주요 이슈가 됐던 것처럼, 한미 FTA 협상은 당시 정치적·사회적 상황에 크게 영향을 받았다.

　정치행정일원론이라는 맥락 속에서 우리 협상 주역들은 이원론적 논리로 행정 내부에서 정치에 영향을 안 받으려 대응했을 것으로 보인다. 이론적 측면에서 볼 때, 복잡한 정치적 소용돌이 상황 속에서도 한미 FTA라는 전략적 승부수가 성사됐다는 것은 매우 주목할 부분이다. 이것이 정치 속에 파묻혀 사라지지 않고, 지속적으로 추진할 수 있었던 것은 행정의 승리라고 하겠다.

행정은 공익, 즉 국익을 추구한다. 한미 FTA를 위한 협상은 양국 이해간의 이견을 조정하고, 설득해, 합의를 도출하기 위한 과정이었다. 국익 증진이란 차원에서, 협상이 시작되기 전 우리나라는 다섯 가지 원칙을 수립한다.

첫째, 한미 양국이 수용할 수 있는 이익의 균형점을 찾아내며,

둘째, 공산품 분야의 시장 접근을 확대하고,

셋째, 경쟁이 취약한 분야의 피해를 최소화하며,

넷째, 서비스 분야의 개방과 기초 서비스의 공공적 성격을 유지하고,

다섯째, 일반 소비자의 혜택을 실질적으로 증진하자는 것이다.

이를 실현하는 협상 과정에는 김현종과 김종훈이란 연속적인 두 인물의 역할이 중요했다. 김현종은 어릴 때부터 외국물을 먹고, 컬럼비아대학교에서 학사·석사·박사학위를 한 소위 해외파 미국 변호사로서 미국 제도를 잘 알고, 영어에 능통한 인물이었다. 또한, 한국인으로서 자부심이 강하고, 승부사적 자질을 가지고 있었다(강지남, 2007). 이를 발탁한 노무현 대통령의 선택이 중요했고, 자리가 주어졌을 때 이를 충실히 실행한 김현종의 개인기도 주목해서 평가할 필요가 있다. 개인기가 중요하기는 하지만, 대통령의 신임을 바탕으로 행정관료 집단을 잘 이끈 리더십과, 함께 협상팀으로 행정적 합리성을 지킨 심송훈 수석대표(후에 통상교섭본부장)의 역할에 주목할 필요가 있다.

행정학적으로 더 관심을 둬야 할 인물은 직업 외무관료인 김종훈이다. 그는 진보-보수 정권에서 바턴 터치를 했음에도 불구하고 협상전문가로서 협상의 계속성을 확보한 인물이었다. 외교부에 근무하면서 행정적 합

리성을 추구하는 것을 체득하고, 협상 분야의 전문성을 배양한 것이다. 한국 행정의 정책결정 모델을 창출하는 데 기여한 김종훈은 대통령의 신임을 받으면서 무엇보다도 전문성을 갖췄다는 장점이 있었다. 집요하고 힘든 협상 테이블에서 그가 전문성이 없었으면 협상이 중단됐거나 아니면 오늘날의 협상 내용에서 매우 불리한 것이 됐을지도 모른다. 행정이란 전문성을 갖춰야 한다는 교훈을 얻을 수 있는 사례다.

이 사례는 정권이 바뀌고 실무자가 교체되는 상황에서도 국가적 중요 사안에 대한 지속적인 관리와 추진이 얼마나 중요한지를 보여 준다. 한미 FTA는 단순한 정치적 상징이 아니라, 국가 경제와 국민의 삶에 직접적인 영향을 미치는 실질적인 협정으로서, 치밀하고 지속적인 행정적 관리와 대응이 필요함을 시사한다. 행정인의 전문성이 필수적임을 보여 주는 사례다.

김종훈은 그 후 정치인으로 변신했다. 한미 FTA 협상 실무자라는 점을 강조해 한미 FTA 반대론자인 정동영과 서울 강남을에 출마해 당선된다. 그러나 2012년 총선을 앞두고 강북을 비하하는 발언과 영세업자들에 대해 무시하는 듯한 발언으로 논란이 증폭됐다. 이러한 발언들은 전문가로서의 자부심에서 나왔는지 모르지만, 정치인으로서는 한계를 나타낸 증거다.

9

마무리하기: 정치성인가 전문성인가?

I. 대통령 리더십과 발전행정

　대한민국은 불과 70여 년 전까지만 해도 전쟁의 상흔과 극심한 빈곤 속에서 재건을 꿈꾸던 아시아의 작은 나라였다. 하지만 오늘날 대한민국은 경제, 기술, 문화예술 등 여러 분야에서 세계 무대를 선도하는 강국으로 우뚝 섰다. 이러한 발전은 단순히 경제적 지표의 향상에 그치지 않고, 적시에 전략적 전환을 함으로써 국격을 향상시킨 성공 사례다.

　대한민국의 역사는 위기와 기회가 소용돌이치는 순간들로 가득 차 있다. 혼란과 격동 사이에서 국가가 직접 경제 성장과 발전을 주도하며 사회 전반에 걸친 변화를 이끌어 왔다. 특히, 남다른 비전과 능력을 가진 인물들이 단순히 기존 법과 제도를 집행하는 것을 넘어, 국가적 목표를 설정하고 장기적인 비전을 실행하는 데 중심적인 역할을 담당한다.

　발전행정의 중심에는 정부가 있다. 박정희 정부 시절부터 시작된 경제 발전 5개년계획 수립과 그 집행 결과인 중화학공업화는 정부가 경제 성장을 주도해 이룬 대표적 성공 사례다. 정부의 역할은 단순히 법과 질서를 유지하는 것을 넘어서, 적극적으로 정책을 기획하고 자원 배분을 주도하며 산업화, 정보화, 국제화, 문화화 과정을 이끄는 데에 있다. 정부가 중심이 돼 국가 전체를 이끈다는 시각에서 발전국가(developmental state) 개념을 적용할 수 있다. 대한민국 역사의 대변혁기에 따라 정부가 적극적으로 변혁을 만들기도 하고, 수동적으로 주어신 문제를 해결하기도 한다. 이와 같은 발전행정의 성공에는 정책을 설계하고 실행한 행정가들의 역할이 결정적이었다. 이들은 국가의 비전을 구체화하고 실행 전략을 수립해 경제적 · 기술적 성과를 이뤄 냈다.

역사적 순서대로 배치한 각 장을 순서대로 읽으면서 찾아낼 수 있는 숨은 맥락은 '대통령이 가진' 각 시대의 시대적 소명이 무엇이었느냐다. 1960년대 이후 우리나라에는 중대한 시대적 변화가 있었다. 시대가 흐름에 따라 하나의 정책 문제에만 집중해도 되는 '단순함'에서 여러 분야가 연관되는 '복잡성'으로 진화해 왔다. '권위주의적' 방법이 통하던 시대에서 점점 여러 사람의 동의와 적극적 참여가 필요한 '민주적 사회'로 진화했다. '먹고 사는 문제'를 해결하는 데에서 시작해, 환경적인 문제에서 경제 분야, 문화 분야, 국제화와 무역으로의 '정책 영역이 확장'됐다. 이런 맥락이 곧 정치이고, 이 정치적 맥락 속에서 대통령(정부)은 정치적 방향을 설정하고 결단한다. 이런 정치적 차원에서 볼 때, 시대적 변화에 거꾸로 가는 인물은 아무리 훌륭하더라도 선택받기 어렵다.

대한민국의 대통령제는 대통령이 강력한 권한을 바탕으로 국가의 방향을 설정하고, 그 비전을 실현할 인재를 발탁하는 과정에서 결정적 역할을 해 왔다. 발전행정의 성공은 대통령의 용인술, 즉 적합한 인물을 발굴하고 적재적소에 배치하는 능력에 크게 달려 있었다. 이 책에서 다룬 인물의 선택이 우연이었는지, 아니면 대통령의 사람 보는 눈이었는지는 알 수 없다. 이런 인물이 선택된 것은 각 대통령이 가진 실적주의(merit)에 기반한 정치적 결정이었다. 즉, '인사는 만사'라는 명언이 말해 주듯이 대통령은 이들을 선택함으로써, 당시에 난제였던 정책 문제를 해결할 수 있었다.

박정희 대통령은 남덕우를 경제관료로, 손수익을 산림녹화 추진의 인물로 기용한다. 노태우 대통령은 초대 문화부 장관으로 이어령 교수를 영입한다. 과학입국(科學立國)을 추진하기로 한 역사적 사명을 실행하기 위해 노태우 대통령은 정근모 박사를 불러들이고, 김영삼 대통령은 실각한 정근모를 다시 과기처 장관으로 기용한다. 취임 초 외환 위기를 극복해야 하는 과제를 안고 출발한 김대중 대통령은 이헌재를 구원 투수로 기용한다. 신인 정치인을 발굴하는 재능을 보인 김영삼 대통령은 정병국을 청와대로 불러들여 문화부 장관으로 임명한다. 미국과 자유무역협정을 체결해야 하는 노무현 대통령은 김현종 박사를 기용하고, 이 과업을 이어받은 이명박 대통령은 외무관료 김종훈을 기용한다. 이상과 같이 대통령과 1:1 조합을 염두에 두고, 인물을 평가하는 것이 중요하다.

이 책에서 다룬 인물은 사실 그를 기용한 대통령과 떼려야 뗄 수 없는 관계에 있다. 각 대통령에게 인물 선택과 이들이 국가적 사명을 다할 수 있도록 신뢰를 준 공은 충분히 인정해야 한다. 그렇다고 해서, 모든 것을 대통령의 공으로 돌릴 수는 없다. 정책가들이 주어진 여건 속에서 각자 가능한 행정적 수단(administrative tools)을 동원해 목표를 실현시켰다는 점을 결코 과소평가해서는 안 된다. 웬만한 사람을 그 자리에 앉혔어도 어느 정도는 해냈을 것이라는 가정은 잘못됐다고 본다. 예컨대 산림녹화의 경우, 이전의 모든 산림청장은 성과를 내지 못해서, 박정희 대통령에게 선택받은 인물이 손수익이었다. 역사는 실험할 수 없지만, 손수익 이외의 다른 인물들에게도 똑같은 논리가 적용될 수 있을 것이다.

대통령에게 선택되는 과정에서는 이들이 어느 정도 정치성을 갖췄기 때문이라는 점은 완전히 자기 세계에 갇혀 있는 순수 학자나 전문가는 아니었다는 것을 의미한다. 다음 변화를 생각하고 있는 대통령에게 이들은 능력 있고 필요한 인물이라는 점이 눈에 띄었을 것이다. 여기서 다룬 여덟 명 모두, 어릴 때이든 아니면 성장 이후든 대통령의 눈에 띌 정도의 강한 성격을 갖췄던 것 같다. 그러나 오늘날의 기준으로 볼 때, 대부분은 일반 국민과 눈높이를 맞춰서 대화하고 동등한 참여감을 느끼게 하는 민주성 요건에는 그들은 대체로 부족한 편이 아니었나 한다.

II. '행정적 전문성'이다

이 책에서 선정한 여덟 명은 각자의 다른 성장 과정을 거쳐 공직에 몸담게 됐다. 공통점은 모두 어렸을 때부터 공적인 마인드를 가졌다는 점이다. 그리고 전문 분야에서 필요한 지식과 능력을 꾸준히 길러 왔다. 대학에서 쌓은 공부 내용, 박사학위 이후에 거쳐 간 자리에서, 그리고 공직 사회에 들어와서 체득한 것이 곧 그들의 전문성이었다. 이 전문성을 토대로 현장에서 끊임없이 공적 마인드를 발휘한 인물들이다. 국가적으로 중요한 책임이 주어졌을 때, 시대적 사명에 부합하는 능력을 발휘하게 된 것이다. 리더인 대통령과 비전을 공유하면서, 그동안 쌓은 전문성을 발휘했다. 이러한 성공을 설명하기 위해서는 그들이 갖춘 분야별 전문성만으로는 부족하다. 구체적 실천 전략을 구상해 추진하는 행정적 전문성(administrative expertise)이라는 새로운 개념이 필요하다.

남덕우 부총리는 발전행정의 대표적 사례로, 경제 구조를 근본적으로 바꿔 놓은 인물이다. 그는 경제관료로서 중화학공업화를 추진하며 한국 경제의 경쟁력을 높이는 데 크게 기여했다. 남덕우는 경제 성장이라는 국가적 목표를 달성하고자 철저히 정책을 기획하고 집행했으며, 그의 결단력은 경제 발전의 토대를 마련하는 데 중요한 역할을 했다. 그의 사례는 발전국가의 이론적 틀을 이해하는 데 필수적이다. 국가 주도의 경제 계획을 통해 자원의 효율적 배분과 산업화 전략을 이끄는 정부의 역할을 개척한 사람으로, 경제 분야에서는 박정희 대통령의 분신과 같았다고 하겠다. 남덕우는 단순히 경제관료로 머물지 않고, 국가 경제의 구체적 방향을 설정하고 실행하는 데 행정적 전문성을 발휘한 인물이었다.

손수익 산림청장은 일반행정가(generalist)로서 발전행정의 또 다른 측면을 보여 준다. 그는 다양한 사회적 변화와 정책적 도전에 맞서 행정적 유연성을 발휘했다. 손수익은 특정 분야의 전문가(specialist)라기보다는 일반행정가로서, 다양한 정책 분야를 아우르며, 공익을 위해 엄청난 추진력을 발휘했다. 현대의 복잡한 행정 환경에서 일반 행정가의 강점은 특히 중요하다. 손수익의 사례는 대통령과 오늘날에도 여전히 중요한 질문을 던진다.

특히, 소위 사악한 문제(wicked problem)를 다뤄야 하는 오늘날, 협소한 분야의 전문가가 바람직한 행정가인가 의문을 제기할 필요가 있다. 여러 분야를 이해하고 조정할 수 있는 역량을 갖춰야 한다는 점도 생각해야 한다. 손수익은 발전행정의 맥락에서, 적절한 수단을 고안해 목표를 달성하는 '전문성'을 발휘했다. 많은 국민을 위해 사회적 안정을 유지하며 효율적인 정책 집행을 위해 폭넓은 시각과 종합적 접근이 필요함을 입증한 인물이다.

이어령 장관은 문화행정 분야에서 발전행정의 중요성을 잘 보여 준다. 그는 한국의 문화적 자산을 세계에 알리는 데 주력하며, 1988년 서울올림픽 개·폐회식을 성공적으로 기획했다. 비록 짧은 기간 재임했지만, 이어령 교수는 문명비평가로서의 선문성을 발휘해 문화 정책과 문화행정의 틀을 정립했다. 그의 리더십은 한국의 문화행정이 향후 중요해질 것이라는 방향 설정을 하게 했고, 문화적 가치와 정체성을 세계에 알리는 데 필수적인 역할을 했음을 입증한다. 만약 그 자리에 당시의 관례대로 위만 바라보는 군 출신을 기용했다면, 오늘날 문화부와 문화행정이 어떠했을까 생각해 보게 되고, 그의 행정적 전문성의 중요성을 이해할 수 있을 것이다.

정근모 박사는 일찍부터 과학기술 행정에 관심이 있어서 물리학도임에도 불구하고, 서울대 행정대학원과 하버드대 행정대학원에서 학습한 인물이다. 그는 원자력 기술이 전혀 발달하지 않은 시대에도 꿈 같은 미래를 내다보며 국가적 차원에서 과학기술 정책을 이끌었다. 특히 한국형 표준원전 개발을 통해 대한민국이 에너지 독립을 이루고, 다른 과학기술 분야에서도 선진국으로 도약하도록 조직과 인력 양성이라는 행정적 전문성을 발휘했다. 그의 행정적 접근은 과학기술 정책이 단기적 이익을 넘어서 장기적인 발전과 안전을 목표로 해야 함을 보여 준다. 정근모의 사례는 발전행정이 기술적 전문성과 장기적 비전이 있어야 한다는 점을 강조한다. 과학기술과 행정을 융합하는 방식으로 국가 발전을 이끈 선구자로서, 그는 과학적 지식과 행정적 실행력이 결합할 때, 국가 경쟁력이 강화

될 수 있음을 입증했다.

이헌재 부총리는 외환 위기 극복 과정에서 위기관리 행정을 성공적으로 수행했다. 외환 위기라는 국가적 위기 상황에서 신속하고 과감한 정책 결정을 내렸다. 이헌재는 정치적 감각과 행정적 전문성을 겸비해 경제를 안정시키고 국민의 신뢰를 회복하는 데 성공했다. 그의 리더십은 발전행정이 위기 상황에서 어떻게 작동해야 하는지를 잘 보여 준다. 발전행정의 또 다른 요건은 예기치 않은 위기에 대응하는 능력인데, 이헌재는 그 점에서 모범적 사례를 제공했다. 그의 성공적인 위기관리 전략은 정치적 리더십과 행정적 효율성이 조화를 이룰 때, 행정이 국가적 위기를 극복하는 데 얼마나 중요한 역할을 할 수 있는지를 보여 준다.

정병국 장관은 어렸을 때 명동극장에 가서 배우 전양자를 보고 문화 충격을 받은 사람이다. 국회 상임위에 오래 몸담으면서 얻은 전문성이 그가 장관이 됐을 때, 문화산업을 발전시키고, 문화복지 개념을 도입하며, 문화 바우처 제도를 통해 다양한 계층이 문화적 혜택을 누릴 수 있도록 했다. BTS와 같은 K-POP 아티스트들의 성공은 단순히 자생적 노력의 결과로 보일 수 있지만, 장기적으로 정부의 전략적 지원이 없었다면 불가능했을 것이라는 점을 시사한다. 정병국은 정치인에서 전문행정가로 변신해 문화 정책의 기반을 다지고, 한류의 세계적 성공에 기여했다. 소신 있는 정치인으로 장관이 돼 평소에 쌓았던 문화 전문성을 유감없이 발휘할 수 있었다. 거꾸로 전문성이 없는 정치인이 행정직을 맡으면 정병국과 같이 국가 경쟁력을 높이는 역할을 할 수 있을지 의문이 든다.

마지막으로, 한미자유무역협정(FTA) 체결 과정에서 김현종과 김종훈의 역할은 발전행정의 국제적 협상 측면도 행정의 중요성을 말해 준다. 이들은 정치적 대립과 정권 교체에도 불구하고 전문적이고 전략적인 협상을 이끌며, FTA를 성공적으로 추진했다. 김현종은 미국의 제도에 정통한 협상가로서 국제 협상에서 유리한 위치를 확보했고, 김종훈은 행정적 합리성을 바탕으로 협상의 연속성을 유지했다. 이들은 발전행정의 맥락에서 국제적 협력과 협상 능력이 국가 경제에 직접적인 영향을 미칠 수 있음을 보여 준다. 이 사례는 국제 무대에서 행정인의 역할이 단순한 정책 집행을 넘어, 국가적 이익을 극대화하기 위한 전략적 판단과 조율이 필요하다는 점을 시사한다.

이 책에서 다룬 사람들을 통해 알 수 있는 행정적 전문성은 보통 정치인으로서의 자질이나 전문 분야별 전문성과는 다른 독특한 것이다. 가장 중요한 것은 공적 마인드(public mind)다. 개인이나 자기 조직의 소유주에 국한하지 않고 나라 전체의 이익을 생각하는 것이다. 다음으로 중요한 것은 주어진 '정치적' 여건에서 문제를 해결하기 위해 그 전략을 수립하는 기획력(planing capacity)이다. 여기에는 정치적 상황에 적응하는 능력도 포함된다. 오늘날 같이 사회 전반에 제도화가 돼 있기 전에는 특히 무(無)에서 유(有)를 창조하는 상상력이 중요하다. 세 번째로 집행력(implementation capacity)이다. 아무리 좋은 계획이라고 하다라도 실제 현장에서 집행하지 않으면 국민들에게는 아무 의미가 없는 것이 된다. 당시 상황이 그리 유리한 경우가 없었기 때문에 어려운 여건과 장애물이 극복하는 탁월한 능력이 있는 인물들이었다.

종합해 본다면, 대한민국의 발전은 단순히 경제 성장에만 그치지 않고, 다양한 행정적 도전과 성취를 통해 이뤄졌다고 할 수 있다. 즉, 많은 행정적 전문가가 핵심적 역할을 수행한 것이다. 발전행정의 이론적 틀은 국가가 주도적으로 경제, 문화, 과학기술 등 모든 분야에서 성장 전략을 추진하는 것을 의미한다. 발전행정은 정치와 행정의 조화, 대통령의 용인술

(用人術), 그리고 행정인의 전문성이 함께 작동할 때 가장 큰 성과를 낼 수 있다.

　이 책에서 다룬 인물들은 국가 발전을 위해 헌신한 행정가들로, 그들의 리더십과 결단력은 오늘날 대한민국이 세계 무대에서 자리 잡는 데 기여했다. 이들의 이야기는 단순한 역사적 기록이 아니라, 지속 가능한 발전을 위한 중요한 교훈을 제공하며, 현대의 행정적 도전 과제에 대한 통찰을 제공한다. 발전행정의 본질은 국가의 비전을 실현하고, 국민의 삶을 개선하는 데 있으며, 이 책에서 다룬 인물들의 사례는 그 본질을 잘 보여 준다.

　이들은 행정이 정치에서 벗어나지 못한다는 한계를 보여 준다. 어느 정도 정치인으로서 감각을 가졌고, 정치(특히 대통령)와 좋은 관계 속에서 활동했다. 그들의 활동 속에서 찾아볼 수 있는 공통점은 나름대로 발전시킨 행정적 전문성이다. 다시 한번 강조하건대 여기서 전문성이란 원자력 지식과 같은 특정 학문 분야에 대한 지식만 의미하는 것이 아니라, 정책 판단력, 조직관리 능력 등을 포함한 '행정적' 전문성이다.

　앞으로 이러한 인물들이 많이 양성되고, 실력을 발휘할 수 있는 기회가 주어지는 한국 사회가 돼야 한다. 좁은 의미의 과학적 지식만을 행정인이 보완해야 할 '전문성' 자질로 보는 오늘날의 전문성에 대해 재개념화를 해야 할 때다.

　마무리하면서 책 제목에서 '행정인'이 아니고, '정책가'라고 한 이유를 밝혀야 할 것 같다. 정책가란 마치 정치인과 같이 큰 틀에서 우리나라의 갈 방향을 생각하고, 집행하며, 평가하는 사람들이다. '정책'에 초점이 있어서, 그 정책을 집행하는 '사람', 예컨대 관료제에 관심이 덜하다. 즉, 행정적 전문성이 부족하다. 민주화된 국가에서 정책가가 갖춰야 할 것은 행정적 전문성이다.

　다른 한 가지 짚고 넘어가야 할 것은 폴리페서라는 개념이다. 남덕우, 이어령, 이헌재, 정근모 등 학자 출신들을 보면, 겉으로는 폴리페서라고 볼 수 있는 측면을 갖고 있는 인물도 있지만, 자세히 보면 오늘날 비난받는 폴리페서와는 다름을 알 수 있다. 부정적 의미의 폴리페서는 소신도 없이 권력에 아부하며, 정치와 학계에 양다리를 걸치는 사람을 지칭한다. 이들의 행정을 보면 오히려 학자의 재능 기부나 국가에 대한 봉사와 같은 개념으로 볼 수 있으며, 공직 재직 이후를 보면 폴리페서를 가리는 기준이 무엇인지를 알 수 있다. 이어령과 같이 학계로 다시 돌아와 정치에 기웃거리지 않은 사례도 있고, 공직 취임 이후 아예 학계로 돌아오지 않고 공공 부문에 머문 경우도 있다. 정근모 같은 사례는 박사학위를 하고 미국에서 교수를 했지만, 한국에서의 활동은 좁은 의미의 아카데미아로 들어온 적이 없는 경우다. 대학 총장은 했지만, 프로페서라는 직함이 어울리지 않는 인물이다. 지금도 폴리페서를 부러워하는 젊은 학자들이 명심해야 할 부분이다.

참고 문헌

[국내 문헌]

강봉균(2001). 『구조 조정과 정보화 시대의 한국 경제 발전전략』. 박영사.

강양구(2011년 11월 11일). 日교수 'MB, 국익 내주고 미국에서 국빈 대접'. 『프레시안』. https://www.pressian.com/pages/articles/67027.

강지남(2007년 04월 18일). 14세에 나 홀로 유학 '독종' 소리 들으며 공부했다: 김현종 통상교섭본부장 부모가 들려주는 그의 성장 스토리. 『주간동아』. https://weekly.donga.com/3/all/11/82129/1

강희철·신승근·박수진(2008년 12월 18일). 한나라, 회의장 원천봉쇄 '한-미 FTA 날치기' 『한겨레』. https://www.hani.co.kr/arti/politics/assembly/328411.html.

고영선(2008). 『한국 경제의 성장과 정부의 역할: 과거, 현재, 미래』. 한국개발연구원. https://kdi.zre.kr z/research/reportView?pub_no=10642

구경현·서진교·김종덕·김현수·강구상·강준구… 강민지(2022). 한미 FTA 발효 10년 성과와 시사점. [KIEP] 『오늘의 세계경제』, 1-46.

구현우(2011). 세계화, 신자유주의, 그리고 제도론적 함의: 김대중 정부의 경제개혁을 중심으로. 『국정관리연구』, 6(2): 33-73.

국제정책대학원(2014). 한국경제의 고도성장기 정책집행과 거버넌스: 월간경제동향보고회의와 수출진흥확대회의를 중심으로(정부간행물번호 11-1051000-000561-01). 기획재정부.

김경은(2015). 한국의 장관은 정치가인가 행정가인가: 장관 리더십에 대한 근거이론 적용.

『한국행정학보』, 49(3): 391-425.
김광웅·김병섭·최종원·정광호(2006). 『장관리더십』. 지혜로: 한국정책지식센터.
김금영(2024년 01월 26일). [인터뷰] 정병국 한국문화예술위원회 위원장 "기존 패러다임 바꾼 지난 1년…올해는 양질 문화예술 향유 시대". 『문화경제』. https://weekly.cnbnews.com/news/article.html?no=157594.
김기현(2020). 창의적 리더십과 적극행정의 관계: 지방자치단체 공무원을 중심으로. 한국행정연구원 보고서.
김상만(2010년 12월 09일). 한국, 연평 피격 뒤 미 요구 놀라울만큼 수용. 『미디어오늘』. https://www.mediatoday.co.kr/news/articleView.html?idxno=92532.
김성진(2006). 『박정희를 말하다: 그의 개혁 정치, 그리고 과잉충성』. 삶과꿈.
김순양(2022). 한국행정학 분야의 공공리더십 연구 동향 분석: 2000-2022. 『공공리더쉽연구』, 2(1): 12-45.
김승희(1990). 이어령 문화부장관 인터뷰: 문화주의 시대의 선언. 문화예술진흥원: 『월간 문화예술』, 129호.
김시현(2011년 07월 06일). 유시민, 한미 FTA 추진 사과. 『조선일보』. https://v.daum.net/v/2011z0705232204380.
김외현(2011년 11월 05일). 쌀·쇠고기 래칫 조항 사실과 달라…'미래의 최혜국 대우' 설명은 타당. 『한겨레』. https://www.hani.co.kr/arti/politics/politics_general/504118.html.
김우중 대화록 저자, 이헌재·강봉균에게 공개 질의(2014년 08월 26일). KBS 뉴스. https://news.kbs.co.kr/news/pc/view/view.do?ncd=2918780
김유태(2024년 07월 16일). 정병국 예술위원장 "韓문화가 세계를 흔들고 있다, 그 시작점에 청년들 도전이 있었다". 『매일경제』. https://www.mk.co.kr/news/culture/11068384
김재민(2019년 06월 09일). 정병국, 학교 미세먼지 문제 해결 위한 현장 실사 나서. 『경기일보』. https://www.kyeonggi.com/article/201906091066815
김정수(2011). (신)한류에서 배우는 문화정책의 교훈. 『한국행정연구』, 20(3): 1-34.
김종수(2008년 11월 28일). 이헌재, 정부 위기 대응에 '쓴소리.' 『연합뉴스』. https://www.yna.co.kr/view/AKR20081128111500002
김종신·노명섭(1996). 원전 표준화 및 한국형 차세대 원자로 개발. 『원자력산업』, 16(11): 28-33.
김종훈(2007). 협상과정의 회고와 제언. 『관훈저널』, (103): 33-40.
김준형·엄석진(2016). 한국의 고도성장기의 고위관료의 역할: 1960~70년대 중화학공업화 정책 추진 과정에서의 리더십을 중심으로. 『한국사회와 행정연구』, 26(4): 287-310.
김지훈(2008년 09월 25일). 美 재계인사들 '한미 FTA 조속 비준' 공개 서한. 『연합뉴스』. https://www.yna.co.kr/view/AKR20080925012400072.

김진혁(2024년 03월 28일). [부의 역사] 1972년 8.3 사채 동결, 제2 금융권의 탄생. 『파이낸셜리뷰』. http://www.financialreview.co.kr/news/articleView.html?idxno=28036

김현종(2010). 『김현종, 한미 FTA를 말하다』. 홍성사.

김화영(2010년 12월 07일). 김종훈 "한미 FTA 추가 협상, 불가피한 점 있어." 『연합뉴스』. https://n.news.naver.com/mnews/article/001/0004807265?sid=100.

남덕우(2009). 『경제개발의 길목에서: 芝巖 남덕우 회고록』. 삼성경제연구소.

노주희(2006년 03월 16일). 멕시코는 왜 FTA 모라토리엄을 선언했나. 『프레시안』. https://www.pressian.com/pages/articles/32353#0DKU.

노한동(2024). 『나라를 위해서 일한다는 거짓말』. SIDEWAYS.

뉴스핌TV(2023년 09월 06일). ②정병국 위원장 "문화예술 정책은 현장 목소리 듣는 것부터 시작"[영상]. 유튜브. https://www.youtube.com/watch?v=N3LuNDYla1w

류재민(2023년 03월 13일). '문화 선진국' 꿈꾸는 정병국 위원장 "이제는 우리가 선도할 때." 『서울신문』. https://www.seoul.co.kr/news/life/2023/03/13/20230313500193

문만용·강미화(2013). 박정희 시대 과학기술 "제도 구축자": 최형섭·오원철. 『한국과학사학회지』, 35(1): 225-244.

문인규·박수경(2009). 리더십 이론의 발전과 한국 공공부문 적용 가능성: 2000~2008년 연구물 분석. 『한국행정학보』, 43(4): 33-56.

문화체육관광부(2022). 『2021년 문화예술정책 백서』. 한국문화관광연구원.

박광국(2008). 문화행정 60년의 분석과 과제. 『한국사회와 행정연구』, 19(3): 77-101.

박기혁(2011). 한미 자유무역협정에 관한 사례 연구: 정책옹호연합모형(AFC)의 적용을 중심으로: 정책옹호연합모형(AFC)의 적용을 중심으로. 개인저작물, 4-86.

박나라·김향미(2023). 일반행정가로서의 관료의 전문성 : 복수의 책무성과 정부 활동의 관계에 관한 연구. 『인문사회과학연구』, 66(1): 37-58.

박명호·홍범교·김승래(2007). [한국조세연구원] 우리나라 부가가치세제 정책과제의 경제적 분석: 과세베이스 확대를 중심으로. 『국립중앙도서관 연계자료』, (4): 0-0.

박상현(2018). 스포츠공공조직의 정치통제 연구 : 대한체육회 회원 (프로) 종목단체를 중심으로, 서울대학교 대학원 박사학위 논문. https://hdl.handle.net/10371/143421

박성현(n.d.). [창간 특별 인터뷰] 이헌재 전 경제부총리가 본 한국경제 과거 50년, 미래 50년 "정부가 일자리 만든다는 생각 접어라." 『월간중앙』. https://jmagazine.joins.com/art_print.php?art_id=320454

박송이(2023년 12월 31일). 정병국 "문화예술에는 정치권 입김 최소화해야." 『경향신문』. https://www.khan.co.kr/politics/politics-general/article/202312310900041

박종률(2010년 12월 05일). WP 한·미 FTA 합의는 오바마의 승리. 『노컷뉴스』. https://www.nocutnews.co.kr/news/780205?c1=242&c2=245.

박희종 · 전형구(2003). 『국제통상정책론』. 두남.
사방사업의 성공 사례(경북 영일지구 사업공사). (n.d.). 국가기록원. https://theme.archives. go.kr/next/forest/scene/successfulCase.do
산림녹화의 주역(2022년 10월 18일). GKED-∞. https://www.gkedc.go.kr/data/KnowHome.do?cmd=view&knowSn=958.
산림청(2007). '대한민국 山' 세계는 기적이라 부른다. 한국임업신문사.
_____(2023년 04월 06일). 국토녹화의 주역, 고(故) 손수익 청장, 고(故) 진재량 독림가, 「숲의 명예전당」에 헌정. 대한민국 정책브리핑. https://www.korea.kr/briefing/pressReleaseView.do?newsId=156561275.
서의동(2011년 11월 04일). 한국은 독만두를 받아먹었다. 『경향신문』. https://www.khan.co.kr/world/japan/article/201111042143295.
성연재(2010년 12월 31일). 정병국 "문화산업 지원, 선택과 집중 필요." 『연합뉴스』. https://www.yna.co.kr/view/AKR20101231140800005
손기윤(2011). 우리나라의 통상정책 결정과정 분석: FTA 정책을 중심으로. 『의정논총』, 6(2): 105-140.
손수익(2006). 세계 임정사에 큰 획을 그은 박 대통령의 집념. 박정희 대통령과 국토녹화. 박정희대통령기념사업회, 7호.
송기호(2011년 11월 17일). 한미FTA는 어떻게 공공을 파괴하는가. 『프레시안』. https://www.pressian.com/pages/articles/37499.
송태은(2017). 외교정책에 대한 시민의 관심과 정치적 관여: 2008년 美 쇠고기 수입 협상과 2011년 한미 FTA 협상 사례. 『세계지역연구논총』, 35(3): 377-404.
신유정(2022년 11월 21일). [한국 과학기술의 결정적 순간들] 1970 정근모, 과학자로 살 것이냐 과학정책가로 살 것이냐. HORIZON. https://horizon.kias.re.kr/23204/
신장섭(2014). 『김우중과의 대화: 아직도 세계는 넓고 할 일은 많다』. 북스코프.
심인성(2011년 11월 22일). 한미 FTA 비준안 국회 본회의 통과(3보). 『연합뉴스』. https://www.yna.co.kr/view/AKR20111122170800001.
아젠다넷 아젠다분석팀(2010년 07월 15일). [테마] 한 · 미 FTA(자유무역협정) 종합. 『아젠다넷』. https://www.agendanet.co.kr/zb41pl7/bbs/view.php?headfile=&footfile=&id=sub_sub&no=44.
안병영(2003). 한국 장관의 역할, 유형, 그리고 정책영향력. 『사회과학논집』, 33: 1-26.
안선웅(1995). 〈르뽀〉 굴업도 핵폐기장 부지선정 이후…. 『황해문화』, 7: 278-287.
양정원(2024년 01월 23일). [공공정책토크] 문화예술인 지원 위해 사회적 후원 확산할 인증제도 마련 집박. 『어린이동아』. https://kids.donga.com/?ptype=article&no=20240103171929162546

양진영(2023년 09월 01일). [인터뷰] 정병국 위원장 "예술계 사회적 후원 시스템 확립, 선순환 구조 선도."『뉴스핌』. https://www.newspim.com/news/view/20230901000154

오상헌(2007년 04월 04일). 김현종 "美 쌀 요구, '존스액트' 철폐로 맞불".『머니투데이』. https://news.mt.co.kr/mtview.php?no=2007040415454693182&outlink=1&ref=https%3A%2F%2Fko.wikipedia.org.

오세중(2015년 05월 19일). '영원한 소장파' 정병국, 문화·인성으로 꿈꾸는 국가혁신.『머니투데이』. https://news.mt.co.kr/mtview.php?no=2015051415537699494.

오양열(1995). 한국의 문화행정체계 50년: 구조 및 기능의 변천 과정과 그 과제.『문화정책논총』, 7: 29-74.

우보명 외(2007).『한국사방100년사 1907-2007』. 산림청.

유동주(2024년 01월 22일). 정병국 예술위 50주년, 베니스비엔날레 한국관 30주년은 숙명.『머니투데이』. https://news.mt.co.kr/mtview.php?no=2024011916330329900

유종일(2006). 참여정부의 '좌파 신자유주의' 경제정책.『창작과비평』, 34(3): 299-311.

은재호 외(2024).『경세제민의 공공리더십』. 윤성사.

은재호·최병윤(2023). 공공리더십의 개념화와 진단지표 개발, 한국행정연구원.

이경준(2006).『산에 미래를 심다』. 서울대학교출판부.

_____(2015).『한국의 산림녹화, 어떻게 성공했나?』. 기파랑.

이경준·김의철(2011).『박정희가 이룬 기적: 민둥산을 금수강산으로』. 기파랑.

이규성(2015).『한국의 외환위기: 발생·극복·그 이후』(제3판). 박영사.

이근(2013). 한국의 국가혁신체제: 추격형에서 선진국형으로의 전환을 위한 정책 시사.『경제논집』, 52(2): 183-186.

이근·주경철·이준협·우경봉·옥우석(2013).『국가의 추격, 추월, 추락: 아시아와 국제비교』, 서울: 서울대학교출판문화원.

이달곤(2006).『협상론』. 법문사.

이대희(2011년 06월 03일). 한·미 FTA 협정문서도 번역 오류 296건 발견.『프레시안』. https://www.pressian.com/pages/articles/36277.

이돈구·권기철·강규석(2017). 새마을운동 기간에 조림·육종·사방 기술 연구개발이 우리나라 산림녹화 성공에 미친 기여도 고찰.『한국산림과학회지』(구 한국임학회지), 106(4): 371-379.

이상은(2010년 11월 12일). 한·미FTA 쇠고기보다 車가 문제였다.『한국경제신문』. https://www.hankyung.com/news/app/newsview.php?aid=2010111257701.

이성호·안승택(2016). 1970~80년대 농촌사회의 금전거래와 신용체계의 변화: 〈창평일기〉를 중심으로.『비교문화연구』, 22(1): 5-51.

이원석(2023년 05월 20일). '화이부동' 실천한 남덕우 전 총리… 격변의 시기에 고인 그리워. 『시사저널』. https://www.sisajournal.com/news/articleView.html?idxno=263836.
이은정(2023년 03월 20일). 정병국 한국문화예술위원장 "창작물에 이념 잣대 맞지 않아."
『연합뉴스』. https://www.yna.co.kr/view/AKR20230319038300005
이정환(2006). 뉴브리지, 칼라일, 론스타는 어떻게 한국 은행들을 삼켰나. 『월간말』, 96–99.
이종범 외(2006). 『전환시대의 행정가』. 나남출판사.
이지완(2023년 07월 26일). [Special Interview] 한국문화예술위원회 정병국 위원장 "문화예술인이 '예술' 할 수 있는 환경 만들 것."『서울문화투데이』. http://www.sctoday.co.kr/news/articleView.html?idxno=41196
이창용(1999). 『한국의 외환위기』. 한국무역경영연구원.
이태명 · 주용석. (2014년 08월 26일). 강봉균 · 이헌재의 반격…"대우는 정부 아닌 시장이 버린 것…기획해체 주장은 자기 위안일 뿐." 『한국경제』. https://www.hankyung.com/article/2014082684281
이향휘 외(2016년 10월 30일). 과거 경제사령탑 리더십…진념 '뚝심' · 강봉균 '비전' · 이헌재 '결단'. 『매일경제』. https://www.mk.co.kr/news/special-edition/7555457
이헌재(2012). 『이헌재 위기를 쏘다: 이헌재가 전하는 대한민국 위기 극복 매뉴얼〈번외편〉』. 중앙북스.
이현민(2006). 핵폐기장 추진정책의 문제점: 지역의 사례 연구. 『민주사회와 정책연구』, 10: 78–104.
임도빈(2007). 정부조직진단 사업의 조직사회학적 분석. 『한국행정학보』, 41(4): 89–112.
＿＿＿(2008). 역대 대통령 국정철학의 변화: 한국행정 60년의 회고와 과제. 『행정논총』, 46(1): 211–251.
＿＿＿(2013). 『공직사회의 낭중지추를 찾아서』. 법문사.
＿＿＿(2014). 『행정학: 시간의 관점에서』. 박영사.
＿＿＿(2014). 중앙부처조직의 개편에 관한 연구: 역사적 시각에서. 『한국조직학회보』, 11(1): 1–45.
＿＿＿(2020). 『한국 행정 되돌아보기: 지나간 30년, 앞으로 30년』. 진인진.
＿＿＿(2025a). 『행정학』. 박영사.
＿＿＿(2025b). 『비교행정학』. 박영사.
임도빈 외(2013). 『인사행정학』. 박영사.
＿＿＿(2014). 『실패한 정책들』. 박영사.
＿＿＿(2017). 『국가와 좋은 행정』. 서울대학교출판부.
＿＿＿(2020). 『한국행정의 역사적 분석: 1985–2018』. 진인진.
임미진(2011년 12월 09일). [남기고] 이헌재 위기를 쏘다 (3) 크리스마스의 호출. 『중앙일보』. https://www.joongang.co.kr/article/6855644

임수근(2006년 07월 11일). FTA '4대 선결 조건' 논란일 듯. *YTN*. https://n.news.naver.com/mnews/article/052/0000122050.

임학순(2003). 『창의적 문화사회와 문화정책』. 진한도서.

장병호(2023년 04월 13일). '이단의 눈 가진 정치인', 예술위원장으로 올 필요 있어. 『이데일리』. https://www.edaily.co.kr/news/Read?newsId=01138166635575792

장영민(2022). 1950년대 미국 국제정보교육교환법(PL 402)에 의한 한·미 교육 교환: 학자 프로그램을 중심으로. 『민족문화연구』, 95: 301-336.

재무부(1972). 경제의 안정과 성장에 관한 긴급명령의 주요 내용. (DA1042489). 국가기록원.

전영평(2016). 정책의 성공과 장관의 리더십: 안병영 교육부장관의 사례. 『행정논총』, 54(1): 71-102.

정광호·문명재(2013). 장관리더십의 유형과 효과성의 탐색: 노무현 정부 부처관료의 인식 조사를 중심으로. 『조사연구』, 14(3): 115-155.

정근모(2020). 『기적을 만든 나라의 과학자』. Korea.com.

정선구(2007년 04월 09일). 김현종과 올 수 성적표. 『중앙일보』. https://www.joongang.co.kr/article/2688029#home.

정은주(2011년 08월 11일). 한-미FTA' 위에 미국법. 『한겨레』. https://n.news.naver.com/mnews/article/028/0002105933.

정인교(2008). 한, 미 FTA의 주요 이슈 및 파급 영향 분석. 『한국경제의 분석』, 14(2): 283-353.

정정길 외(2016). 『정책학원론』. 대명출판사.

정희상(2021년 02월 09일). 대를 이어 득세하는 관료 출신 금융 마피아. 『시사IN』. https://www.sisain.co.kr/news/articleView.html?idxno=43873.

제1차 치산녹화기(1973~1978). (n.d.). 국가기록원. https://theme.archives.go.kr/next/forest/policy/primaryGreenPlan.do.

제2차 치산녹화기(1979~1987). (n.d.). 국가기록원. https://theme.archives.go.kr/next/forest/policy/secondaryGreenPlan.do.

조문희 외(2017). 『자유무역협정 구성 요소가 교역에 미치는 영향』. 대외경제정책연구원.

조석준·임도빈(2018). 『한국행정조직론』. 법문사.

조정화(2023년 08월 20일). [JOA의 핫피플 & 아트 (16)] 'K아트' 비상 꿈꾸는 정병국 한국문화예술위원장. 『월간중앙』. https://jmagazine.joins.com/monthly/view/338274

주창범(2016). 풀뿌리 비영리조직의 정치화. 『사회과학연구』, 23(1): 367-392.

진중권 외(2007). 『21세기에는 지켜야 할 자존심』. 한겨레.

차지연(2013년 05월 19일). 주말마다 허허벌판 건설 현장 섰던 前총리…(종합). 『연합뉴스』. https://n.news.naver.com/mnews/article/001/0006266858?sid=101.

채수홍(2005). 이헌재 부총리는 여론몰이의 희생물?. 『열린전북』, 65: 18-21.

최미옥(1999). 핵폐기물처분장입지정책 수용 방안과 주민저항 요인에 관한 실증적 분석: 위험인지, 정부불신, 반핵주의를 중심으로. 『한국정책학회보』, 8(1): 47-112.
최원목(2008). 인터뷰: 이혜민 한미 FTA 기획단장. Negotiations and Korea, 1(1): 11-20.
최유경(2011년 08월 05일). 천정배, FTA는 한미 루스-루스 게임. 『뉴데일리』. https://www.newdaily.co.kr/site/data/html/2011/08/05/2011080500033.html.
추승호(2010년 12월 13일). 李대통령 "한미 FTA, 양보 통해 더 큰 이익 획득." 『연합뉴스』. https://v.daum.net/v/20101213074704435.
통일한국 편집부(2011). [기획 : 특별인터뷰] 정병국 문화체육관광부 장관 '2018 평창 동계올림픽 - 문화, 친환경, 경제 올림픽으로 치를 것'. 『통일한국』, 332: 8-10.
표준수종 21개 선정(1972년 07월 11일). 중앙일보. https://www.joongang.co.kr/article/1325581#home
한겨레TV(2011년 11월 18일). [김어준의 뉴욕타임스]#149-2. 한미FTA 완전정복2[영상]. https://www.youtube.com/watch?v=LWzDFZyHfOk.
한국개발연구원(2022). 『경제개발 5개년계획의 경험과 시사점 연구』, 한국개발연구원(KDI).
한국연구재단(2011). 『대한민국 원자력 성공사례집』, 한국기술경영연구원.
한국임정연구회(1975). 『治山綠化30年史』. 韓國林政研究會.
한국학중앙연구원(2020). 『한국새마을운동의 전개 과정과 방향』. 한국학중앙연구원.
한미 FTA 4대 선결조건, 미국산 쇠고기 수입 재개될 듯(2006년 08월 17일). 『민중의 소리』. https://www.vop.co.kr/A00000049190.html.
한세억(2002). 정보화정책의 변위(變位)와 특성: 행위자 수준을 중심으로. 『한국정책학회보』, 11(3): 21-46.
해보라(2022년 06월 09일). 나무 잘 키우면 승진시켜줌~ 전 세계가 인정한 한국의 산림녹화사업 | KBS 해 볼 만한 아침 220609 방송[영상]. 유튜브. https://www.youtube.com/watch?v=nzrr8x6pHjE.
허등용·김필헌(2020). 사용후핵연료 등 방사성폐기물 임시저장 장기화로 인한 지역발전 저해요소 비용에 상응하는 지방자치단체 보상 및 방법 연구. 『위탁연구보고서』, 2020(2): 1-113.
홍장희(1998). 원전 기술 자립과 고도화 : 성과 및 추진 계획. 『원자력산업』, 18(5): 4-10.
2020 산림기본통계(개정판)(2022). 산림통계시스템. https://kfss.forest.go.kr/stat/ptl/article/articleDtl.do
Chappelet, Jean-Loup & 임도빈(2017). 『(성공적인 올림픽 개최를 위한) 체육 거버넌스』. 대한미디어.
ISD에 대한 오해와 진실 10가지(2011년 11월 03일). 『국민일보』. 2013년 12월 11일에 원본 문서에서 보존된 문서. https://web.archive.org/web/20131211140006/http://news.

kukinews.com/article/view.asp?page=1&gCode=all&arcid=0005520689&code=30804000.

[국외 문헌]

Bersch, Katherine & Fukuyama, Francis (2023). Defining bureaucratic autonomy. *Annual Review of Political Science*, 26(1): 213-232.

Chung, Hong Ik (1992). Cultural policy and development in Korea. *Korean Journal of Policy Studies*, 7: 1-7.

Dugan, John P. (2024). *Leadership theory: Cultivating critical perspectives*. John Wiley & Sons.

Gregersen, Hans M. (1982). *Village Forestry Development in the Republic of Korea: a Case Study*. Forestry for Local Community Development Programme GCP. INT/347/SWE. Rome, Italy: Food and Agricultural Organization(FAO).

Heo, Uk (2008). The US-ROK Alliance: Security Implications of the South Korea-US Free Trade Agreement. *Pacific Focus*, 23(3): 365-381.

Johnson, Chalmers (1995). *Japan: Who Governs?: The Rise of the Developmental State*. New York: W.W. Norton & Company.

Li, Bing & Akintoye, Akintola (2003). *An overview of public-private partnerships: Managing risks and opportunities*. Blackwell, UK, 3-30.

Lussier, Robert N. & Achua, Christopher F. (2022). *Leadership: Theory, application, & skill development*. Sage Publications.

Manyin, Mark E. & Cooper, William H. (2006). The Proposed South Korea-US Free Trade Agreement(KORUSFTA).

Sabatier, Paul A. (1988). An advocacy coalition framework of policy change and the role of policy-oriented learning therein. *Policy sciences*, 21(2): 129-168.

Salamon, Lester M. (2002). *The tools of government: A guide to the new governance*. Oxford University Press.

Schott, Jeffrey (2007). Moving Forward on the KORUS FTA: Now for the Hard Part. *Occasional Paper Series*, 7(10): 1-50.

United States International Trade Commission (2007). U.S.-Korea Free Trade Agreement: Potential Economy-wide and Selected Sectoral Effects.

저자 소개

임도빈

서울대학교 행정대학원 교수이며, 한국행정학회 회장, 서울대학교 행정대학원 원장을 역임했다. 정부경쟁력 이론을 정립하고, 행정이 국가공동체를 위해 어떤 담당을 해야 하는가에 대한 연구에 천착하고 있다. 이를 바탕으로 인간-시간-공간이라는 3간(間) 모델에서 사람이 중심이 돼 더 좋은 한국 사회를 만들기 위한 방안을 연구하고 있다. 최근 인적 자본이라는 측면에서 공공 부문의 역할에 관심을 갖고 있다. 한국정책학회, 한국행정학회 그리고 서울대학교에서 각각 학술상을 수여받았다. 40여 권의 저서와 주요 국내외 학술지에 200여 편의 논문을 발표했다. 주요 저서로는 국가와 좋은 행정, 행정학, 인사행정론, 한국행정조직론, 비교행정학, The Two Sides of Korean Administrative Culture(2019), The Experience of Democracy and Bureaucracy in South Korea(2017) 등이 있다.